わたしの
手づくり保存食百科

わたしの
手づくり保存食百科
~ジャム、シロップ、ピクルス、燻製、ソース~

著者 リンダ・ブラウン
監訳 谷澤容子

緑書房

A DORLING KINDERSLEY BOOK
http://www.dk.com

Photography Bill Reavell
Editor Susannah Steel
Designers Louise Dick, Simon Murrell

FOR DORLING KINDERSLEY

Project Editor Andrew Roff
Project Art Editor William Hicks
Senior Presentations Creative Caroline de Souza
Managing Editors Dawn Henderson, Angela Wilkes
Managing Art Editors Christine Keilty,
Marianne Markham
Production Editor Ben Marcus
Senior Production Controller Alice Sykes
Creative Technical Support Sonia Charbonnier

First published in Great Britain in 2010
by Dorling Kindersley Limited
80 Strand, London WC2R 0RL

Penguin Group (UK)
Copyright © 2010 Dorling Kindersley Limited

Original Title: The Preserving Book
First published in Great Britain in 2010 by Dorling Kindersley Limited
80 Strand, London WC2R 0RL

Copyright © Dorling Kindersley Limited, 2010

Japanese translation rights arranged with
Dorling Kindersley Limited,London
through Tuttle-Mori Agency.Inc., Tokyo
For sale in Japanese territory only.

Printed and bound in Singapore by Tien Wah Press

目　次

6	はじめに
8	保存の科学
12	天然の保存料
14	道具
18	食の安全と衛生
20	香味付け
22	旬の食材でつくりたい
24	自然貯蔵
40	乾燥
52	冷凍
86	甘い保存食
168	おかず用の保存食
218	ボトルいっぱいの幸せ
270	オイル漬け
288	塩漬け、塩締め、食肉加工
316	燻製
332	ビール、ワイン、シードル
348	索引

※本書は原書の内容に基づいて海外での酒類の醸造方法を紹介しておりますが、現在、日本では酒税法によって酒類の自家醸造は認められておりません。本書では原文の趣旨を損なわないよう、日本の酒税法によって制限されている内容も可能な限り紹介していますが、決して家庭での酒づくりを薦めるものではありません。十分ご注意ください。

はじめに

　この本は、食材の「保存」を取り上げた新しいタイプのレシピ本です。わたしにとって大切なテーマであり、この本を読まれる方にとってもそうなることを願っています。

　保存食づくりには、数えきれないほどの利点があります。自らの手でつくるのはとても楽しく、味もおいしいものです。また、オーガニックやフリーレンジ食材、地域・季節限定の食品、自家製の野菜などを最大限に生かせるため、近年注目を集める「持続可能」な食生活の中心に「保存食」があると言えます。例えば、オーガニック食材やサスティナブル・シーフード（p291）、フェアトレードの有機砂糖を使えば、それだけ価値のある保存食品になり、多方面で地球環境を改善できるのです。持続可能な生活を支える根幹には家庭菜園があります。わたしは、自分で育てた野菜や果物を使うのが大好きです。多くの人が気づき始めているように、自家製のフルーツを使った手づくりジャムほど、おいしいものはありません。

　食材の「保存」には昔ながらの技術が使われますが、本書の内容は現代的です。人気の定番レシピもあれば、斬新なレシピもあります。自慢の食材を使ってつくりたくなるようなものばかりで、その味付けに興味をそそられ、食欲をかき立てられることでしょう。伝統のレシピも、随所に工夫を加えて現代向きにしています。保存食づくりに工場のようなキッチンは必要ありません。一度に大量のジャムをつくる必要もありませんし、不要と思えば昔ながらの砂糖の分量を守る必要もないのです。また、伝統の調理法を手早く簡単にすませる現代的な方法を載せたり（フリーザー・ジャムやフリーザー・ピクルスなど）、一般家庭でできる燻製も紹介しています。どの保存食もご自宅のキッチンで安心してつくれるようになっています。

　ぜひ、あなたの生活にも保存食を取り入れてください。保存食は、食の世界を大きく広げるとともに、静かに楽しめる一生の趣味にもなります。何より素晴らしいのは、季節ごとにわくわくするような新しい食材が手に入るということです。これほど嬉しいことがあるでしょうか！

リンダ・ブラウン

ご協力いただいた方々

本書にレシピを寄稿し、貴重な助言を与えてくれた専門家たち。

キャロライン・ハンフリーズ
Carolyn Humphries

30年以上にも及ぶジャーナリスト兼フード・ライターのキャリアを持ち、果物から魚まで、あらゆるものの保存食をつくる。本書においては冷凍、瓶詰め、肉・魚のレシピを担当。相談役も担う。

トリーリー・チャークテリー
Trealy Charcuterie

グラハム・ワディントンはフリーレンジ肉やオーガニックの肉を使用し、昔ながらの品質を提供する英国・欧州の伝統的な豚肉屋を経営。同社は2010年、BBCラジオ4フード・アンド・ファーミング賞のフードプロデューサー賞を受賞。

ザ・オールド・スモークハウス
The Old Smokehouse

リチャード・ミューアヘッドは訓練を積みシェフになった熟練の燻製職人であり、英国カンブリア州のブロアムフーズ社の経営者である。家庭用の燻製箱や燻製チップを供給、燻製教室も開催している。

ヘザー・ウィニー
Heather Whinney

家政学者として専門的な経験を積む。旬の食材を調理し保存することに喜びと楽しさを見出すフリーランスのフード・ライター兼フード・エディター。チャツネとジャムづくりには、特に情熱を向けている。

オーガニック・スモークハウス
Organic Smokehouse

数々の受賞経験をもつこの燻製場は、英国で唯一、完全にオーガニックな素材を使い、オープンチムニーで伝統的な燻製を行っている。近年、英国皇太子御用達の認定を受ける。

アンドリュー・ハミルトン
Andrew Hamilton

ビールづくりの名人であるアンディー・ハミルトンとデイヴ・ハミルトンは、『The Selfsufficientish Bible』の著者でもある。アンディーはブリストル・ブリューイング・サークルの発起人でもあり、家庭で行うビールづくりについて執筆中である。

保存の科学

　食材には食べるのに適した時期があり、それを過ぎると熟しすぎたり、バクテリアや酵母菌、カビの繁殖によって劣化や腐敗が始まります。しかし効果的な保存方法を用い、時には複数組み合わせることで、劣化や腐敗を遅らせ、あるいは止め、安心して食べることができるようになります。

冷蔵・冷凍する

　気温が高い場所ほど食品の腐敗は進みます。逆に低温では、腐敗を遅らせることができます。-18℃以下の冷凍庫の中では、微生物は活動しなくなります。しかし酵素（生物において化学反応を促す触媒）は完全には破壊されません。食品を冷凍すると、風味や食感が落ちるのはそのためです。解凍後、酵素と微生物の活動は再び活発になります。冷蔵保存についてはp36～37を、冷凍保存についてはp52～85をお読みください。

冷凍インゲン：野菜は冷凍すれば鮮度がほとんど落ちません。

水分を除去する

　微生物は水分がなければ活動できません。水分を取り除くと、微生物も干からびて死滅したり、増殖できなくなります。食品から水分を除去する方法は2通りあります。1つは熱を使って乾燥させる方法、もう1つは濃度の高い塩水や砂糖水を使う方法です（浸透作用の利用）。塩や砂糖によって食品の水分を抜くことができます。乾物は、湿気の少ないところで保存しなければ、新しい菌が付着してカビが生えてしまいます。乾燥保存はp40～51を、砂糖を使った保存はp86～167を、塩を使った保存はp288～315をお読みください。

ドライ・アップル：水分を完全に抜くために、しっかり乾燥させます。

保存の科学　9

微生物

バクテリアや酵母菌、カビ菌は、空気中をただよっていたり、洋服に付着していたり、食品についているものです。食べ物に菌が繁殖すると腐敗が始まり、味が悪くなり健康にも害を及ぼします。多くの微生物は、温かく、湿気が多く、酸素の多いアルカリ性の環境を好み、条件が良いと繁殖スピードも速まります。食品を安全に保管するには、微生物に好ましくない環境にしなければなりません（ほとんどの菌は74℃〜100℃、あるいはそれ以上の温度で死滅します）。微生物は食品を腐敗させますが、それ自体に害はなく、体に良い微生物さえ存在します。

ただし、気をつけなければいけないものが3つあります。1つはサルモネラ菌ですが、加熱によって死滅します。残りは黄色ブドウ球菌の毒素と、クロストリジウム属菌です。これらは加熱調理しても毒性が失われず、食中毒の原因にもなります。ボツリヌス菌（ボツリヌス菌食中毒を引き起こす）を含むクロストリジウム属は温かい場所を好む嫌気性の菌ですので、肉や魚や野菜を油漬けにして保存する場合は、特に注意が必要です。

漬ける

微生物は、アルコールや、高濃度の塩分・糖分、酸性の環境下では生息できません。フルーツはもともと酸性の食品ですが、腐敗を止めるほど強くはないので、砂糖やアルコールに漬け込みます。一方、野菜はアルカリ性（微生物が好む環境）に近いので、酸度の高い酢や塩、あるいは両方を合わせた液に漬け込みます。砂糖や酢、アルコールや塩を使った保存はp86〜167、p168〜217、p218〜269、p288〜315をお読みください。

ブランデー漬けのチェリー：純度の高いお酒で、長期の保存ができます。

加熱

加熱調理をすると、酵素は活性が失われ（野菜を冷凍保存する前に湯通しするのは、そのためです）、ほとんどの菌は死滅します。酸性が強い食材ほど、熱によって微生物が死滅します。酸性の強いフルーツやトマトベースのソースを瓶に詰める場合、加熱処理をすれば十分ですが、酸性の弱い野菜に同じ方法は使えません。湯通しについてはp58〜61を、加熱保存についてはp86〜167とp172〜193を、瓶詰めについてはp18〜19、p221をお読みください。

ラズベリー・ジャム：沸騰させるとほとんどの菌が死滅します。

空気に触れさせない

　油脂が一層あるだけで、簡単で、効果的に食品を短期間密封することができます。これは、油脂が空気中の菌の付着を防ぐとともに、食品中に潜む好気性の菌（繁殖と生存に酸素を必要とする菌）を死滅させることができるからです。この方法は、調理した肉や、オリーブやチーズなどの塩漬けの保存に何百年も用いられてきました。

　今ではより現代的な保存方法が用いられることが多いですが、知っていると便利な保存方法です。ただし、油脂を使う場合、冷蔵保存しなければなりません（p9「微生物」参照）ので、注意が必要です。保存料としての油脂についてはp13を参照し、オイル（液体の油）を使った保存はp270〜287を、脂を使った保存はp288〜315をお読みください。

オイル漬けの野菜：食品は完全にオイルに浸かるようにします。

真空状態にする

　長期保存のために容器に詰めた食品は、再び菌に触れないように、空気を完全に抜かなくてはなりません。つまり真空状態をつくるのです。最も一般的なのは、加熱処理をした缶詰め（19世紀に開発）です。食品を詰めた瓶や缶（蓋をしたもの）を加熱すると、中の空気が膨張して外に逃げるのです。一方、真空包装とは、食品を厚いビニールに包んで空気を抜き取ることで、最近用いられるようになった手法です。精肉や生の魚、調理済みの食品の保存期間を長引かせることができます。これは非常に効果的で、ジッパーつきのビニール袋で保存するよりはるかに長期間の冷凍保存ができます。瓶詰め工程についてはp222〜223を、真空状態をつくる加熱処理についてはp19をお読みください。

瓶詰めのフルーツ：加熱処理によって12か月間保存できます。

発酵させる

　すべての微生物が悪者というわけではありません。発酵とは、乳酸菌や酵母などの有用微生物を利用して、保存期間の長い食品や飲み物をつくることです。ビールの場合はビール酵母、ワインはワイン酵母など、特別な菌を加えてつくられます。そのようにしてホップはビールに、ブドウはワインに、リンゴはシードルになるのです。またキュウリやキャベツなどの野菜の場合、塩でほかの雑菌の繁殖を抑えて乳酸菌だけを増殖させ、それらの乳酸発酵によって健康に良いピクルスをつくることができます。野菜の乳酸菌発酵についてはp292～293を、お酒の醸造についてはp332～347をお読みください。

ビールの発酵：ビール酵母を加えることでしっかり発酵します。

燻製にする

　食品を長期保存し、味わい深いものにするために、何百年も前から燻製がつくられてきました。燻製前に食品に塩をすりこめば水分が抜け、より長く保存することができます。燻製の煙の中には200種類以上の複合化合物が含まれており、それが食品の保存に役立っているということも分かりました。伝統的な冷燻（低温の煙で長時間いぶす方法）には技術が必要ですが、熱燻（高温の煙で短時間いぶす方法）に特別なスキルは必要ありません。短期保存に向く燻製はとてもおいしいものですが、煙の複合化合物のなかには有害なもの（PAHとして知られる多環芳香族炭化水素）もありますから、作業の際には注意してください。燻製のつくり方はp316～331をお読みください。

マスの熱燻：熱燻にした肉や魚は、水分が残りジューシーです。

天然の保存料

塩や砂糖、酢、アルコール、油脂は、昔から料理に利用されてきました。こういった天然の保存料を使えば、化学保存料を使った市販のものよりおいしい保存食が家庭で簡単につくることができます。

塩

昔から、塩(塩化ナトリウム)は最も重要な保存料とされてきました。塩水は食材の水分を抜き、微生物の繁殖を止めるので、強力な保存料になります。塩水の濃度が高いほど保存効果は高まり、食材の日持ちが良くなります。

用途

塩は野菜、魚、肉、ときにはフルーツの保存にも使われます。塩を使った保存食には、パルマハム、モル(タラの塩漬け)、グラブラックス(サーモンの塩漬け)、ザワークラウト、オリーブ、塩漬けレモンなどがあります。

種類

- 海塩、または精製されていない岩塩が理想的です。
- キュアリングソルト(curing salt)は、肉の塩漬けに使われる塩です。海塩より粒子が細かいため肉に浸透しやすく、常に確実な仕上がりを期待できます。通常は2.5%の亜硝酸ナトリウムを含んでおり、有害な菌の増殖を抑え、肉の発色を良くします。好みに応じて、亜硝酸ナトリウムを含まないキュアリングソルトや、天然塩で代用することもできますが、仕上がりは灰色に近く、保存期間も短くなります。
- 通常の卓上塩は凝固防止剤が含まれているため、保存食づくりには向きません。

砂糖

十分な濃度を確保すれば(60%以上)、砂糖も塩と同じくらい強力な保存料になります。塩と同様、砂糖も食品の水分を抜く効果があり、砂糖水の濃度が高いほど保存効果も高まります。

用途

主にフルーツの保存に使われますが、酢と併用してフルーツと野菜の保存食がつくられることもあります(チャツネなど)。砂糖を使った保存食には、プレザーブやジャム、フルーツ・チーズやフルーツ・バター、フルーツの砂糖漬けなどがあります。

種類

- 甘蔗糖(サトウキビ糖)、てんさい糖、粗糖はすべての保存食に向いています。
- 黒糖とモラセス(廃糖蜜)は味が強いので、チャツネや一部のマーマレードづくりには向いています。
- ジャム用砂糖には、ペクチンが含まれています。ペクチンが少なく固まりにくいフルーツ(p89参照)に使われます。
- 粉砂糖はグラニュー糖より粒子が細かく、水に溶けやすいので、シロップやコーディアルなどの保存食づくりに適しています。
- プリザービング・シュガーは泡が立ちにくく、アクも出にくいですが、必須ではありません。

オイル（油）・脂

オイル（液体の油）も動物脂も、食品を密封し空気に触れさせない役目を果たします。しかし、どちらも厳密には保存料ではないので、最初に加工が必要です。肉は水分が抜けるまで塩漬けにし、野菜は酢など酸性の強いもので調理します。

用途

オイルを使った保存食には、野菜やフェタチーズのオイル漬けなどが含まれます。脂を使った保存食には瓶詰めの肉などがあります。

種類

- オリーブオイル、バター、カモ脂、ガチョウ脂、ラードの使用が理想的です。
- ひまわり油、グレープシードオイル、菜種油も使えます。
- 牛脂やラム脂は匂いが強く、保存食には向きません。

アルコール

純度の高いアルコールは、最も保存効果を期待できる食材です。どんな菌も死滅させるため、お酒に漬けた食材は永久に持ちます。ほかの加工を加える必要もありません。

用途

アルコールはフルーツの保存に使われます。スロージンやブランデー漬けチェリー、フルーツのラム酒漬けなどです。

種類

- ブランデー、蒸留酒、ジン、ラム、ウォッカ、ウイスキーはどれも適しています。
- ワイン、ビール、強化ワインはアルコール度数が低く、単独では食品を効果的に保存できません。

酢

塩と同様、酢も昔から使われてきた重要な保存料です。お酒を発酵させて酢酸をつくりだすことで、食品を腐敗させる大腸菌など、ほとんどの菌の繁殖を抑制したり、止めることができます。効果的な保存効果を期待できるのは、少なくとも酢酸を5％含む酢です。

用途

酢は、ピクルスやレリッシュ（甘酢漬け）、ソースなど、野菜や、脂分の多い魚の保存に使われます。キュウリのピクルスやロールモップ（ニシンの酢漬け）などです。

種類

- モルトビネガー（味が強く色が濃い酢）、蒸留酢（透明なモルトビネガー）、ワインビネガー、シードルビネガー（リンゴ酢）はどれも保存に向いています。
- ピクルス用のビネガーは、味付けされた市販の酢です。自宅でも簡単につくることができます。
- バルサミコ酢は、味付けに使う酢です。

酢
おいしい保存食において、酢の力が果たす役割は大きいものです。酢酸が5％以上あればどのタイプでも使うことができます。味が強く保存効果が最も高いのがモルトビネガー、最も弱いのが米酢（写真右）です。

道具

　保存食づくりに必要な道具のほとんどは、一般家庭のキッチンにあるものです。例えば、大きく底の厚いステンレスのソースパンがあれば、甘い保存食もおかず用の保存食もつくれます。しかし、特殊な保存方法や作成工程において必要になる特別な道具もあります。

保存食づくりの道具

　一般的なものから専門的なものまでありますが、これらの道具があれば、プロのつくるような保存食を簡単につくることができます。

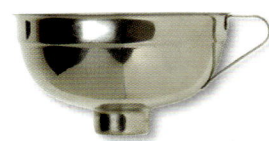

ジャム用の、口の大きいじょうご
変質しにくいステンレス製のじょうごを選びましょう。ジャムを詰めるときに、こぼれるのを防ぐ道具です。

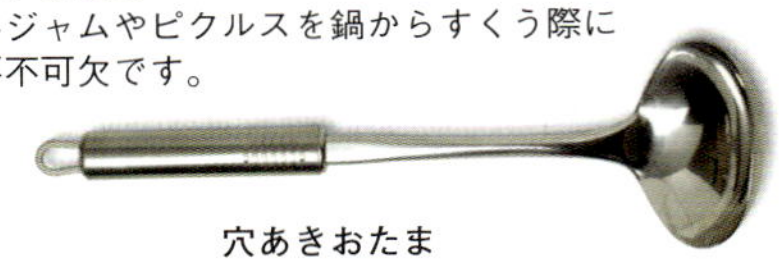

小さいおたま
熱いジャムやピクルスを鍋からすくう際に必要不可欠です。

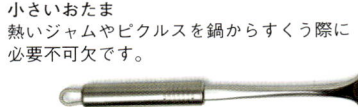

穴あきおたま
フルーツを熱いシロップに落としたり、野菜をゆでたりする際に便利です。ジャムのアクはアク取りを使ってください。

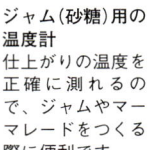

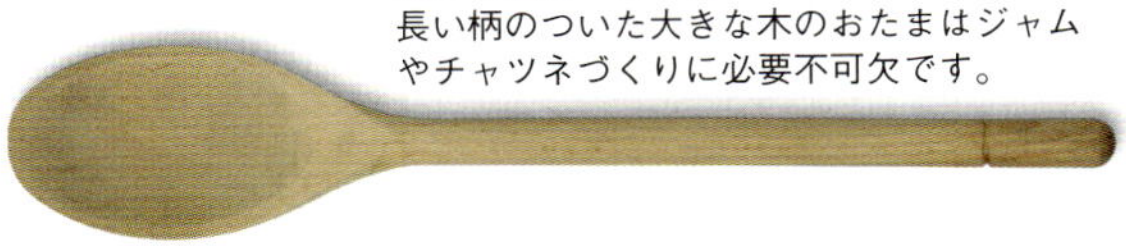

ジャム（砂糖）用の温度計
仕上がりの温度を正確に測れるので、ジャムやマーマレードをつくる際に便利です。

木のおたま・木べら
長い柄のついた大きな木のおたまはジャムやチャツネづくりに必要不可欠です。

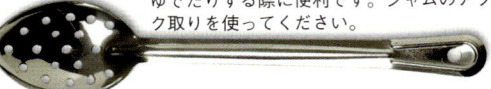

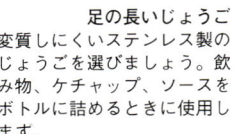

足の長いじょうご
変質しにくいステンレス製のじょうごを選びましょう。飲み物、ケチャップ、ソースをボトルに詰めるときに使用します。

丈夫なチーズクロス・キャリコ製の濾し布
自家製ビールをフィルターにかけたり、濾すときにつかいます。取っ手につるします。

ゼリー袋
ジャムや、少量の液体（コーディアルなど）を濾すのに最適です（洗う際は裏返しにし、熱湯につけてただちに洗浄してください）。

綿モスリン布
ざると併用すれば、ゼリー袋の代わりになります。ハムやベーコンに巻きつけたり、食品を発酵させる際の蓋にもなります。

道具 15

ステンレス製のジャム鍋
底が厚く、重さがあり、熱が全体に均一に伝わります。側面の表面積が大きいため、沸騰までの時間も早いです。ジャムやゼリー、マーマレード、チャツネなどの保存食を大量につくりたいときにぴったりの鍋です。

家庭用ステンレス製スモーカー
家庭で燻製をつくるための専用器具です。受け皿と蓋があり、屋内でも野外でも熱燻できます。大小さまざまなサイズがあります。

中華鍋
中華鍋に網とガラスの蓋があれば、簡易スモーカーの完成です。

サイフォン

デミジョン・エアロック・サイフォン
この3つの道具は、ビールづくりに欠かせないものです。発酵中のビールを保存するのがデミジョン、細い口に栓をして瓶の内圧を調整するのがエアロック、そしてビールをボトルに詰め替える際に使うのがサイフォンです。ビールの比重と密度を測ることができる比重計や、ビールが酸性かアルカリ性かを確かめるリトマス紙もあれば便利です。

デミジョン

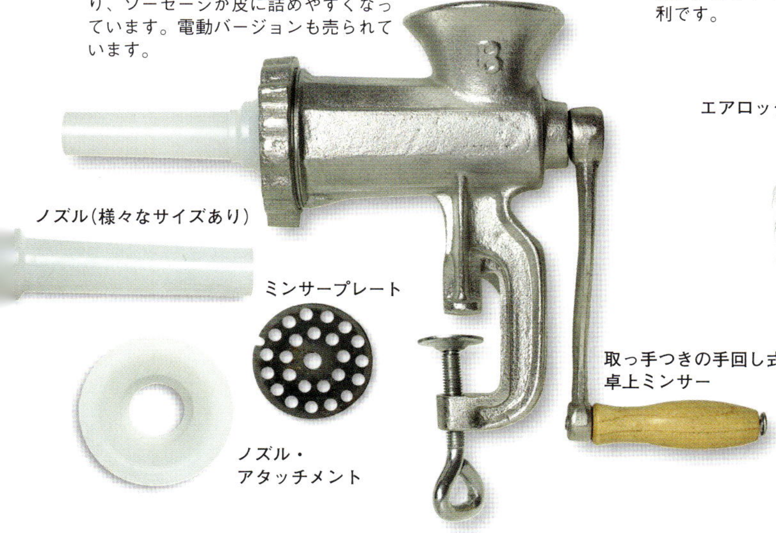

ソーセージづくりセット
このセットにはミンサーとノズルがあり、ソーセージが皮に詰めやすくなっています。電動バージョンも売られています。

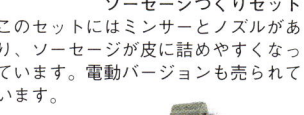

ノズル(様々なサイズあり)

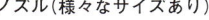

ミンサープレート

ノズル・アタッチメント

取っ手つきの手回し式卓上ミンサー

エアロック

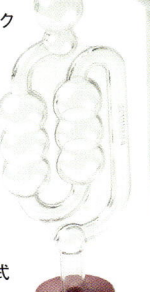
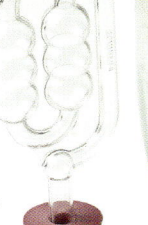

保存容器

ガラス、陶器、冷凍可能なプラスチックなど、保存する食品に合った容器を選ぶことはとても大切です。機能やデザインで選んだり、大きさや形の異なる容器を買いそろえておくとよいでしょう。同じ瓶を何度も使ったり、リサイクル品を買うのは、節約になる上に環境に優しい方法です。いずれも、欠けたりしていない完全な状態のものを使い、使用前に殺菌(p18)をしてください。

瓶

保存食用に2種類あります。ジャム瓶と専用の保存瓶です。どちらも、何度でも利用できますが、ゴム製パッキンや蓋は毎回新しい物を用意してください(蓋の代わりに丸いワックスペーパーの蓋を使ったり、セロファンに輪ゴムを巻いてもよいです)。

ジャム瓶は通常、重さで分類されます。小は225g、中は350g、大は450gです。一方、保存瓶は体積で分類されます。小は500mL、中は750mL、大は1Lです。インペリアルボトル瓶の場合、大中小に相当する液量表示はありません。

専用の保存瓶

密封瓶やメイソン・ジャーは、強化ガラスでできた万能の保存瓶で、非腐食性の蓋がついています。高温にも耐えるので鍋やオーブンを使った高熱殺菌も行えますが、その必要がないジャムやマーマレード、チャツネ、ピクルス、レリッシュ、サルサや、肉や魚の保存にも使えます。半永久的に使用することができます。形は標準形から口の大きいもの、現代的なものまで様々で、いずれも、そのままテーブルに出せるおしゃれなデザインです。メイソン・ジャーには、スクリュー部が蓋に埋め込まれたシングルキャップ・ジャーと、使い捨てできる非腐食性の中蓋をスクリュー部である外蓋で固定するダブルキャップ・ジャーがあります。

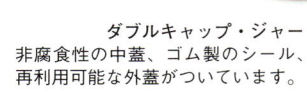

ダブルキャップ・ジャー
非腐食性の中蓋、ゴム製のシール、再利用可能な外蓋がついています。

密封瓶
大陸の保存瓶(ボックス参照)には、止め具のついたガラス蓋と、取り換え可能なゴム製シールがあります。

メイソン・ジャー
非腐食性のシングルキャップもしくはダブルキャップがついています(囲み参照)。

ジャム瓶
ジャム、プレザーブ、マーマレードやゼリーなどに使います。毎回、新しい中蓋(もしくは丸いワックスペーパーの蓋)を使ってください。この六角形の瓶のように、可愛いリサイクル品を探すとよいでしょう。

ラメキン
フルーツ・バターやフルーツ・チーズ、ゼリーの贈り物をするときに便利です。瓶詰めの肉や魚をつくったときにも使えます。

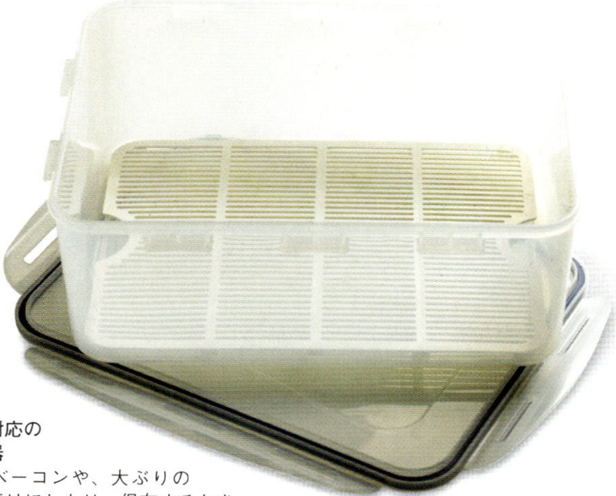

道具　17

冷凍庫対応の容器
スタッキングできる丈夫なプラスチック容器を選びましょう。何を、いつつくったか明記したラベルを貼ります。

冷凍庫対応のプラスチック容器
フリーザー・ジャム、フルーツ、野菜、ピュレ、調理したソースの保存に使います。蓋がしっかり閉まるもので、サイズの違うものをいくつか選びましょう。

冷凍庫対応の大きい容器
ハムやベーコンや、大ぶりの肉を塩漬けにしたり、保存するときに使います。なるべく大きいもので、滴受けと蓋がついているものを選びましょう。

透明なガラスのボトル
白ワイン、シードル、コーディアルなどの保存には、このような大きいボトル（750mL）を使います。コルク栓が密封できるものか必ず確認をしてください。

茶色いビール瓶
ビールの保存には、昔ながらの茶色いビール瓶（500mL）が最適です。キャッピング・マシンを使い、メタルキャップで密封してください。

製氷皿
ハーブや、飾り用のエディブル・フラワーを小分けにして保存したいときに使います。

ボトル
ガラスが厚ければ厚いほど、何度でも使える環境に優しい容器です。デザインのかわいいものはギフトにすることもできます。リキュールやシロップ、ジュース、ケチャップ、ソース、自家製ビールなどを保存します。新品でも中古でもリサイクル品でも、割れや欠けのないボトルを使い、使用前は加熱殺菌します（p18）。

コルク
はぎとっても成長するコルクガシの樹皮からつくられます。環境に優しい天然素材です。

止め具のついたボトル
さまざまなサイズで売られています。リキュールやシロップ、ジュースやエルダーフラワー・シャンパンの保存に使います。

食の安全と衛生

　食の安全と衛生状態に細心の注意を払ってこそ、保存食づくりは成功します。良質の食材を最高の状態で使うこともそうですが、適切な温度で保存し、推奨された保存期間を守ることもきわめて重要なことです。

衛生上、必要不可欠なこと

- キッチンの台や器具、道具のすべてを徹底的に清潔にします。常に清潔な布を使い、手も頻繁に洗います。
- 冷蔵庫内が清潔で、適切な温度(4℃)が保たれているか、確認します。
- 使用前に瓶やボトル、蓋を殺菌します。菌を除去することで食品の腐敗を防ぎます。
- 食品をしまう前に、しっかり密封されているか確認してください。こまめに点検し、保存期間内で使い切るようにします。異臭を放つなど、少しでも腐敗しているようでしたら、廃棄してください。
- 特に肉や魚は、生でも調理済みのものでも注意してください。常に低温を保ち、ほかの食品と分けて扱い、すべての工程で清潔な道具を使ってください。

殺菌方法

オーブン：瓶、ボトル、蓋をお湯で洗い、逆さにして水気を切り、オーブン(140℃)に15分入れます。
食洗機：瓶、ボトル、蓋を高温洗浄します。
電子レンジ：蓋がはずれるタイプの瓶に向き、金属の止め具つきの瓶には向きません。洗浄した瓶にそれぞれ大さじ4の水を入れ、電子レンジに2分かけます。水を切り、キッチンペーパーの上に逆さにして乾かします。
煮沸：洗った瓶、ボトル、蓋を鍋に入れ、浸るまで水を入れ、ゆっくり沸騰させます。火を止め、使うまでそのままにします。綿モスリン布やゼリー袋、瓶のゴムパッキンはボウルに入れ、熱湯をかけ、使うまでそのまま置きます。

殺菌された瓶
瓶やボトルの殺菌は、使う直前に殺菌し、最も清潔な状態で使います。

食の安全と衛生　19

加熱処理による密封

食品を長期保存するには、フルーツやソースを瓶に詰めた後、鍋やオーブンで加熱殺菌する必要があります。加熱によって瓶の内部の空気が膨張し外に逃げるので、密封して冷却すれば真空状態ができます。処理時間についてはp221をご覧ください。

1 瓶に蓋を乗せます。メイソン・ジャー（シングルキャップもしくはダブルキャップつき、p16参照）を使う場合、毎回新しいゴムパッキンをつけ、蓋または外蓋を閉めた後、1／4回転だけ開きます。外蓋がプラスチック製の瓶をオーブンで加熱殺菌する場合は、ガラス蓋を乗せ、熱処理後すぐにプラスチック製の外蓋を閉めます。金属製のクリップがついた瓶の場合、蓋にゴムパッキンをつけ、クリップを蝶番にかける（オーブン使用の場合）か、止め具にかけて固定します（煮沸の場合）。

2 オーブンを使う場合：オーブントレイに新聞紙を敷き（こぼれたものがオーブンの中で燃えないように）、その上に瓶やボトルを5cmおきに置きます。150℃で予熱しておいたオーブンの中段に入れ、所定の時間加熱します。瓶を取り出し、ただちにクリップを閉めるか、蓋を閉めてください（プラスチックの蓋の場合、このタイミングでつけて閉めます）。

煮沸する場合：ジャム鍋または大きなステンレス鍋に、ふきんや鍋敷を折りたたんで置き、瓶を乗せます。瓶同士が触れないように注意します。瓶の上2.5cmまで水位がくるように鍋にぬるま湯をはります。鍋に蓋をし、時間をかけてゆっくり沸騰させ、所定の時間煮立たせます（p221参照）。その後トングを使って瓶を取り出し、すぐに蓋を閉めるか、クリップを止めてください。

3 完全に密封されて真空状態になっているか確かめるには、脱気作業から24時間後、ゆっくり外蓋を取るか、クリップを外してください。指の爪をひっかけ、中蓋や蓋が取れるか試します。蓋が動かなければ、完全に密封されている証拠。再び外蓋やクリップを閉めて、推奨された期間保存できます。中蓋が簡単に開く場合、脱気は成功しなかったということです。瓶を冷蔵庫で保存し、2週間以内に使いきってください。

香味付け

　保存食の味は、基本的に塩、砂糖、酢、アルコール(p12〜p13)で決まります。ですから、それらに合う香味を加えることが、おいしい保存食をつくる秘訣になります。下の表を参考に、好みに合った香味を見つけてください。

基本：香味のもととなる材料です。刺激を和らげるために、ほかの材料を加えることが多いです。

材料	種類	用途
唐辛子	生、乾燥	生または乾燥した唐辛子は、味に辛みと刺激を加えます。チャツネやピクルス、レリッシュ、ケチャップやソースのほか、燻製や瓶詰めの肉・魚にも使えるのはもちろん、ジャムやゼリー、瓶詰めのフルーツに使うこともできます。好みに応じて加えてください。
柑橘類	オレンジ、レモン、ライムなど	柑橘類は、味に酸味とさわやかさを与え、フルーツの自然の甘みを引き出します。レモンをひと絞りするだけで、どの保存食も味が洗練します。皮は細かくすり下ろし、甘い保存食やおかず用の保存食、瓶詰めの食品や塩漬けの魚などに控えめに使います。
ショウガ	生、乾燥、砂糖漬け	体が温まるスパイスです。生や乾燥したものは、おかず用の保存食やソース、コーディアル、自家製ビールに使い、砂糖漬けのものはジャムや瓶詰めフルーツに使います。
ニンニク	生(新ニンニク)、乾燥	ニンニクは、世界中で使われています。みじん切りにしたものは、おかず用の保存食、瓶詰めケチャップ、ソース、自家製ソーセージ、燻製マリネの風味づけに、生のニンニクは、わずかに風味を効かせたいときに使います。乾燥ニンニクを使う際は古いものや、不快な匂いのするものは避けましょう。
ベイリーフ	生、乾燥	生のベイリーフ(または乾燥させた葉)は、おかず用の保存食、ソース、ケチャップ、オイル漬けの野菜、塩漬け食品に、洗練した風味を与えます。

生鮮ハーブ：旬の味を楽しむことができる材料です。単独で使うのがベストです。

材料	種類	用途
ハーブ	バジル、コリアンダー、ディル、ミント、パセリ、オレガノ、ローズマリー、セージ、タラゴン、タイム	やわらかいハーブ(バジル、コリアンダー、チャービル、ミント、パセリ)はソースやチャツネ、レリッシュに使い、硬いハーブや味の強いハーブ(タラゴン、タイム、ミント、セージ、ローズマリー)はジャムに入れたり、酢の香味付けに使います。地中海のハーブ(ローズマリー、タイム、オレガノ)はオイル漬けに向きます。ディルはきゅうりのピクルスや魚の塩漬けに欠かせません。ミントは一部のコーディアルにぴったりです。
花	ベルガモット、エルダーフラワー、ジャスミン、ラベンダー、ナデシコ、バラ	香り高い花は、一味違う風味を加えます。ジャム、プレザーブ、ゼリー、フルーツ・バター、フルーツ・チーズ、瓶詰めのシロップやコーディアルに使います。咲いている花を摘み、新鮮なうちに使ってください。

香味付け 21

材料	種類	用途
ホールスパイス（粉末にする前の原型の状態のスパイス）	オールスパイス、アニス果（別名アニシード）、キャラウェイシード、カルダモン、セロリシード、シナモン、クローブ、コリアンダーシード、クミン、ディルシード、フェンネルシード、ジュニパーベリー、メース、マスタードシード、ナツメグ、粒胡椒、オニオンシード（別名ニゲラシードもしくはブラック・クミン）、スターアニス	絵描きがパレットで色を混ぜるように、体が温まるスパイスや刺激的なスパイスなどをブレンドし、甘い保存食やおかず用の保存食、瓶詰め食、コーディアル、温ワイン、塩漬け肉や魚、燻製に味をつけます。セロリシードやキャラウェイ、ディル、ジュニパーベリーは、ザワークラウトなど野菜のピクルスに使用できます。ホールスパイスや挽きたてのスパイスを使うことで、味と風味を最大に引き出すことができます。しかし調理済みの保存食の中で味を出し続けるので、密封する前に取り出します。アニスの風味を持つのはフェネルシード、アニス果、スターアニスです。香り高いのはコリアンダーシードとカルダモン、胡椒の香りがするのは粒胡椒、マスタードシード、オニオンシードです。セロリシード、キャラウェイシード、ディルシード、メースも芳香が素晴らしいです。ナツメグは甘く、オールスパイスやシナモン、クローブ、スターアニスは温かみのある香りがします。ジュニパーシードとクミンは木の香りがします。
ピクリングスパイス	オールスパイス、ローリエ、クローブ、コリアンダーシード、メース、粒胡椒、ホワイトマスタードシード	これらは風味がしっかりしていて、ブレンドしても好相性です。チャツネやピクルス、レリッシュをつくるときによく組み合わせます。また、保存食の味を出すスパイスとしても使われます。綿モスリン袋に入れ、調理後に取り除きます。好みの組み合わせで使ってください。生のショウガや唐辛子と合わせてもよいでしょう。
パウダースパイス、ブレンドスパイス	カイエンペッパー、カレー粉、五香粉（中国のブレンドスパイス）、マスタード、スモークパプリカ、ターメリック	風味の強いこれらのスパイスは、チャツネやレリッシュ、マーマレードや燻製に加えます。ブレンドされたパウダースパイスもチャツネやレリッシュに使用されます。様々な種類がありますのでいろいろ試せます。パウダースパイスは風味がすぐに飛んでしまうので、少量ずつ買い、すぐに使いきります。

チリパウダー、粉ターメリック、カルダモン

エスニックハーブ&サヤ	カフィアライムリーフ、レモングラス、レモンバーベナ、スイートゼラニウムリーフ、タマリンドのサヤ、バニラ鞘	エスニックな葉にはフローラル・シトラスな香りがあります。瓶詰めフルーツやコーディアルに加えるレモンやライムの代わりにしたり、ゼリーやジャムの香りづけにも使います。タマリンドにはフルーツのような甘酸っぱさがあり、乾燥デーツに似た食感があります。インド系のスパイスを用いたチャツネにも使えます。甘く香り高いバニラはジャムやゼリー、瓶詰めフルーツ、コーディアル、アルコール漬けフルーツに欠かせません。
スモークチップ	アルダー、アップル、チェリー、ヒッコリー、メープル、メスキート、オーク、ピーカン	アルダーとアップルとメープルを使うと、軽い香りの燻製ができます。ヒッコリー、メスキート、ピーカンはより強い香りがあり、赤身肉に使うのが一般的です。オークは甘く深い味わいを与え、チェリーは狩猟肉との相性が特に良いです。チップを数種類合わせて好みの香りを見つけるのもよいでしょう。燻製用に加工されたチップを買うようにしてください。チップは少量で十分香りの良い燻製をつくることができます（小さじ1くらい）。
フレイバー・ウォーター	オレンジウォーター、ローズウォーター	エスニックな香りが凝縮されたウォーターは、少量で強い香りを出します。ジャムやゼリー、フルーツ・バターやフルーツ・チーズに使いますが、数滴だけにしてください。
種子（仁）	アプリコット、チェリー、ピーチ、プラム、ネクタリン	すべての核果の種には、中に柔らかい仁があり、食べるとアマレットに似た苦いアーモンドの味がします。核果の瓶詰めやジャムをつくる際、そのフルーツの仁を少量加えます（薄皮は取ってください）。

旬の食材でつくりたい

　この表には、フルーツや野菜やハーブごとに向く保存食が示されています。手に入れた旬の味をどう保存するか、この表を参考にして、アイデアを得てください。

これらの食材の保存について、より詳しい情報は、各章の冒頭「○○に向く材料」をご覧ください。	自然貯蔵	ドライ(干す)	冷凍	ジャム	プレザーブ	ゼリー	フルーツ・チーズ&フルーツ・バター&カード	マーマレード	砂糖漬け	チャツネ	ピクルス	レリッシュ	瓶詰め	コーディアル&シロップ&ジュース	ケチャップ&ソース	オイル漬け	塩漬け	ビール&ワイン
【フルーツ】																		
リンゴ	✓	✓	✓	✓		✓		✓					✓		✓			✓
アプリコット		✓	✓	✓	✓		✓		✓	✓	✓	✓	✓					✓
ブラックベリー			✓	✓		✓				✓	✓		✓	✓				✓
ブラックカラント			✓	✓		✓							✓	✓				
ブルーベリー			✓	✓									✓					
ボイセンベリー			✓	✓		✓							✓					
アメリカン・チェリー		✓	✓						✓				✓					✓
柑橘類		✓	✓			✓	✓	✓	✓	✓	✓	✓	✓	✓			✓	
クラブアップル	✓		✓			✓												✓
クランベリー		✓	✓	✓		✓	✓			✓			✓	✓				
エルダーベリー						✓							✓	✓				✓
イチジク		✓	✓	✓	✓				✓				✓					✓
グースベリー			✓	✓		✓	✓						✓	✓				✓
ブドウ		✓		✓	✓	✓			✓				✓	✓				✓
ローガンベリー			✓	✓		✓	✓						✓	✓				
セイヨウカリン			✓			✓	✓											
メロン			✓	✓	✓				✓		✓		✓					
ネクタリン		✓	✓	✓					✓	✓	✓	✓	✓					
モモ		✓	✓						✓				✓					✓
セイヨウナシ	✓	✓	✓	✓					✓				✓					✓
プラム(全種)		✓	✓	✓		✓			✓	✓	✓	✓	✓		✓			✓
マルメロ	✓					✓	✓	✓										
ラズベリー			✓	✓	✓	✓	✓						✓	✓				
アカスグリ／シロスグリ			✓	✓		✓							✓					
ルバーブ			✓	✓					✓	✓	✓	✓	✓					✓
スロー			✓			✓							✓					
イチゴ			✓	✓	✓	✓							✓					
タイベリー			✓	✓	✓	✓	✓						✓					
スイカ									✓		✓							
【ハーブ】																		
エルダーフラワー		✓	✓	✓		✓			✓					✓				✓
ハーブ		✓	✓			✓				✓		✓				✓	✓	✓

旬の食材でつくりたい

これらの食材の保存について、より詳しい情報は、各章の冒頭「○○に向く最高の材料」をご参照ください。 【野菜】	自然貯蔵	ドライ(干す)	冷凍	ジャム	ゼリー	チャツネ	ピクルス	レリッシュ	瓶詰め	コーディアル&シロップ&ジュース	ケチャップ&ソース	オイル漬け	塩漬け	薫製	ビール&ワイン
アスパラガス			√									√			
ナス			√	√		√	√	√				√			
ソラマメ		√	√												
インゲン			√			√	√	√				√	√		
モロッコインゲン			√										√		
ビーツ	√					√	√	√							√
ブロッコリー			√												
芽キャベツ	√		√												
キャベツ(各種)	√		√			√	√					√			
ニンジン	√	√	√	√		√						√			
カリフラワー	√		√				√					√			
セロリアック	√	√	√				√					√			
セロリ						√	√	√				√			√
唐辛子	√	√		√	√	√	√			√	√		√		
ズッキーニ			√			√	√					√			
キュウリ(各種)							√	√					√		
フェンネル			√				√	√				√			
ニンニク	√	√				√	√	√		√	√		√		
アーティチョーク			√												
ホースラディッシュ(根)						√	√			√					
キクイモ	√		√											√	
コールラビ	√						√								
リーキ	√		√												
キヌサヤ			√												√
マロー	√			√		√	√								√
マッシュルーム		√	√				√	√			√	√			
タマネギ／シャロット	√	√				√	√	√			√				√
パースニップ	√	√	√												√
エンドウマメ		√	√												
パプリカ	√		√	√	√	√	√	√	√		√	√		√	
ジャガイモ	√													√	
ラディッシュ(各種)							√						√		
ロマネスコ			√				√					√			
セイヨウゴボウ／セイヨウクロゴボウ	√		√									√			
ホウレンソウ			√												
スクワッシュ／カボチャ	√		√	√		√	√								
スウェーデンカブ	√		√												
サツマイモ	√		√												
トウモロコシ		√	√					√						√	
フダンソウ／冬のホウレンソウ	√		√												
トマト	√	√	√	√	√	√	√		√	√	√	√			
カブ	√		√				√						√		

畑で採れた秋の実りをより長く楽しむために、採れた作物を涼しい場所で貯蔵する**自然貯蔵**は、庭で収穫することに次いでやりがいのある作業です。作物によってはそのまま、あるいは**土中貯蔵（クランプ）する**ことで保存できるものもあります。**箱に詰めたり、ひもでぶらさげて簡単に貯蔵**できるものもあります。そうすることで、大切な家庭菜園のフルーツや野菜を、何か月も先まで味わい、楽しむことができます。

自然貯蔵 に向く作物

　秋に実る作物のなかでも耐寒性のものは、そのまま土中に残して必要に応じて掘り出すか、屋内の涼しい場所に保管すると、冬の間中食べることができます。旬の農作物を選んでください。

ニンジン
秋の初めに旬のニンジンを収穫し、箱で貯蔵します（p34〜35）。冬の期間中食べることができ、翌春まで保存することができます。

ジャガイモ
気候が温暖な地域であれば、ジャガイモは屋外の土中に埋めて保存することができます（p28〜29参照）。秋の初めに収穫し、霜が降りない場所で貯蔵すればクリスマス後まで保存できます。

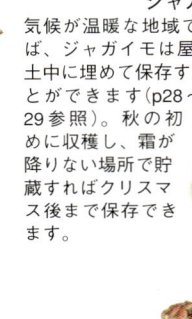

ビーツ
旬のものを、秋の初霜が降りる前に収穫し、冬の間中箱で貯蔵します（p34〜35）。茎から上はホウレンソウのように使え、新芽はサラダに使用できます。

キクイモ
固い多年生の塊茎が収穫できるのは秋です。必要なときに、塊茎を傷つけないように土から掘り出します。生の状態のものを使います。

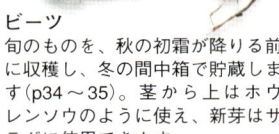

リーキ
秋に収穫できる大きさに成長します。成長後も畑に残し、必要なときに掘り出します。ただし土があまり固くなく、霜が降りていないときにしてください。最も耐寒性のある品種は、春までもちます。

芽キャベツ
秋以降は畑に残し、必要なときに茎の下の方から摘みます。収穫時期が遅いものは春までもちます。

成功の黄金律

- 貯蔵を成功させるには、実った作物をベストな状態とタイミングで収穫する必要があります。作物を出来の良さで分け、最高の状態のものだけを貯蔵します。傷があると、病気を広めるもとになります。
- 作物は傷んだところから腐敗するので、丁寧に扱います。
- 適正な温度と湿度を保ち、理想的な環境を確保できない場合は、なるべく早く使うようにします。
- 定期的にチェックして、病気を持っていそうな野菜やフルーツはただちに取り除きます。

パースニップ
土に深く根を下ろす、冬の野菜です。畑に残し、必要なときに丁寧に掘り出します。春までよくもちます。

トマト
トマトは収穫後も熟し続けます。初秋になったら、青いものを選び、寒くなる前に摘み、屋内で熟させます。

パプリカ
トマト同様、パプリカも収穫後屋内で熟します。品種によって、徐々に黄色やオレンジ、赤い色を帯びてきます。クリスマスまで貯蔵可能です。

セイヨウナシ
旬のセイヨウナシや、旬の終わりのものは低温貯蔵（p36～37）に向いています。自然に熟したセイヨウナシは、とてもおいしいのですが、その状態は長く続きません。定期的にチェックしてください。

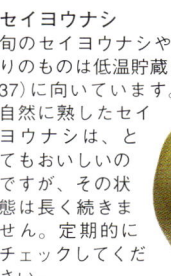

タマネギ
7月と8月に収穫期を迎える野菜です。貯蔵する前に乾かす（p38～39）必要があります。屋内につるして簡単に保存できる野菜です。低温で貯蔵すれば6～9か月もちます。

ニンニク
生の新ニンニクはグルメ好きにたまらないごちそうですが、タマネギ同様、乾かし（p38～39）屋内につるして保存します。年明けまで自家製のニンニクを楽しむことができます。

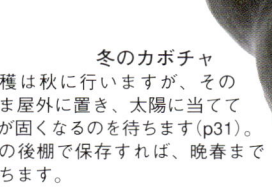

リンゴ
旬のリンゴや旬の終わりのものは摘んだ後も熟し続けるので、秋になったら棚での保存（p36～37）が可能です。早春までおいしいリンゴが食べられます。

冬のカボチャ
収穫は秋に行いますが、そのまま屋外に置き、太陽に当てて皮が固くなるのを待ちます（p31）。その後棚で保存すれば、晩春までもちます。

ほかにおすすめの食材

畑でそのまま保存	収穫期
セロリアック	秋～春
ハンブルグパセリ	秋～12月
セイヨウゴボウ	秋～春
セイヨウクロゴボウ	秋～春
フダンソウ	秋～春
冬のキャベツ（例：チリメンキャベツ）	冬～春
冬のカリフラワー	冬～春
冬のホウレンソウ	秋～春

土中貯蔵（クランプ保存）	保存期間
スウェーデンカブ	3～4か月
カブ	3～4か月
冬のラディッシュ（耐寒性のあるもの）	3～4か月

堆肥や砂を敷いた箱での保存	保存期間
セロリアック	1～2か月
コールラビ	1～2か月
スウェーデンカブ	1～2か月
カブ	1～2か月
ダイコン	1～2か月

屋内の棚での保存	保存期間
白キャベツ・赤キャベツ	3～4か月
マロー	1～2か月
マルメロ	1～2か月
サツマイモ（乾燥後、浅いトレイに乗せたもの）	3～4か月

屋内でつるす保存	保存期間
唐辛子	6か月
シャロット	6か月

土中貯蔵（クランプ）

　ジャガイモなどの根菜を屋外にまとめておく保存法は「土中貯蔵・わら囲い貯蔵（クランプ）」として知られていて、袋や箱で貯蔵するより長く保存できます。霜が頻繁に降りる場所や、霜害の厳しい地域では向きません。

ジャガイモの土中貯蔵

1 雨や風に当たらない水はけの良い土地に、深さ10cm直径1mの穴を掘ります。底を踏み固め、砂をまいてナメクジが入らないようにします。穴の上にきれいなワラを乗せ、深さ20cmの丸い巣ができるように形を整えます。その中央にジャガイモを積みます。

2 ジャガイモを円錐、もしくはピラミッド型になるように積みます。高さは50cmを超えないようにします。ジャガイモの上に、乾いたワラを厚さが10〜20cmになるように乗せ、完全に覆います。

土中貯蔵(クランプ) 29

ジャガイモの準備
晴れて土が乾いた日に、ジャガイモを丁寧に掘り出します。余分な土を振り落とし、屋外で1～2時間乾燥させます。土中貯蔵ができるのは、傷みのない状態のジャガイモだけです。

根菜を地中で貯蔵するとき

先の細い根菜(ニンジン、ハンブルグパセリ、セイヨウゴボウ、セイヨウクロゴボウ、パースニップなど)は、必要なときまで土中貯蔵できます。保存期間は天候にもよりますが、時間がたてばある程度のナメクジ害と劣化を想定してください。寒さが厳しい場合、霜や雪の害を減らすために、土の上にワラを積んだり、透明ビニールをかぶせます。霜が降りているときと凍っているときを避け、掘り出します。泥を洗い落とし、乾かし、冷蔵庫の野菜室で貯蔵します。

3 ジャガイモをワラですっかり覆ったら、その上に15cmの層ができるようにシャベルで土を乗せます。換気用に、上部に5cmの穴を開けるか、パイプ状のものを入れ、空洞にワラを詰めます。

4 周りの土を、シャベルの背を使って固めます。こうすると雨水が別の場所へ流れやすくなります。さらなる雨対策として、クランプの周りに堀をつくり、水が流れる道をつくります。きちんと土の中で貯蔵すれば、ジャガイモを4～5か月保存できます。

カボチャの貯蔵

　カボチャは時間がたつほど、味が濃く、甘く、深くなる唯一の野菜です。そのカギとなるのが「キュアリング」と呼ばれる、皮を固くする作業です。なお、長期保存に適しているのは、冬に採れるカボチャのみです（皮のやわらかい種は不向きです）。

茎についた状態で：茎についた状態でできる限り熟させてから、「キュアリング」を行います。頻繁に実の向きを変え、皮が均一に固くなるようにします。傷をつけると保存がきかなくなるかもしれないので注意します。皮が固くなり、実をたたいて空洞な音がしたら、茎を10～15cmつけた状態で切り取ります（腐敗防止のためです）。天候が悪くなければ10日ほど屋外で乾燥させます。

屋内で：風通しの良い、10～15℃の場所が長期保存に適しています。ガレージや納屋は立派な貯蔵庫の代わりになりますし、涼しい部屋や、気温の低いキッチンの片隅でも大丈夫です。カボチャは個々に棚に置くか、ネットでつるして換気を確保します。悪くなっていないか、こまめにチェックします。

カボチャのキュアリング
「タークスターバン」（写真）など、冬野菜のカボチャが秋の日差しを浴びている景色はとても心なごむものです。収穫したカボチャの貯蔵期間は、「エイコーン」種が2か月、「バターナット」種は2～3か月、「タークスターバン」種は3か月以上、「ハバード」種は6か月までです。

トマト、パプリカ、唐辛子の貯蔵

　トマトやパプリカ、唐辛子は収穫後も熟し続けます。そのため、夏が終わり気温が下がり始めたときに、青い実を収穫して屋内に取りこみます。

トマト：枝に実ったトマトを採ったら、家の中の窓辺やトレイ、飾り用の皿に、重ねずに置きます。徐々に熟していきますが、一度赤く熟すと1か月ほどもちます。トマトは寒いところを嫌うので、冷蔵庫での保存は避けてください。こまめにチェックし、カビが生えたりやわらかくなったものは取り除きます。

パプリカ：茎が少し残るようにし、傷のないパプリカを枝から切り取ります。保存方法はトマトと同じです。種類によって緑色から黄色になったり、オレンジや赤になります。色が濃いほど味わいも濃く、おいしくなります。条件が良ければそのまま乾燥させると、風味がより濃縮されます。カビがないかこまめにチェックし、見つけたらカビの部分を切り取り、残りをすぐに使いきります。

唐辛子：唐辛子は枝についたままの状態で成長と熟成を続けるので、場所があればプランタごと屋内に入れ、日当たりの良い暖かい場所で育てます。場所がない場合は、トマトやパプリカと同じように枝から切り取って保存します。

トマトの収穫
トマトは個々に収穫するより、枝ごと切り取って「房」の状態で収穫する方法がおすすめです。枝につけたまま熟させます。

箱を使った根菜の貯蔵

　根菜の多く（p26〜27）は冬の間も畑に残しておいて大丈夫ですが、掘り出して屋内で保存した方が便利でリスクも少ないものです。ニンジン、パースニップ、ビーツ、ジャガイモなどに向く貯蔵法です。

ニンジンを箱で貯蔵する方法

1 乾燥した日に、ニンジンを丁寧に掘り出します。余分な泥を振り落とし、葉の部分をねじり取ります。皮が傷つくおそれがあるので、洗ったりこすったりしないでください。ニンジンを1つ1つ調べ、傷んでいるものはただちに使います。

2 浅いダンボール箱、または木箱、枠箱、格子状のトレイ、換気用の穴がついている箱を用意します。底に新聞紙や布などを敷き、使用済みの堆肥または湿った砂、未処理の木くず、バーミキュライト、腐葉土などを薄く敷きます。

箱を使った根菜の貯蔵　35

パースニップ
パースニップは、初霜が降りる頃まで地中に放置するのが一般的です。初霜にあたることによって甘くなります。その後、掘り出して貯蔵します。

ジャガイモを箱で貯蔵する方法

　土中貯蔵できるスペースがない場合、収穫したジャガイモは、光を遮断できる茶箱や蓋つきのダンボールで保存します。光に当たるとジャガイモの皮は緑色になります。緑色の部分には毒があり、必ず取り除かなくてはなりません。または、ジャガイモを丈夫な紙袋に入れ、上部を折るか、ゆるく縛ってもよいでしょう。冷暗所で貯蔵しましょう。時間がたつと芽が出てくるので、食べる前に切り取らなくてはいけません。

---

3 2でつくった層の上に、ニンジンが互いに触れないように並べます。ニンジンの頭から先端までが下の層につくように、横にして並べます。

4 2で使った材料をニンジンの上に敷きつめ、箱がいっぱいになるまで同様の手順を交互に繰り返します。一番上は土で蓋をし、きっちりと光をさえぎります。ガレージや地下室、空き部屋などの冷暗所で2か月かそれ以上貯蔵できます。必要な分だけ取り出し、残ったニンジンが常に覆われた状態を保つように注意します。

リンゴや
セイヨウナシの保存

　リンゴやセイヨウナシは、秋に熟す品種のみが長期保存に向いています。深い風味が出るまでに時間がかかるからです。

収穫：フルーツは、傷つきやすい上、一度傷ついたものは保存に向きません。収穫するときは、人差し指が枝の近くに来るようにして実を包み込むように持ち、やさしく上に傾け、軽くひねります。摘み頃であれば、実の枝が木から簡単に外れ、手に入れることができます。1つずつ、ていねいにカゴに入れます。

　セイヨウナシの熟成はリンゴとは異なります。一度熟すと、すぐに実がやわらかく綿のようになってしまうので、未成熟のものを収穫します。暖かい部屋に数日置いて、追熟します。

貯蔵：棚に置いた青果用トレイに実を並べ、ガレージや天井裏、地下室など乾燥しすぎていない冷暗所に置きます（リンゴにとって理想の温度は2〜4℃、セイヨウナシはそれより少し暖かめです）。リンゴの場合、新聞紙やティッシュに包んでからトレイに並べたり、浅い箱の中に重ねることができますが、セイヨウナシではしないでください。

　場所があれば、実を冷蔵庫で保存することもできます。品種ごとに、大きいビニール袋に入れ、袋に数か所穴を開け、袋の上部を折りたたむかゆるく縛り、冷蔵します。品種ごとに熟すスピードが異なるので、11月〜3月にかけてこまめにチェックします。

遅摘みリンゴとセイヨウナシ
霜が降りる前に実を収穫し、状態が完璧なもののみを貯蔵します。密集しないよう個々にトレイに乗せ、全体に空気が循環するようにします。品種によって熟成のスピードが異なります。

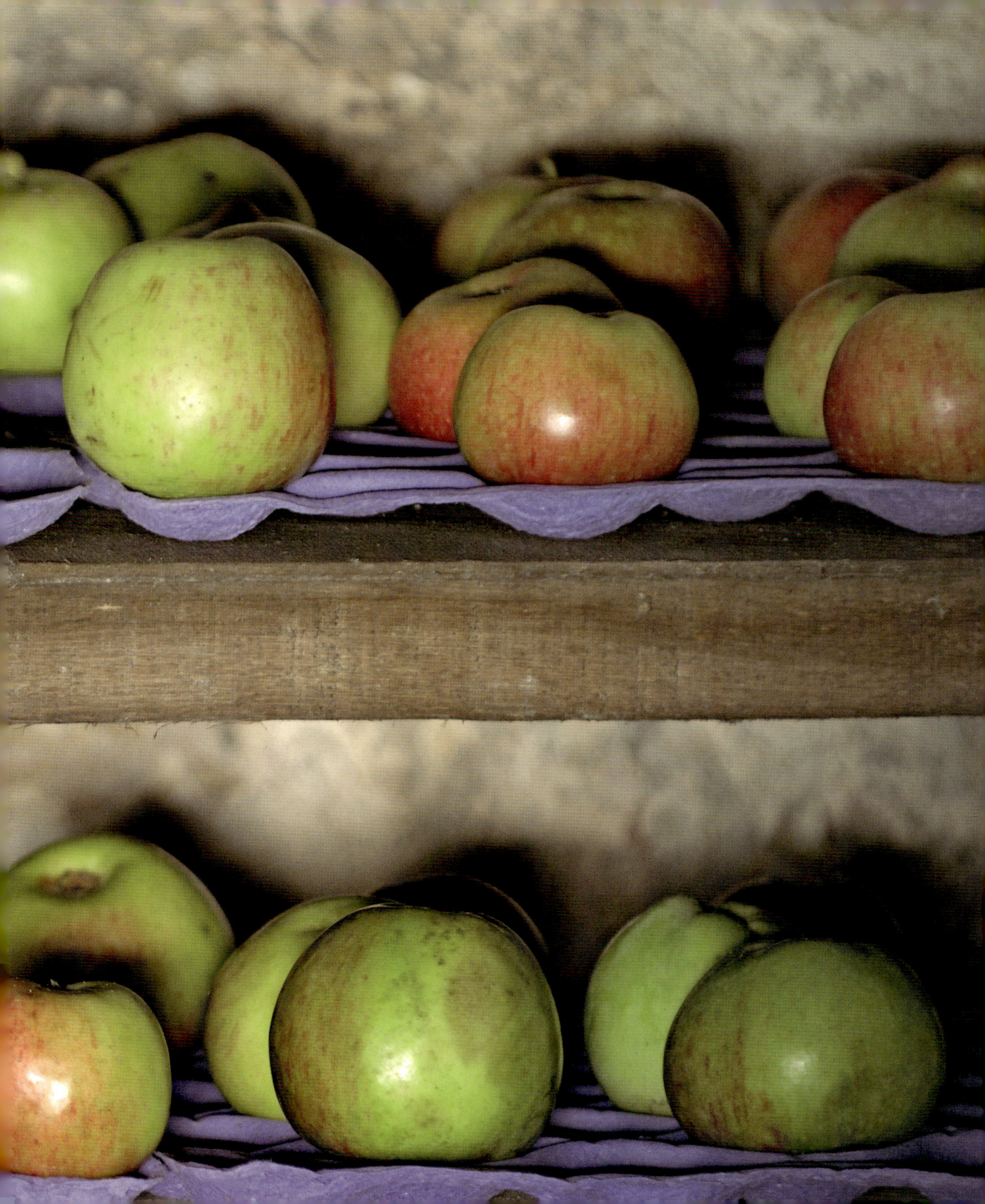

タマネギとニンニクの貯蔵

　タマネギやニンニクは屋内で長期保存できる上に、それほど場所もとりません。ネットや古いストッキングでつるすこともできますし、昔ながらに葉を編みこんで、地中海風の素敵なインテリアとして飾って貯蔵することもできます。

タマネギとニンニクの編み方

1 長期保存用に、最良の状態にあるニンニク（写真）やタマネギを選びます。球根の底に生える根を切り取り、必要であれば泥のついた外側の汚れた皮を取りますが、茎の部分は残しておきます。

2 タマネギもしくはニンニクを3個取り、球根が互いに寄り添うように扇型に重ねます。

タマネギとニンニクの貯蔵　39

シャロット
シャロットも、タマネギやニンニクと同様に収穫しキュアリングします（右枠参照）。ネットや浅い箱に入れ、涼しくて風通しの良い場所で貯蔵します。乾燥後、かごなどに入れ、必要なときに使います。

タマネギやニンニクの収穫とキュアリング

タマネギやニンニクの収穫時期は、球根が大きくなり、葉が黄色く変色して倒れる7月か8月頃です。天気の良い日に掘り出します。乾燥させるため、2週間ほど暖かく乾燥した場所に置いておくか、天気が良い日に乾いた道やパレット、逆さにした箱の上に置き、ひっくり返しながら太陽にさらします。皮が紙のように薄くなって茎がしぼめば、編んで貯蔵することができます。

3 球根をさらに3個取り、最初の3個の真上に、同じ配置になるように置きます。6本の茎が、3つの束になるので、左右の束を取り、中央の束の上で交差させます。

4 球根を3個ずつ加えながら、同様の手順を繰り返し、つるせる長さになるまで編んでいきます。同じものをいくつかつくり、ひもかロープで縛り、個別にクギなどにひっかけてつるします。涼しい場所に保存すれば、タマネギは6か月、ニンニクは4か月もちます。

乾燥保存は家庭菜園で育てたリンゴや一部の野菜など、旬のものや豊富に採れた農作物を保存するのに有効です。キノコ、トウモロコシ、トマトなどの乾燥食品には風味が凝縮されていますし、大きな保存スペースを必要としません。特別な乾燥用のトレイや食品乾燥機を購入してもいいのですが、一部の作物を乾燥させるには日光代わりに**オーブン**の弱火があれば十分です。唐辛子や豆などの作物は、さらに簡単です。乾燥して風通しの良い環境さえあれば、室温で**自然乾燥**ができます。

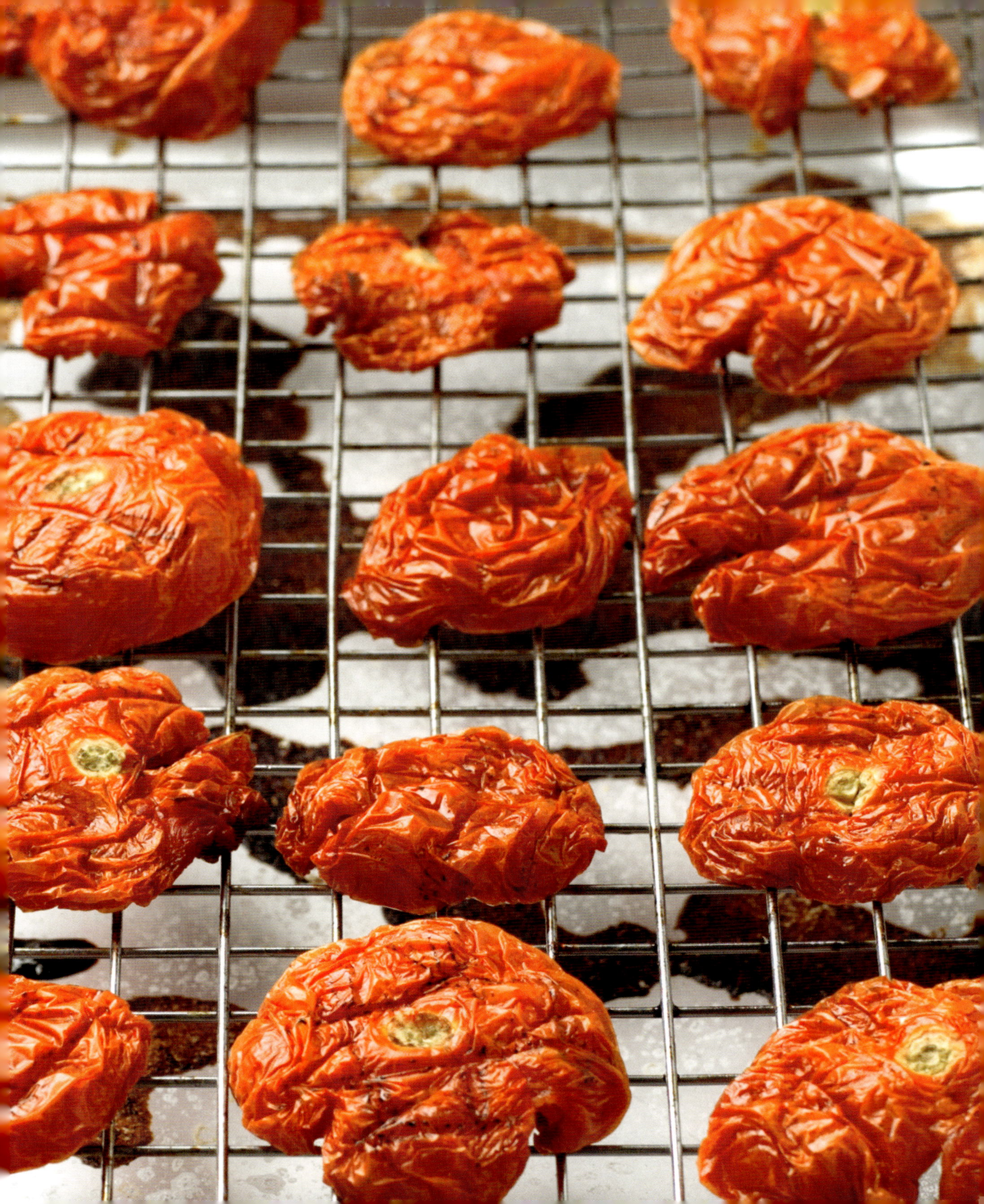

乾燥に向く作物

高品質の農産物を旬のうちに収穫して正しく乾燥させれば、極上の味が楽しめます。これらの野菜や果物は、乾燥した冷暗所で乾燥保存します。

キノコ類
栽培種でも野生でも、やわらかな手触りと水分の多いキノコですが、乾燥させる手間が報われる食材です。ごく低温のオーブンか自然乾燥で乾燥させます（p44〜45）。

唐辛子
唐辛子の乾燥には自然乾燥が簡単です（p46〜47）。固く光沢があって、赤くなりはじめたばかりの熟した唐辛子を選びましょう。特に辛い品種を扱うときは手袋を使います。

ボーロッティマメ
家庭で乾燥させた豆は特にクリーミィです。できるだけ長く放置してから収穫し、自然乾燥させます（p46〜47）。縮みすぎず、まだ少し膨らみのある状態のときに乾燥させします。

トマト
家庭で乾燥させたトマトの風味は何物にも勝るものです。肉厚の熟した家庭栽培のトマトか高品質の市販の品をオーブンか、乾燥した高温の状態で乾燥させます（p50〜51）。

ハーブを乾燥させる

ハーブは冷凍保存が最適ですが、多くの種類は乾燥保存もできます。乾燥してもろくなるまで、暖かく暗く乾燥した風通しの良い部屋で、小房のまま上下逆さまにつるして保存します。料理の風味づけやハーブティーづくりに使いましょう。特に乾燥に適したオレガノはピザに欠かせない乾燥食材です。乾燥ミントは中東料理に使います。チャービル、ディル、コリアンダー、クミン、フェンネルなど香り高い種を集めて、保存食に加えましょう。

オレガノ

ホップ
香り高い雌花がやや紙のようになって、つぶすと平たいままになる初秋の頃に摘みます。ホップは簡単に自然乾燥できます。ビールに使います。

トウモロコシ
トウモロコシの保存には昔からオーブン乾燥が使われています。ナッツの風味があってすぐに弾けるトウモロコシはポップコーンづくりに最適ですし、冬のスープやチャウダーに粒を加えてもいいでしょう（p210）。

乾燥に向く作物　43

成功のためのヒント

適切な乾燥野菜は水分が10％程度、乾燥果物は20％程度です（チェックのために、乾燥前後に重さを量りましょう）。適切に保存し定期的にチェックします（暖かい場所では保存期間が半分に減ってしまいます）。

ほかにおすすめの食材

果物
- アメリカンチェリー：オーブン乾燥
- クランベリー：オーブン乾燥
- ブドウ：オーブン乾燥
- ネクタリン：オーブン乾燥
- プラム(全品種)：オーブン乾燥

野菜
- ササゲ：自然乾燥
- ソラマメ：自然乾燥
- シロインゲンマメ：自然乾燥
- ニンジン：オーブン乾燥
- セロリアック：オーブン乾燥
- メキシカン・ブラック・ビーン：自然乾燥
- 金時豆：自然乾燥
- パースニップ：オーブン乾燥
- グリーンピース：自然乾燥
- ウズラマメ：自然乾燥
- 大豆：自然乾燥

ハーブ
- ベイリーフ：自然乾燥
- ラベンダー：自然乾燥
- レモンバーベナ：自然乾燥
- ミント：自然乾燥
- オレガノ：自然乾燥
- ローズマリー：自然乾燥

熱帯の農産物
マンゴー、パイナップル、バナナはオーブン乾燥させるとスナックに最適です。熱帯の農産物を買うときは、有機栽培やフェアトレードのものを選びましょう。

セイヨウナシ
セイヨウナシをオーブン乾燥させるには、四等分か八等分に切り、リンゴと同じように扱います(p48～49)。乾燥させたセイヨウナシにはジャリジャリした食感と香り高い風味が残り、スナックとして喜ばれますし、ジビエや豚のブレイズに加えて使います。

イチジク
熟した大きなイチジクは半分に割り、小さなものはそのままで（むきづらかったら沸騰した湯に30秒浸して、皮にひびを入れます）、36～48時間かけてオーブン乾燥させます。

モモ
熟した香りの良いものを選び、半分に切って種を取り除いたら36～48時間かけてオーブン乾燥させます。あるいは薄切りにして12～16時間かけてオーブン乾燥させます（半分に切ったものや薄切りは、まずレモン汁に浸します）。

リンゴ
完熟した、甘いデザート用の品種を選びます。料理用ストーブのように、熱が出るものの上に数珠つなぎでつるして自然乾燥させることもできますが、通常は低温のオーブンで乾燥させます(p48～49)。

アンズ
半分に切って皮と種を取り除き、切り口を上にして、36～48時間かけて皮のようになるまでオーブン乾燥させます。スナックにするか、甘い料理や塩味の料理に使います。

柑橘類の皮
柑橘類の皮は簡単に自然乾燥できます。よく洗ったら皮を薄くむき、わたの部分はすべて取り除いて、8～12時間かけて自然乾燥させます。モロッコ料理やケーキの香りづけに使いましょう。

キノコを乾燥させる

甘い土の香りのあるキノコは人気の食材です。乾燥させるとより風味が増すので、ぜひとも常備しておきたいものです。どんな種類でもここに紹介する方法で自然乾燥かオーブン乾燥できます。

乾燥キノコ

出来上がり：約60g

調理時間：15分 + 乾燥時間

賞味期限：9〜12か月

材料

ブラウン・マッシュルーム、シイタケ、ブナシメジ、または摘みたての野生のキノコ：450g

キノコ狩り

野生のキノコ狩りは楽しいものです。乾燥保存に適した品種で有名なものはヤマドリタケ(*Boletus edulis*)、アミガサタケ(*Moictiella vulgans*)、ハラタケ(*Agaricus campestris*)、アンズタケ(*CanthaieQus cibarius*)です。確実に種類を判断できるか、専門家に判断してもらわない限り、野生のキノコは絶対に食べたり保存したりしないでください。キノコは乾燥した日に摘みます。濡れたものは保存しません。やわらかなキノコブラシで汚れを払い落として、傷のあるものや古くなったものは捨てます。摘んでから24時間以内に食べるか、乾燥させましょう。

1 小さなキノコはそのまま、大きなものは厚さ5mm〜1cmの薄切りにします。キッチンペーパーか網を載せた天板に、重ならないように並べます。最低温度(50〜60℃)で4〜6時間にセットします。電子オーブンのドアは、串を使ってかすかに開けたままにしておきます。

2 もとの大きさから少なくとも半分まで縮み、まだやわらかさのある状態になったらOKです。オーブンから取り出し、完全に冷めるまで天板に載せたまま置いておきます。自然乾燥させる場合は、薪ストーブ、ボイラー、料理用ストーブ、温かい乾燥用戸棚の上で、5〜10cm離した棚か天板に一晩、並べておきます。

3 ガラス容器に入れます。除湿剤がわりに米粒を数粒加えてもよいでしょう。冷暗所で保存します。適切に乾燥させれば、9〜12か月もちます。またはそのままトレイで冷凍してから、小型のフリーザー・バッグか蓋つき容器に移して12か月まで冷凍保存できます。

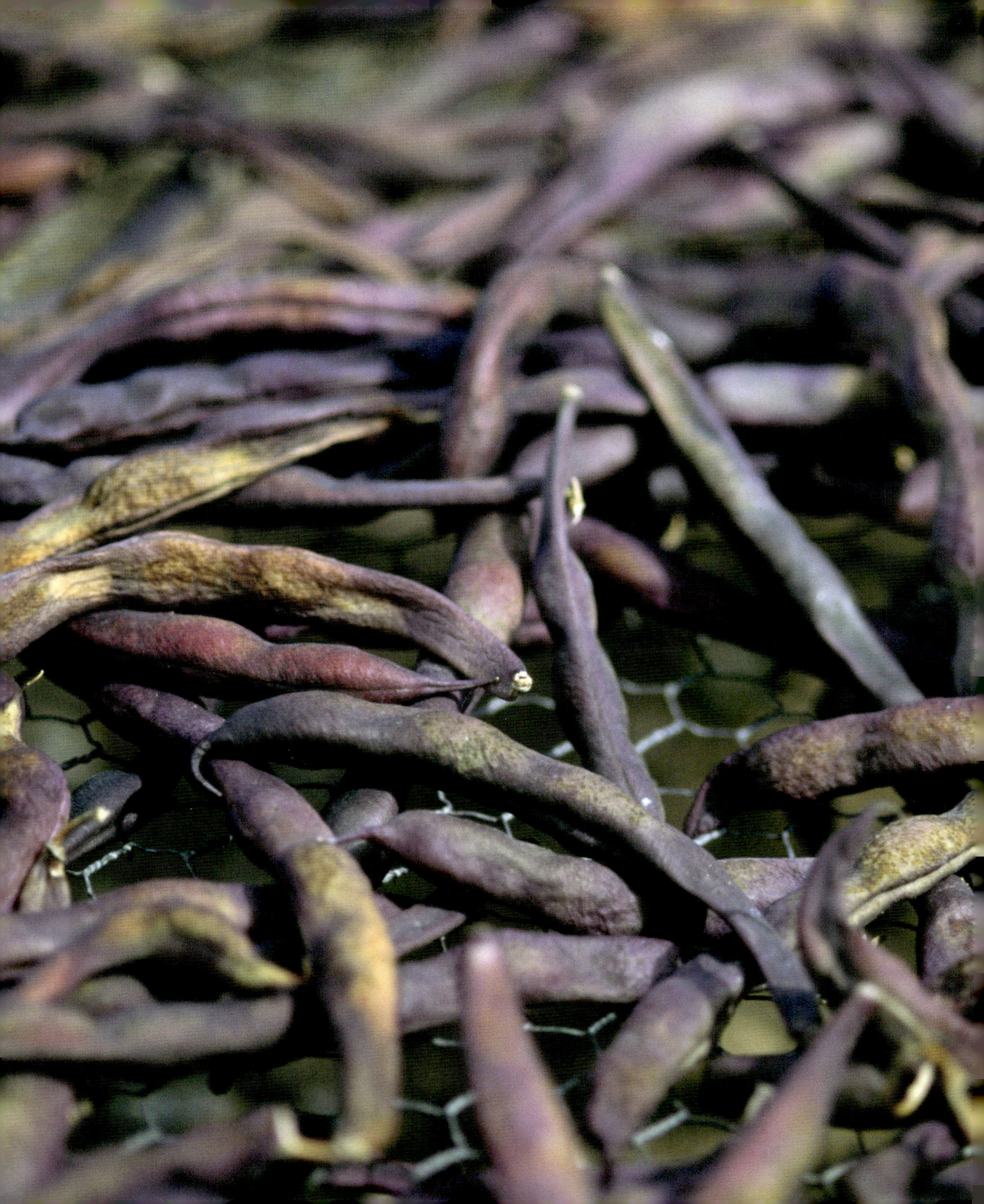

豆と唐辛子を
自然乾燥させる

　ボーロッティマメやつる性のインゲンのようにサヤがむける豆類は、ふっくらした実を収穫するために栽培されます。こうした豆類は乾燥させて家庭で保存することが可能で、市販のものよりずっとクリーミーです。熟した赤唐辛子は昔から花飾りにして束ね、自然乾燥されてきました。

豆：屋外の天候がサヤを乾燥するぐらい暖かいうちは、できるだけ長くそのまま摘まずに放置しておきます。サヤの色が褪せて羊皮紙のようになってくる頃に、中身の豆が膨らんできます。晴れた日につるをひっぱってサヤごと収穫しましょう。
　網か新聞紙の上に、サヤが乾燥してパリパリになるまで置いておきます。サヤをむいて天板に並べ、窓辺に置いて乾燥の過程を完成させます。定期的に天板を揺すりながら、しわが寄らずにまるまると乾燥している状態にします。保存瓶に入れて直射日光の当たらない場所で保存します。保存期間は1年までです。使用するときは、一晩水に浸してもどしてから通常通り調理します。

唐辛子：赤唐辛子を収穫して（青唐辛子は一般的に熟成が足りないものです）、つるして自然乾燥させます。切った茎と実の境目に強い糸を巻きつけ、結び目をつくり、これを2.5cm間隔で繰り返して花飾りにします。暖かで乾燥した風通しの良い場所に2週間程、縮むまでつるします。砕いてから調理に使います。

網に載せたボーロッティマメ
網か新聞紙に重ならないように、薄く広げ、暖かく風通しの良い場所に置いておきます。

果物をオーブン乾燥させる

ドライフルーツは無添加でヘルシーな食品です。ミューズリーや焼きパイ、ラムや豚料理、ベジタリアン料理にぴったりです。リンゴはオーブン乾燥に最適な果物です。そのほかにも、新鮮な果物はすべて同じ方法で乾燥させることができます。

ドライアップル

出来上がり：115〜225g

調理時間：15〜20分 + 乾燥と冷ます時間

保存期間：適切に乾燥させれば6か月（冷凍で12か月）

材料

完熟のリンゴ：1kg

レモン汁大さじ2、またはクエン酸小さじ1／2を水600mLに溶かしたもの

1 水でざっとリンゴを洗います。続いて芯をくりぬき、厚さ3〜5mmのリング状の薄切りにします。落下したリンゴを使う場合は、まず傷のついた部分ややわらかくなった部分を切り取ります。ほとんど皮ばかりになる外側の部分は捨てます。

2 用意しておいた液（レモン汁）に薄切りのリンゴを浸します。ふきんにとって水気を切り、天板に乗せた網に重ならないように並べます。気温に応じて、最低温度（50〜60℃）で8〜24時間かけて乾燥させます（段階的に乾燥させてもよい）。

3 乾燥中はときどき裏返します。やわらかくしなやかななめし皮のようになったらOKです（さらにカリッとさせるなら、パリパリになるまで乾燥させます）。オーブンから取り出し、キッチン・ペーパーをかぶせて12〜24時間おき、できるだけ水分が飛ぶようにときどき裏返すと、カビの危険性を減らすことができます。

果物を乾燥させるヒント

オーブンのドアは串を使って少し開けたままにすると風通しが良くなり、火が通りすぎずに乾燥できます。

オーブンは最低温度を保ちます。温かすぎると十分に蒸発させることができず、カビの原因となります。

アプリコット、モモ、大粒のイチジクなどは、まず種を取り除き、半分に切り、切り口を上にして乾燥させます。メロンやバナナなど厚い皮のある果物は、まず外皮と種を取り除きます。ブドウやチェリーなど皮がついたままの果物は、湯むきするために沸騰した湯に30秒浸してから水気を切り、オーブン乾燥の前に拭いておきます。

4 密封容器に入れて乾燥した冷暗所で保存します。傷みがないか、定期的にチェックしましょう。小さなフリーザー・バッグに入れて冷凍してもよいでしょう。

トマトをオーブン乾燥させる

　豊かな風味と噛みごたえのある食感を持つドライトマトは、現代の料理になくてはならないものです。ごく低温のオーブンを使ってセミドライにすると、天日干しのトマト（サンドライトマト）と似たものができます。最初は半分の分量で試してみましょう。

オーブンでつくるドライトマト

出来上がり：約900g

調理時間：10分 + 乾燥と冷ます時間

保存期間：2週間（冷凍で12か月）

材料

トマト：3kg（完熟で固く、中サイズ）

海塩：小さじ2～3

1 トマトは丸いものは横、楕円形のものは縦に、それぞれ半分に切ります。それぞれ、真ん中に十字の切りこみを入れ、下から指で押しあげて果肉の部分がさらに空気に触れるようにします。

2 切り口を上にして、天板に載せた網に並べます。塩を薄くまんべんなく振ります。塩が水分をしみ出させるまで数分ほどおいてから、重ならないように裏返します。

3 低い温度（60～80℃）のオーブンで8～12時間乾燥させます（電子オーブンのドアは串を使って少し開けたままにし、風通しを良くします）。トマトが半分のサイズに縮んで、まだやわらかさとしなやかさの残る状態になったら出来上がりです。オーブンから取り出して、網に載せたまま冷まします。

サンドライトマト

　地中海沿岸諸国では、トマトをオーブンに入れる代わりに天日干しにして保存食にします。トマトは糖度と酸が多く含まれているので、乾燥に向きます。かなり暑く（32℃）、乾燥した風通しの良い時期がベストです。手順は同じですが、虫が寄らないようにトマトにはモスリンの布をかけておきましょう。天板は地面には置かず、なるべく高い位置に置いて風通しを心がけ、夜間には室内に入れます。気温によりますが、天日干しには2～4日かかります。

4 トマトが完全に冷めたら、殺菌したジャーに入れて冷蔵庫で保存します。さらに長期間保存する場合は、そのままトレイで冷凍してから、小型のバッグに入れて冷凍保存します。いったん解凍させたものはオリーブオイルに浸して冷蔵庫に入れ、1週間以内に使いきりましょう。

大事に育てた手づくり食材の最も簡単な保存方法は**冷凍**です。食材を−18℃で冷凍すると、傷みの進み具合を最小限に遅らせることができ、採れたての野菜、果物、ハーブを新鮮な状態で保存でき、すぐに使うことができます。時間がたっても傷みと風味の損失を最小限に抑えるには、食材を**下ゆで**または**加熱調理**するか、**砂糖を加える**か、おいしい**冷凍ジャム**か**ピクルス**にして凍らせるのが最適です。どんな作物でも正しい方法で準備して処理し、推奨された保存期間内に使いきりましょう。

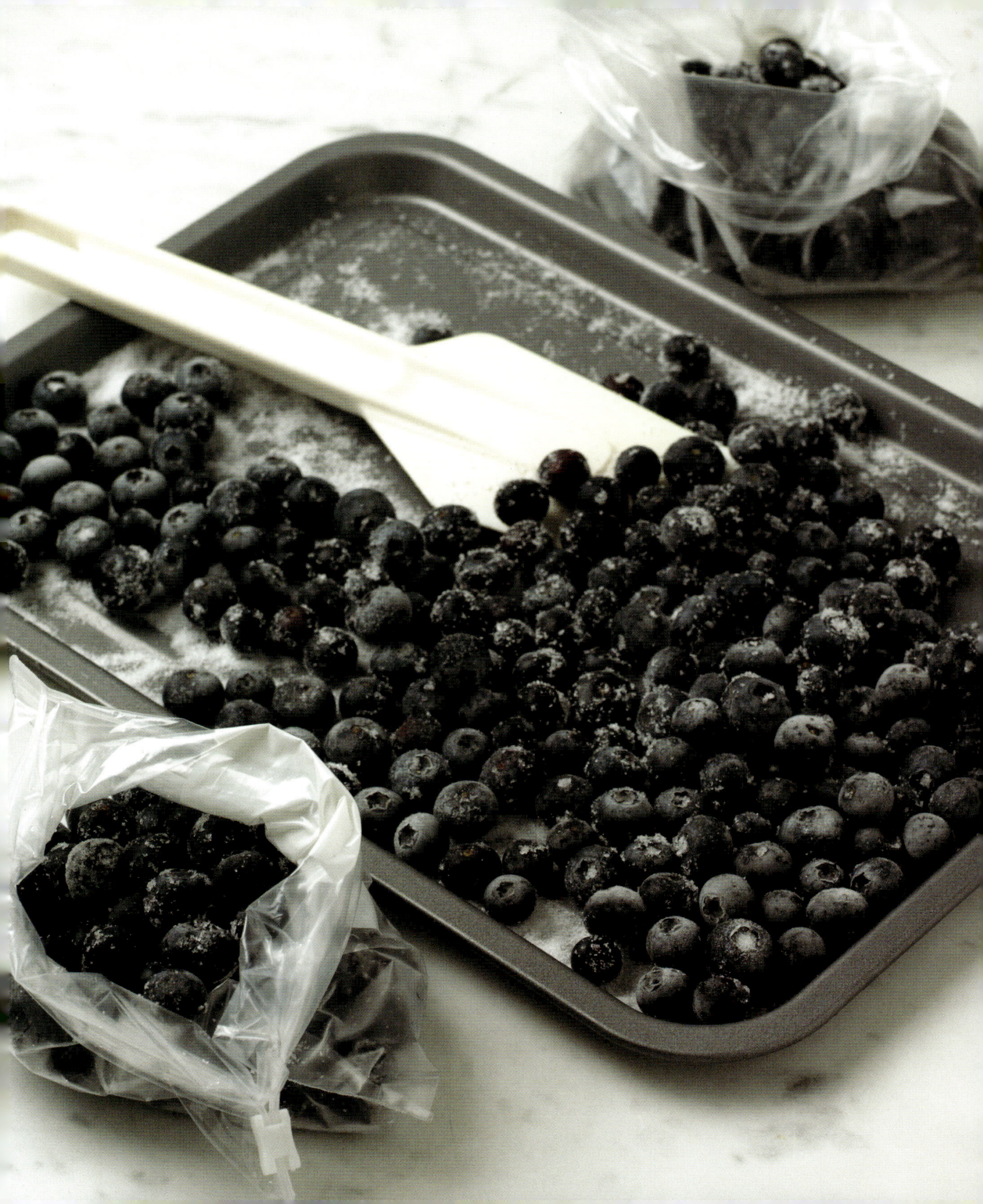

冷凍に向く野菜

できるだけ実の締まった(つまり水分が少ない)食感であればあるほど、冷凍がうまくいきます。また、野菜はまず火を通してから冷凍しておくと便利です。時間のないときに重宝します。

アスパラガス
地元や家庭で穫れた新鮮なアスパラガスは、どの時期のどんな品種よりもずっとおいしいものです。まずグリルしてから、繊細な食感と風味を残して冷凍します。

モロッコインゲン
やわらかい豆は薄切りにしてゆで、そのまま冷凍できます。また、カリカリして新鮮な味の冷凍ピクルスにもなります(古くなった豆はトマトソースで煮てから冷凍します)。

グリーンピース
家庭菜園でもぎたてのグリーンピースほど、甘くて冷凍に適したものはありません。やわらかい豆を選び、サヤが完全に膨らむまで待ちましょう。さっとゆでてから冷凍します。

インゲン
インゲンの仲間には数多くのおいしい品種があり、簡単に栽培することができ、夏中ずっと収穫できます。やわらかいインゲンをゆでて、そのまま冷凍しましょう(p58〜59)。完熟した豆はトマトソースで煮てから冷凍します。

ホウレンソウ
ホウレンソウは冷凍にぴったりの食材です。場所もあまりとりません。さっとゆでてから、そっと絞って水を切ります。フダンソウの場合もざく切りにして同じように冷凍します。

ハーブや花を冷凍する

バジル、コリアンダー、ディル、チャービル、フェンネル、レモン・バーベナ、ミント、オレガノ、パセリ、タラゴンはみじん切りにして水に入れ、製氷器で冷凍します(p84〜85)。スミレ、バラ、ジャスミン、ボリジ(ルリチシャ)の花はドリンクや冷製スープに飾ります。

ボリジの花

タラゴン

ほかにおすすめの食材：前処理法

ナス：グリルで焼く
ブロッコリー：湯通し
芽キャベツ：湯通し
キャベツ：冷凍ピクルス
カリフラワー：冷凍ピクルス
セロリアック：グリルで焼く
ズッキーニ：グリルで焼く
キュウリ：冷凍ピクルス
フェンネル：火を通す
アーティチョーク（ボトム）：
　火を通す
キクイモ：火を通してピュレ
リーキ：火を通す
サヤエンドウ：湯通し
キノコ：火を通す
パースニップ：グリルして冷凍
　ピクルス
カボチャ：火を通す
スナップエンドウ：湯通し
スウェーデンカブ：火を通して
　ピュレ
フダンソウ：湯通し
カブ：火を通してピュレ

ニンジン
どの品種のニンジンでも、薄切りにしてゆでてから冷凍するか、火を通して他の根菜やとろみのある野菜とともにピュレにして冷凍します。

ソラマメ
ソラマメは5月から7月が旬です。食感を全く損なわずに冷凍できる優れものです。やわらかい豆をゆでて、そのまま冷凍しましょう。古い豆は火を通してピュレにするか、トマトソースで煮てから冷凍します。

ロマネスコ
カリフラワーとブロッコリーをかけ合わせたこの野菜は、このふたつを合わせた良い味がします。晩夏から初秋にかけてお店で探してみましょう。ゆでて、ブロッコリーやカリフラワーのように小房に分けて冷凍します。

トマト
生のトマトは冷凍に適していませんが（食感がパサパサになってしまいます）、火を通してこくのあるトマトソースやスープにすると、冷凍に最適となります。

トウモロコシ
冷凍にぴったりの食材です。ゆでて丸ごとでも、粒の状態でも冷凍できます（穂軸から外してゆでます）。晩夏が旬です。ツヤのある茶色の毛が生え、甘くて汁気をたっぷり含んだ粒のトウモロコシを選びましょう。

冷凍に向くフルーツ

旬の果物が余ったら冷凍しておくのが一番です。スロー（スロージンに）、マルメロ（フルーツ・チーズに）、オレンジ（マーマレードに）は丸ごと冷凍が可能です。そのほかの果物はまず下準備をしてから冷凍しましょう(p60)。

ブラックベリー
栽培種も野生種もブラックベリーは秋の果物です。そのまま冷凍するか、冷凍ジャムにします。道端に生えているものは避けましょう。まず洗って汚れを落とします。

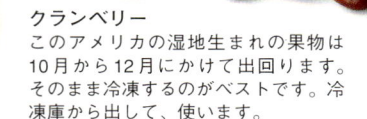

クランベリー
このアメリカの湿地生まれの果物は10月から12月にかけて出回ります。そのまま冷凍するのがベストです。冷凍庫から出して、使います。

アプリコット
香りが高くクリーミーでまったりした食感の熟したものを選びます。シロップ漬けか、火を通してピュレで冷凍するのに適した果物です。

ルバーブ
家庭菜園のものでも、初春のピンク色がかったルバーブでも冷凍にはやわらかな茎を選びます。一番良い冷凍方法はシロップに浸すか、火を通したピュレにしてそのまま冷凍することも可能ですが、食感は損なわれてしまいます。

冷凍に向くフルーツ　57

ブラックカラント
真夏の果物のなかで特においしく、ビタミンCと抗酸化成分を豊富に含んでいます。まず茎から実をはずし、そのままの冷凍にします。

ラズベリー
このやわらかく、もろい夏の果物は、ていねいに扱います。摘んだら時間をおかずにそのまま冷凍します（傷んだ実は取り除きます）。冷凍ジャムや火を通さないピュレにもぴったりです。

ブルーベリー
皮のやわらかな夏の果物で、体に良い成分がいっぱいです。そのまま冷凍してもよいし（p62～63）、冷凍ジャムにもよいでしょう。皮にブルーム（白い粉）のあるものが、熟している証拠です。

ローガンベリー
ブラックベリーとラズベリーをかけ合わせたこのローガンベリーは、ラズベリーほどもろくありませんが、同じようにジューシーです。完全な実だけを選び、芯を取り除きます。そのまま冷凍するか、シロップ漬け、冷凍ジャムにします。

プラム
どの品種のプラムも冷凍にぴったりです。半分に切って、そのまま冷凍するだけです。ジャムやチャツネに使う場合は、切らずに冷凍します。シロップ漬けにして冷凍してもよいでしょう。

リンゴ
リンゴは皮をむいて切った後、レモン汁につけて変色を防ぎます。シロップで優しく煮るか、切り口を上に向け覆いをせずに冷凍するか、調理しピュレにして冷凍します。

モモ
熟して、汁気が多く、香りの高いモモを選びます（7月から9月が旬です）。あまりにも傷みやすいので、火を通さずに冷凍するのは難しい果物ですが、シロップ漬けやジャムを冷凍するには理想的です。

ほかにおすすめの食材：前処理法

ボイセンベリー：そのまま冷凍、冷凍ジャム
アメリカンチェリー：冷凍ジャム、火を通してシロップ漬け
柑橘類：丸ごと冷凍
ダムソンスモモ：火を通してピュレ
イチジク：冷凍ジャム、火を通してシロップ漬け
グーズベリー：火を通してピュレ・シロップ漬け
セイヨウスモモ：火を通してピュレ・シロップ漬け
メロン：冷凍ジャム
ネクタリン：冷凍ジャム、ピュレ、火を通してシロップ漬け
セイヨウナシ：冷凍ジャム
マルメロ：火を通してシロップ漬け
アカスグリ、シロスグリ：火を通さずにピュレ
スロー：そのまま冷凍
イチゴ：冷凍ジャム、火を通さずにピュレ
テイベリー：そのまま冷凍、冷凍ジャム

ゆでた野菜を冷凍する

　冷凍する前に野菜をゆでておくと、冷凍庫内で色、食感、風味を損ねる原因となる酵素の作用を抑制することができます。豆類以外の野菜の湯通しと冷凍については、p60～61の表を参考にしてください。

インゲンをゆでる

出来上がり：約450g
調理時間：10～15分
保存期間：6～12か月

材料

インゲン：約450g（スジは取り除いておきます）

1 大きなソースパンで、塩少量を入れた水を沸騰させます。高温を保ったまま、インゲンを軽くひとつかみ分入れて再び沸騰させます。一度にゆでる分量は多すぎないようにして、湯がすぐに再沸騰するようにします。ひと束入れるたびに2～3分ゆでます。

2 ひと束がゆであがるたびに、氷水を入れた大きなボウルへすぐに移すと、予熱で必要以上に火が通るのを防ぎ、色の鮮やかさを保つことができます。豆類はすぐに火が通ります。

3 水から取り出し、水気を切って、キッチンペーパーの上で乾かします。すべての豆をゆでて水切りし、そのまま置いて乾かします。

4 使いやすい分量ごとにフリーザー・バッグや容器に入れます。または、そのまま冷凍し(p62〜63)、大きめのフリーザーバッグに保存してもよいでしょう。

冷凍時間

冷凍で保存するには新鮮で高品質の食材だけを使います。表に記載された冷凍時間は、質を維持できる最長の保存期間を記しています。

果物

すべての果物は砂糖と一緒に冷凍すると、解凍しても食感が保てます。芯を取り除き、大ぶりの果物は半分に切るか薄切りにして(柑橘類は除く)冷凍保存します。色の薄い果物は色落ち防止のため、生で冷凍する前にまずレモン汁に浸しましょう。

<table>
<tr><th colspan="6">果物の冷凍保存期間</th></tr>
<tr><th rowspan="3">果物</th><th colspan="3">生</th><th colspan="2">加熱調理済</th></tr>
<tr><th>砂糖をまぶしてトレイでそのまま(p62～63)</th><th>冷凍用の容器に入れてシロップか砂糖に浸して</th><th>ピュレにして(p62)冷凍用の容器に入れて</th><th>下ゆでをするかシロップ漬けにし、冷凍用の容器に入れてシロップに浸して</th><th>ピュレにして(p62)冷凍用の容器に入れて</th></tr>
<tr><th>(単位:月)</th><th>(単位:月)</th><th>(単位:月)</th><th>(単位:月)</th><th>(単位:月)</th></tr>
<tr><td>リンゴ</td><td>9</td><td>9</td><td></td><td>9</td><td>9</td></tr>
<tr><td>アプリコット(熟したもの)</td><td>9</td><td>9</td><td>6</td><td>9</td><td>9</td></tr>
<tr><td>ブラックベリー</td><td>12</td><td>12</td><td>6</td><td>9</td><td>9</td></tr>
<tr><td>ブラックカラント</td><td>12</td><td>12</td><td>6</td><td>9</td><td>9</td></tr>
<tr><td>ブルーベリー</td><td>12</td><td>12</td><td>6</td><td>9</td><td>9</td></tr>
<tr><td>アメリカンチェリー</td><td>6</td><td>6</td><td>6</td><td>9</td><td>9</td></tr>
<tr><td>柑橘類</td><td>6</td><td></td><td></td><td></td><td></td></tr>
<tr><td>クランベリー</td><td>12</td><td>12</td><td>6</td><td>9</td><td>9</td></tr>
<tr><td>イチジク</td><td>9</td><td>9</td><td>6</td><td>9</td><td>9</td></tr>
<tr><td>グーズベリー</td><td>12</td><td>12</td><td>6</td><td>9</td><td>9</td></tr>
<tr><td>ローガンベリー</td><td>12</td><td>12</td><td>6</td><td>9</td><td>9</td></tr>
<tr><td>メロン</td><td>9</td><td>9</td><td>6</td><td>9</td><td>9</td></tr>
<tr><td>ネクタリン</td><td>9</td><td>9</td><td>6</td><td>9</td><td>9</td></tr>
<tr><td>モモ</td><td>9</td><td>9</td><td>6</td><td>9</td><td>9</td></tr>
<tr><td>セイヨウナシ</td><td></td><td></td><td></td><td>9</td><td>9</td></tr>
<tr><td>プラム(全種類)</td><td>9</td><td>9</td><td>6</td><td>9</td><td>9</td></tr>
<tr><td>ラズベリー</td><td>12</td><td>12</td><td>6</td><td>9</td><td>9</td></tr>
<tr><td>ルバーブ</td><td>12</td><td>12</td><td></td><td>9</td><td>9</td></tr>
<tr><td>イチゴ</td><td>9</td><td>9</td><td>6</td><td>9</td><td>9</td></tr>
<tr><td>フルーツジュースやシロップ</td><td colspan="5">冷凍用容器に入れて9か月まで冷凍保存可</td></tr>
</table>

野菜

　野菜は冷凍の前に下ごしらえをします。下ゆでして冷まし、使いやすい大きさの清潔な冷凍用の容器に入れて冷凍するか、そのままトレイで冷凍してからフリーザーバッグに入れてラベルを貼り、保存します。ゆで時間は、湯が再沸騰してから計ります。ナス、キノコ、トマトのように水分の多い野菜は、まず火を通してから(p64〜67)冷凍しましょう。火を通したり、生のまま冷凍した野菜は(トウモロコシの軸を除いて)解凍せずにそのまま調理に使えますが、火を通したピュレを冷凍にしたものは、あらかじめ解凍してから使います。

冷凍の黄金律

　次のルールに従って、よりおいしく、より安全に冷凍しましょう。

- できるだけ速く冷凍すればするほど、仕上がりは期待できるものになります。

- 冷凍するときは少量とし、それ以外は冷凍庫内の急速冷凍できる場所を使いましょう。

- 冷凍保存期間は−18℃で保存できる最長期間です。この期間をきっちり守るために、ラベルを貼って保存期限前に使いきりましょう。

- 冷凍した食材は冷蔵庫で解凍します。一度解凍した食材を再冷凍してはいけません。品質が安全とは言いきれないからです。

野菜の冷凍保存期間

野菜	下ごしらえの方法	加熱調理済 冷凍(月)	前処理 下ゆで時間(分)	冷凍(月)
アスパラガス	ガクを取り除き太い部分は皮をむく	9	2〜4	9
ナス	薄切りにしてグリル	9		
ソラマメ	サヤをむく	9	2〜3	12
インゲン	そのまま	6	2〜3	9
モロッコインゲン(やわらかいもの)	薄切り	6	2	9
ブロッコリー	小房に分ける	6	2	9
芽キャベツ	そのまま	6	3	9
キャベツ	千切り	4	2	6
ニンジン(小)	そのまま	9	5	9
ニンジン	薄切り	9	2〜3	9
カリフラワー	小房に分ける	4	3	6
セロリアック	薄切りにしてグリル	9		
ズッキーニ	薄切りにしてグリル	9		
フェンネル	薄切り	4	2	6
アーティチョーク(ボトム)	そのまま	9	4	9
アーティチョーク(ベイビー)	そのまま	6	3	9
サヤエンドウ	そのまま		1	9
キノコ	ざく切り	9		
グリーンピース	サヤをむく	9	1〜2	12
パプリカ	薄切りにしてグリル	9		
ロマネスコ	小房に分ける	6	2	9
セイヨウゴボウ、セイヨウクロゴボウ	皮をむいてざく切り	9	2〜3	9
スナップエンドウ	そのまま		2	9
ホウレンソウ	洗う		1	9
サツマイモ	薄切りにしてグリル	9		
トウモロコシ(丸ごと)		9	6	12
トウモロコシ(粒)		9	2	12
フダンソウ(葉／茎)	洗ってざく切り		1〜2	9
トマト	ざく切り	9		
根菜のピュレ	冷凍用容器に入れて9か月まで冷凍保存可			

生のままの果物を冷凍する

　新鮮な果物の風味と栄養成分を保存する最適な方法が冷凍です。冷凍は果物の細胞壁を破壊するため、解凍するとつぶれやすくなりますが、風味は生に負けないくらいおいしいままでしょう。

冷凍ブルーベリー

出来上がり：450g
調理時間：5分
保存期間：6〜12か月

材料
粒のままのやわらかいブルーベリー：450g
粉砂糖：振りかけ用

1 熟れすぎたものや傷んだものは捨てます。天板に重ならないように広げます。砂糖をまんべんなく振りかけ、天板を冷凍庫に入れます。

2 1時間ほどしてブルーベリーが凍ったら、天板からかき出しして、1人分ごとにフリーザーバッグに入れます。

ピュレの冷凍

　モモやラズベリーやイチゴなどのジューシーな果物は、生のままでピュレにできます。砂糖とレモン汁を少し加えてフードプロセッサーにかけたら、冷凍用容器に入れて冷凍します（膨らんでもいいように上部に2cmの余裕をもたせます）。フルーツソースとしてアイスクリームにかけたり、ヨーグルトやクリームに混ぜます。生のピュレは冷凍で6か月もちます。
　熟れすぎたものや傷んでしまった果物は、軽く煮込んだり、焼いたり、シロップ漬け(p222)やワイン漬け(p241)にもできます。火を通した果物は、上部に2cmの余裕をもたせて容器に入れ、9か月まで冷凍保存できます。

3 フリーザーバッグにラベルを貼って日付を記したら冷凍庫へもどし、必要に応じて使います。

加熱調理済みの食材を冷凍する

加熱調理した野菜や果物の冷凍は便利な保存方法で、ナスのように生のままでは冷凍に適さない食材にぴったりです。余ったトマトは、ピザなどの料理に使うソース用に、冷凍しておくとよいでしょう。

凝縮トマトソース

出来上がり：約1L
調理時間：1時間～1時間15分
保存期間：12か月

材料

完熟トマト：2.5～3kg（粗みじん切りにします）
タマネギ：大1個（薄切りにします）
大きなパセリとバジルそれぞれ1枝。またはセロリの葉を加えるか、両方使っても可
ベイリーフ：1枚
ニンニク：大1片（皮をむきます）

1 ジャム鍋か大きな厚底のソースパンに、すべての材料を入れて沸騰させます。

2 ごく弱火で、とろみが出て煮詰まってくるまで1時間ほど煮込みます。水気がなくなるまで頻繁にかき混ぜましょう。

3 ベイリーフとニンニクを取り除き、金属製のざるなどで濾してボウルに入れ、残すことなくソースを絞りだします。そのまま置いて冷まします。

4 煮詰めたトマトソースを小さめで清潔な冷凍用の容器に入れて密封し、ラベルを貼り冷凍します。必要なときは使う前に解凍しておきます。

この冷凍野菜はグリルした魚、チキン、ステーキのつけ合わせにしたり、リママメ、金時豆、ヒヨコマメとともにバジルソースで和えるのにぴったりです。ほかにも、ざく切りにしてエキストラ・バージン・オリーブオイルと一緒にパスタに混ぜたり、ラザニアに重ねてもよいでしょう。

地中海野菜のグリル

出来上がり：約1.35kg

調理時間：30〜40分

保存期間：6か月

材料

ナス：小2個(ヘタを切り落とし、厚さ約5mmで縦に薄切りにします)

ズッキーニ：4個(ヘタを切り落とし、厚さ約5mmで縦に薄切りにします)

オリーブオイル：少量

赤パプリカ(好みでオレンジや黄色でも可)：4個(半分に切り、ヘタを切り落とし、種を取りのぞいて、6〜8本の千切りにします)

1 グリルパンかホットプレートを予熱します。オーブンシートを敷いた天板を3〜4枚用意しておきます。ナスとズッキーニの両面にオリーブオイルをハケで塗ります。パプリカは浅い皿に入れて、少量のオリーブオイルを回しかけ、手で和えてしっかりとオリーブオイルをなじませます。

2 グリルパンが煙の出ない程度の高温になったのを目安に、重ならないように野菜を加えます(入れすぎないように注意します)。フライ返しでしっかりと押さえ、裏面に焼き色がしっかりつくようにします。野菜を裏返したら、火が通って焼き色がつくまでさらに2〜3分焼きます。焼きすぎないようにしないと、やわらかくなりすぎてしまいます。ホットプレートを使う場合は蓋を閉めて約3分調理します。

3 野菜に焼き色がついてやわらかくなったら、用意しておいた天板に移して冷まします。グリルは1人分ごとに予熱しましょう。

4 冷めたら、天板に載せたまま固くなるまで冷まし、ビニール袋か冷凍用の容器に入れて冷凍庫で保存します。冷凍したものを使うときは、薄く油を引いた天板に載せ、予熱しておいた中火のオーブンに入れて30分焼くか、浅い皿に入れて蓋をし、途中で一度裏返して、熱々になるまで電子レンジで調理します。

この野菜の組み合わせは、p66「地中海野菜のグリル」の冬の代替料理として、伝統的なグリル野菜と同様、シチューやロースト肉のおいしいつけ合わせになります。

サツマイモとセロリアックのグリル

出来上がり：約1kg
調理時間：40～45分
保存期間：6か月

材料

セロリアック：小2個、または大1個（小さなものは半分に、大きなものは4等分してから、薄切りにして、焦げないようにヒマワリ油を全体にハケで塗ります）

サツマイモ：中2～3個（皮をむいて厚さ5mmの輪切りにします）

挽きたての黒胡椒：適量

スイートかスモークのパプリカ：少々（なくても可）

1 セロリアックとサツマイモの両面を黒胡椒で調味し、パプリカを使う場合は薄くまぶします。グリルパンかホットプレートを予熱します。オーブンシートを敷いた天板を2～3枚用意しておきます。野菜の両面にオリーブオイルをハケで塗ります。

2 グリルパンが煙の出ない程度の高温になったのを目安に、重ならないように野菜を加えます（入れすぎないように注意）。フライ返しでしっかりと押さえ、裏面に十分に焼き色がつくようにします。野菜を裏返したら、火が通って縞模様がつくまでさらに2～3分焼きます。焼きすぎないようにしないと、やわらかくなりすぎてしまいます。ホットプレートを使う場合は蓋を閉めて約3分調理します。

3 野菜に焼き色がついてやわらかくなったら、用意しておいた天板に移して冷まします。グリルは1人分ごとに予熱しましょう。

4 冷めたら、天板に載せたまま固くなるまで冷まし、ビニール袋か冷凍用の容器に入れて冷凍庫で保存します。冷凍したものを使うときは、薄く油を引いた天板に載せ、予熱しておいた中火のオーブンに入れて30分焼くか、浅い皿に入れて蓋をして、途中で一度裏返して、熱々になるまで電子レンジで調理します。

このピュレは、シェパード・パイやボボティというカレー味の南アフリカ風ミートパイのトッピングにぴったりです。肉料理のつけ合わせにしてもおいしいですし、ブイヨンとハーブまたは粉末クミンをひとつまみを加えるだけで、手軽にスープが出来上がります。

ミックスベジタブルのピュレ

出来上がり	約1.8kg
調理時間	1時間20分
保存期間	6か月

材料

スウェーデンカブ	1個
ニンジン	450g
サツマイモ	2個
ターニップ大2個かセロリアック	1個
塩	多めにひとつまみ
無塩バター	60g
挽きたての黒胡椒	適量

1 すべての野菜の皮をむいて、同じ大きさにざく切りするか、同じ厚さの薄切りにします。

2 大きなソースパンに水と塩を多めにひとつまみ入れて、野菜を加えます。沸騰したら火を少し弱め、少しずらして蓋をし、すべての野菜がやわらかくなるまで20～25分煮ます。しっかり水切りします。

3 野菜をポテトライサーに入れてハンドブレンダーでピュレにするか、フードプロセッサーにかけるか、ポテト・マッシャーで完全にマッシュにします。

4 ピュレをソースパンに戻し、バターとよく挽いた胡椒を加えます。弱火にかけ、バターが溶けこむまでしっかりかき混ぜます。そのまま冷まし、蓋つきの小分けできる冷凍用の容器か、フリーザーバッグに入れます。密封してラベルを貼り、冷凍します。使うときには料理前に解凍するか、パイを焼く前にトッピングして使います。

キクイモの保存にはピュレがおすすめです。このピュレはロースト肉やジビエに合わせたり、卵とクリームと合わせて焼いたり、ポタージュスープにしてカリカリのベーコンをトッピングすると最高です。

キクイモのピュレ

出来上がり：約1kg
調理時間：40～55分
保存期間：6か月

材料

レモン汁：大さじ1
キクイモ：1kg
生クリーム：大さじ5
バター：50g
牛乳：少量
塩・挽きたての黒胡椒：適量
挽きたてのナツメグ：適量

1 大きなボウルに水を入れ、レモン汁を加えてかき混ぜます。キクイモの皮をできるだけ薄くむきます（ピュレが変色してもかまわないならば、皮はそのままでタワシでしっかり洗うだけでも可）。大きさを揃えて切り、すぐにボウルに入れます。

2 水切りをしたら、大きなソースパンに入れ、新しい水を加えます。沸騰したら火を少し弱め、すべての野菜がしっかりやわらかくなるまで約25分煮ます。水切りしたらソースパンに戻します。弱火で熱し、水分を飛ばします。

3 野菜をポテトライサーに入れてハンドブレンダーでピュレにするか、フードプロセッサーにかけるか、ポテトマッシャーで完全にマッシュにします。生クリーム、バター、牛乳を混ぜ合わせ、塩、黒胡椒、新鮮なナツメグをしっかり挽いたもので味を調えます。

4 そのまま冷まし、蓋つきの小分けできる冷凍用の容器か、フリーザーバッグに入れます。密閉してラベルを貼り、冷凍します。使うときには料理前に解凍します。

バニラの香りが広がる、ちょうどよい甘さの冷凍ピュレです。もっとバニラの香りを強くしたい場合は、ソースパンに加える直前にバニラ鞘を割ると、ルバーブにも香りが移ります。料理に使う際には、一晩かけて冷蔵庫で解凍します。

ルバーブとバニラの冷凍ピュレ

出来上がり：約400g	
調理時間：30分	
保存期間：6か月	

材料

ルバーブ：400g
グラニュー糖かブラウン・シュガー：100g
バニラビーンズ：1個

1 ルバーブをざく切りにしてソースパンに入れます。砂糖、水100mL、バニラビーンズを加えます。

2 沸騰したら、ルバーブがしんなりするまで25〜30分煮ます。鍋の底に材料がこびりつかないように、ときどきかき混ぜましょう。

3 ルバーブがピュレの固さになったら、バニラビーンズを取り出し、ピュレを清潔な冷凍用の容器に入れ、上部まで1cmの余裕を残します。冷ましてから、密封して冷凍します。

ルバーブ
鮮やかなピンク色の促成栽培ルバーブ（写真参照）を使えば、きれいなピンク色のピュレになります。普通のルバーブを使う場合は、少しにごった色になります。

ベリー類のようにやわらかな果物は摘んでから長持ちしません。そこで、ジューシーな新鮮さを保存するおすすめの方法のひとつが、アイスキャンディです。このレシピは市販のキャンディよりも砂糖の量が少ないので、甘すぎることはありません。

フルーツ・キャンディ

出来上がり：約500g（小サイズ4～6本分）
調理時間：20分
保存期間：6か月

材料
グラニュー糖：115g
ベリー類：500g（ラズベリー、イチゴ、ブラックベリーなど熟した新鮮なものを洗っておきます）
レモン汁：1個分

1. はじめにシュガー・シロップ（p222）をつくります。厚底のソースパンに砂糖と水120mLを入れます。弱火にかけて、砂糖が溶けるまで木べらでかき混ぜます。

2. 中～強火にしてシロップを1～2分、しっかり沸騰させます。火を止めてシロップを冷まします。

3. 濾し器で種を取り除きながらベリー類を裏濾しし、下に置いた清潔なボウルにピュレを集めます。果物が硬すぎて裏濾しできない場合は、ハンドブレンダーかフードプロセッサーでまずピュレにしてから、濾します。

4. レモン汁とシロップをボウルに加えてベリーのピュレと混ぜます。

5. これをアイスキャンディの型に流し込み、必要に応じてアイスキャンディ用のスティックをそれぞれに差して、冷凍します。

冷凍ピクルスをつくる

　歯ごたえがあって新鮮な香りのするピクルスを手早くつくる現代的な方法が冷凍ピクルスです。サンドイッチによく使われるこのピクルスは、サラダや冷製の肉料理、チーズ、バーベキューの魚のつけ合わせにもぴったりです。

ブレッド＆バター・ピクルス（薄切り）

出来上がり	350〜450g
調理時間	15分 + 塩もみの待ち時間
保存期間	6か月

材料

キュウリ	大2本
シャロット	2個
緑のパプリカ（なくても可）	
海塩	小さじ1〜2
シードビネガーかワイン・ビネガー	120mL
粉砂糖	30〜60g
挽いたターメリックと、セロリシードかディルシードを多めにひとつまみ。またはマスタードシード（ホール）を小さじ1／2〜1	

1 キュウリをよく洗って薄く輪切りにします。シャロットをごく薄切りにして、緑のパプリカを使う場合はみじん切りにします。

2 大きなボウルに野菜を入れ、塩を振りかけ、よく混ぜたら、2時間おいて水分を出します。

3 野菜をざるに入れて水ですすいだら、しっかり水切りをして、軽く押しつけてさらに水分を出します。それから清潔な乾いたボウルに入れます。

4 調味用のビネガーと砂糖を合わせます。かき混ぜて砂糖を溶かしてからスパイスを加えます。これを野菜にかけたら、蓋をして冷蔵庫で一晩おきます。

5 小分けできる清潔な冷凍用の容器に移し、上部に1cmの余裕を残して、密封してラベルを貼り冷凍します。使うときは冷蔵庫で一晩かけて解凍しておき、冷蔵保存で1週間以内に使いきります。

モロッコインゲンが手に入らなければ、平らなヘルダビーンを使って同じように準備しますが、その場合はスライスする前にスジを取り除く必要はありません。料理に使うときは、冷蔵庫で一晩かけて解凍し、冷蔵保存で1週間以内に使いきります。

モロッコインゲンの甘酢冷凍ピクルス

出来上がり：約600g	
調理時間：10〜20分 + 待ち時間	
保存期間：6か月	

材料

モロッコインゲン：450g
海塩：大さじ1
米酢：大さじ6
ブラウン・シュガー：大さじ2
薄口醤油：小さじ2
挽いたオールスパイス：小さじ1／2
生のショウガ：2.5cm（みじん切りにします）
レーズン：ひとつかみ（約55g）

1 豆のスジを取り除き、斜めに薄切りします。ボウルに重ねたざるに入れ、塩を振りかけます。塩をしっかりもみ込み、3時間おいて水分を出します。

2 豆を水でよくすすいで塩分を落とします。十分に水切りをして、手でしっかり押しつけてさらに水分を出します。

3 ボウルに酢、砂糖、醤油、オールスパイス、ショウガを合わせます。砂糖が溶けるまでかき混ぜます。ここに豆、みじん切りにしたシャロット、レーズンをしっかりと合わせます。蓋をして冷蔵庫で一晩おきます。

4 翌日にしっかりと混ぜてから、上部に1cmの余裕を残して清潔な冷凍用の容器に移します。密封して冷凍し、風味が熟成するまで最低3週間は冷凍します。

モロッコインゲン
スジが発達して固くなった大きいものよりは、若くてやわらかいものを選びましょう。

歯ごたえがおいしいこのピクルスは、チーズ、アンチョビ、サバの燻製、ドライソーセージ、ヨーロッパ大陸風のソーセージ、固ゆで卵にもぴったり合います。使うときは冷蔵庫で一晩かけて解凍して、冷蔵保存で1週間以内に使いきります。

カリフラワー、パプリカ、ネギの冷凍ピクルス

出来上がり：約750g
調理時間：15～20分 + 待ち時間
保存期間：6か月

材料
キュウリ：14本。さいの目切り
赤パプリカ：小1個。さいの目切り
ネギ：4本（端を切り落として1cmの長さに切ります）
カリフラワー：小1／2（小房に分けておきます）
海塩：大さじ1
赤唐辛子：1個（種を取り除いて薄切りにします）
白ワイン・ビネガー：大さじ6
透明な蜂蜜：大さじ2
挽いたターメリック：小さじ1／2
クミンシード：小さじ1
ベイリーフ：1枚

1 ざるにキュウリ、パプリカ、ネギ、カリフラワーを入れます。塩を振りかけて、よく混ぜたら、3時間おいて水分を出します。

2 野菜を水でよくすすいで塩分を落とします。十分に水切りをして、手でしっかり押しつけてさらに水分を出してから、ボウルに入れます。

3 残りの材料を合わせて野菜に注ぎます。よく混ぜたらボウルに蓋をして、冷蔵庫に一晩おきます。

4 翌日にしっかりと混ぜたら、ベイリーフを取り除いて、清潔な冷凍用の容器に移します。密封して冷凍し、風味が熟成するまで最低3週間は冷凍します。

冷凍ジャムをつくる

　冷凍ジャムは、新鮮な風味の低糖ジャムを求めるすべての人におすすめです。酸味が少なく完熟しきった果実は、通常のジャムにそのままでは適さないので(p88〜89)、とろみをつけたピュレにするとぴったりです。

イチゴの冷凍ジャム

出来上がり：約600g

調理時間：15分＋待ち時間

保存期間：6か月

材料

イチゴ：500g（熟したものを室温に置いておきます）

レモン汁：大さじ1

フレーク寒天：大さじ1（または粉末寒天小さじ1）

粉砂糖：60〜115g

1 イチゴをざっと洗い、大きなボウルにレモン汁といっしょに入れ、フォークの背ですべてのイチゴをつぶします（なめらかなジャムより粒の残ったジャムが好みであれば、少し粒を残しておきます）。

2 小さなソースパンに水250mLを入れ、寒天を加えて吸水するまで2〜3分おき、一度鍋を揺すってから、かき混ぜずに、弱火でゆっくりと沸騰させます。沸騰したらそのまま弱火で3〜5分煮て、寒天が完全に溶けるようにときどきかき混ぜます。

3 寒天が溶けたら、火をつけたまま砂糖を加えます。砂糖が溶けるまで約2〜3分、ときどきかき混ぜます。

ゲル化剤

　このレシピでは寒天を使います。寒天は海草からつくられたヘルシーな日本のゲル化剤で、スーパーマーケットやオーガニック食品店で手に入ります。寒天はここで紹介した手早くつくるジャムにゼラチンのようなとろみを与えてくれます。冷凍ジャムが出来上がったら、解凍してトースト、デザート、ヨーグルトに使いましょう。

4 熱々の寒天シロップをイチゴに注ぎ、しっかり合わさるまでかき混ぜます(ソースパンからすべてのシロップをこそげ落とすにはゴムべらを使います)。

5 ジャムを清潔な冷凍用容器に注ぎ、体積が増して膨らんでもいいように、上部に1cmの余裕を残します。ジャムが冷めたら、密封してラベルを貼り、冷蔵庫に一晩おいて、完全にとろみがついたら冷凍します。

6 冷凍ジャムを使うときは、冷蔵庫で一晩かけて解凍し、冷蔵保存して2週間以内に使いきります。

スパイスをほんの少し加えると、秋のフルーツジャムの風味がいっそう引き立ちます。スコーンやトーストしたバタークランペット、マフィンなどに、クロテッドクリームや生クリームと一緒に添えましょう。使うときは冷蔵庫で一晩かけて解凍し、冷蔵保存して2週間以内に使いきります。

セイヨウナシとブラックベリーの冷凍ジャム

出来上がり：約750g
調理時間：15～20分＋待ち時間
保存期間：6か月

材料

セイヨウナシ：熟したもの2個（皮をむき、芯を取り除き、粗みじん切りにします）
ブラックベリー：市販の熟したもの225g
レモン汁：大さじ2
ミックス・スパイス：小さじ1
フレーク寒天：大さじ1（または粉末寒天小さじ1）
粉砂糖：140g

1 果物は必ず室温に戻しておきましょう。ボウルにセイヨウナシ、ブラックベリー、レモン汁、オール・スパイスを入れます。ポテト・マッシャーかフォークで果物をざっとつぶします。粒の残った状態が好みであれば、つぶしすぎないようにしましょう。

2 小さなソースパンに水200mLを入れ、寒天をふり入れ、吸水するまで2～3分おきます。一度鍋をそっと揺すってから、かき混ぜずに、弱火でゆっくりと沸騰させます。沸騰したらそのまま弱火で3～5分煮て、寒天が完全に溶けるようにときどきかき混ぜます。

3 砂糖を加え、溶けるまで約2～3分、弱火にかけます。火から下ろします。

4 熱々の寒天シロップを果物に注ぎ、しっかり合わさるまで手を休めずにそっとかき混ぜます。

5 ジャムを清潔な冷凍用容器に注ぎ、膨らんでもいいように、上部まで1cmの余裕を残します。ジャムが冷めたら、密封してラベルを貼ります。冷蔵庫に一晩おいて全体にとろみがついてから冷凍します。

このレシピはかなり硬めのジャムになります。もっとやわらかい食感が好みであれば、水を60mL足します。チョコレートケーキの詰め物として用いて、ブラック・フォレスト・ガトーをつくってみましょう。使うときは冷蔵庫で一晩かけて解凍し、冷蔵保存して2週間以内に使いきります。

アメリカンチェリーの冷凍ジャム

出来上がり：約700g
調理時間：20分＋待ち時間
保存期間：6か月

材料

アメリカンチェリー：450g

レモン汁：大さじ1

フレーク寒天：大さじ1（または粉末寒天小さじ1）

粉砂糖：115g

ナチュラル・アーモンド・エッセンス：数滴

1 果物は必ず室温に戻しておきましょう。アメリカンチェリーは半分に切って種を取り除き、ボウルにレモン汁と一緒に入れます。ポテトマッシャーかフォークで果物をざっとつぶします。粒の残った状態が好みであれば、つぶしすぎないようにしましょう。

2 小さなソースパンに水200mLを入れ、寒天を加えてやわらかくなるまで2～3分おきます。一度鍋をそっと揺すってから、かき混ぜずに、弱火でゆっくりと沸騰させます。沸騰したらそのまま弱火で3～5分煮て、寒天が完全に溶けるようにときどきかき混ぜます。

3 砂糖を加え、溶けるまで約2～3分弱火にかけます。火から下ろして、アーモンド・エッセンスを加えて混ぜます。

4 熱々の寒天シロップを、手順1でつぶしたアメリカンチェリーに注ぎ、しっかり合わさるまで手を休めずにそっとかき混ぜます。

5 ジャムを清潔な冷凍用の容器に注ぎ、膨らんでもいいように、上部まで1cmの余裕を残します。ジャムが冷めたら、密封してラベルを貼ります。冷蔵庫に一晩おいて完全にとろみがついたら、冷凍します。

アメリカンチェリー
香りの良いデザート用のチェリーならば、どの種類でもこのレシピに適しています。「ステラ」、「マートン・グローリー」、「サンバースト」などの品種を試してみましょう。

この風味の強いベリーの組み合わせは、プレーン・ヨーグルトやグラノーラ、あるいは完熟モモのスライスの上にかければ、即席のデザートとなります。使うときは冷蔵庫で一晩かけて解凍し、冷蔵保存して2週間以内に使いきります。

ブルーベリーとラズベリーの冷凍ジャム

出来上がり：約500g	
調理時間：15分＋待ち時間	
保存期間：6か月	

材料

ブルーベリー：225g
ラズベリー：225g
レモン汁：小さじ2
フレーク寒天：大さじ1（または粉末寒天小さじ1）
粉砂糖：115g

1 果物は必ず室温に戻しておきましょう。ボウルにレモン汁といっしょに入れ、ポテトマッシャーかフォークでざっとつぶします。粒の残った状態が好みであれば、つぶしすぎないようにしましょう。

2 小さなソースパンに水200mLを入れ、寒天を加えて吸水するまで2〜3分おきます。一度鍋をそっと揺すってから、かき混ぜずに、弱火でゆっくりと沸騰させます。沸騰したらそのまま、弱火で3〜5分煮て、寒天が完全に溶けるようにときどきかき混ぜます。

3 砂糖を加え、約2〜3分弱火にかけます。溶けたら火から下ろします。

4 熱々の寒天シロップを、手順1でつぶした果物に注ぎ、しっかり合わさるまで、手を休めずにそっとかき混ぜます。

5 ジャムを清潔な冷凍用の容器に注ぎ、膨らんでもいいように上部に1cmの余裕を残します。ジャムが冷めたら、密封してラベルを貼ります。冷蔵庫に一晩おいて完全にとろみがついたら、冷凍します。

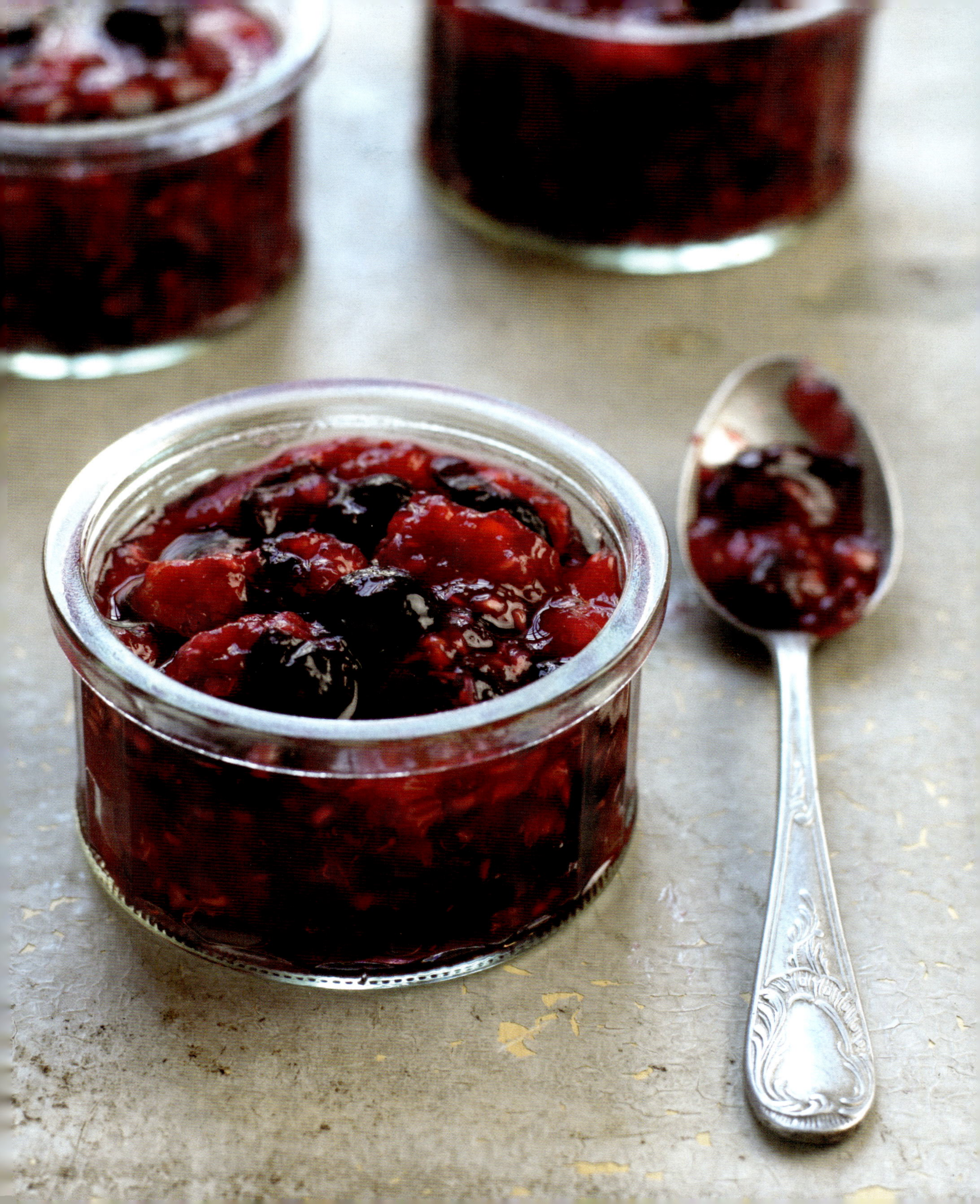

このジャムはモモの代わりにネクタリン、イチゴの代わりにラズベリーを使っても同じようにおいしくつくれます。使用する果物の汁気が多いため、出来上がりの量は多くなります。使うときは冷蔵庫で一晩かけて解凍し、冷蔵保存して2週間以内に使いきります。

モモとイチゴの冷凍ジャム

出来上がり	約700g
調理時間	30～40分 + 待ち時間
保存期間	6か月

材料

モモ	2個（熟れたもの）
イチゴ	225g（ヘタを取り除きます）
レモン汁	大さじ1
有機栽培オレンジ	1／2個分の皮のすり下ろし
フレーク寒天	大さじ1（または粉末寒天小さじ1）
粉砂糖	140g

1 モモの皮に十字の切れ目を入れてボウルに入れ、熱湯をひたひたに注いで、30秒おきます。お湯を切って水を注ぎ、モモを取り出して皮をむきます。半分に切って種を取り除き、果肉を粗みじん切りにしてボウルに入れます。

2 ボウルにイチゴとレモン汁を入れます。ポテトマッシャーかフォークで果物をざっとつぶします。

3 小さなソースパンに水200mLを入れ、寒天を加えて吸水するまで2～3分おきます。一度鍋をそっと揺すってから、かき混ぜずに、弱火でゆっくりと沸騰させます。沸騰したらそのまま、弱火で3～5分煮て、寒天が完全に溶けるようにときどきかき混ぜます。砂糖を加え、溶けるまで約2～3分、弱火にかけます。火から下ろします。

4 熱々の寒天シロップを果物に注ぎ、しっかり合わさるまで、手を休めずにそっとかき混ぜます。

5 ジャムを清潔な冷凍用容器に注ぎ、膨らんでもいいように、上部に1cmの余裕を残します。ジャムが冷めたら、密封してラベルを貼ります。冷蔵庫に一晩おいて完全にとろみがついたら、冷凍します。

ニンジンとオレンジの冷凍"マーマレード"

　ほかの冷凍ジャムと異なり、このレシピではまずニンジンに火を通さなければなりませんが、料理に使えばこの"マーマレード"は素材の良さを最大限に発揮してくれます。使うときは冷蔵庫で一晩かけて解凍し、冷蔵保存して2週間以内に使いきります。

出来上がり	約400g
調理時間	35〜45分＋待ち時間
保存期間	6か月

材料

ニンジン	中2本（約225g）
有機栽培オレンジ	大1個
フレッシュ・オレンジジュース	200mL
フレーク寒天	大さじ1（または粉末寒天小さじ1）
粉砂糖	85g
有機栽培レモン	小1個分の搾り汁と皮のすり下ろし

1. ニンジンの皮をむいて粗くすりおろし、厚底のソースパンに入れます。オレンジの皮をすりおろして、加えます。オレンジ・ジュースを加えて沸騰させ、火を弱めたら蓋をして、すりおろしニンジンがしっかりやわらかくなるまで20分、ときどきそっとかき混ぜながら煮ます。

2. このあいだに、ボウルの上でオレンジのわたをむき取り、そのときに出る汁もすべて集めます。小房に分けて、それぞれの房の両端を切ります。汁をすべてボウルに搾ります。残りの果肉をみじん切りにして、ボウルに加えます。

3. 小さなボウルに水大さじ2を入れ、寒天を加えて吸水するまで2〜3分おきます。砂糖と吸水させた寒天を加熱済みのニンジンに加えて、ごく弱火で砂糖が完全に溶けるまで約3分煮ます。火から下ろしてオレンジの果肉と保存しておいたオレンジの搾り汁、レモンの皮、レモン汁を加えます。

4. ジャムを清潔な冷凍用容器に注ぎ、膨らんでもいいように、上部まで1cmの余裕を残します。ジャムが冷めたら、密封してラベルを貼ります。冷蔵庫に一晩おいて完全にとろみがついたら、冷凍します。

ハーブを凍らせる

　食用ハーブの冷凍は理想的な保存方法です。食感だけは多少損なわれますが、色、風味、香油はすべて保持できて、生のハーブとほとんど同じくらい風味を生かした料理に使えます。

バジルのアイスキューブ

出来上がり	アイスキューブ約20個
調理時間	5分
保存期間	6か月

材料

バジル：約3束

香り高いハーブとオイルのピュレ

　オイルがハーブの風味と味を閉じ込めてくれるので、バジル、パセリ、コリアンダーなどの冷凍におすすめです。バジルソースづくり、ソース、スープなど、風味を豊かにしたい料理に加えましょう。
　茎から葉をちぎり、フードプロセッサーでみじん切りにします。良質のエキストラ・バージンオイルを加えてとろみの強いペースト状にし、さらに数秒かくはんします。小さなフリーザーバッグに小分けして冷凍します。保存は3か月までです。

1 茎から葉をちぎり、フードプロセッサーにかけてみじん切りにします。または、小さな包丁やメッザルーナを使ってみじん切りにします。

ハーブを凍らせる 85

2 製氷皿にそれぞれ刻んだハーブを入れ、水約小さじ1で満たしていきます(枠のふちに届くまで)。冷凍し、フリーザーバッグに移し替えて、ラベルを貼り、再び冷凍庫へ戻します。

甘い保存食には、たまらない魅力があります。自宅で育てたフルーツや、地元の農家で摘んできたもの、直売所で買ったものでつくった保存食は、一年中食卓に歓びをもたらします。**ジャム**や**プレザーブ、カード**などは、塗ったり焼いたりデザートにしたり、様々な楽しみ方があります。**フルーツ・チーズ**や**フルーツ・バター**は、肉料理やソースに深い味わいを生み出す理想の食材であり、チーズとも好相性です。**マーマレード**や**ゼリー**も旬の味が詰まった、万能な保存食です。どれも特別な技術を必要とせず、簡単につくることができます。

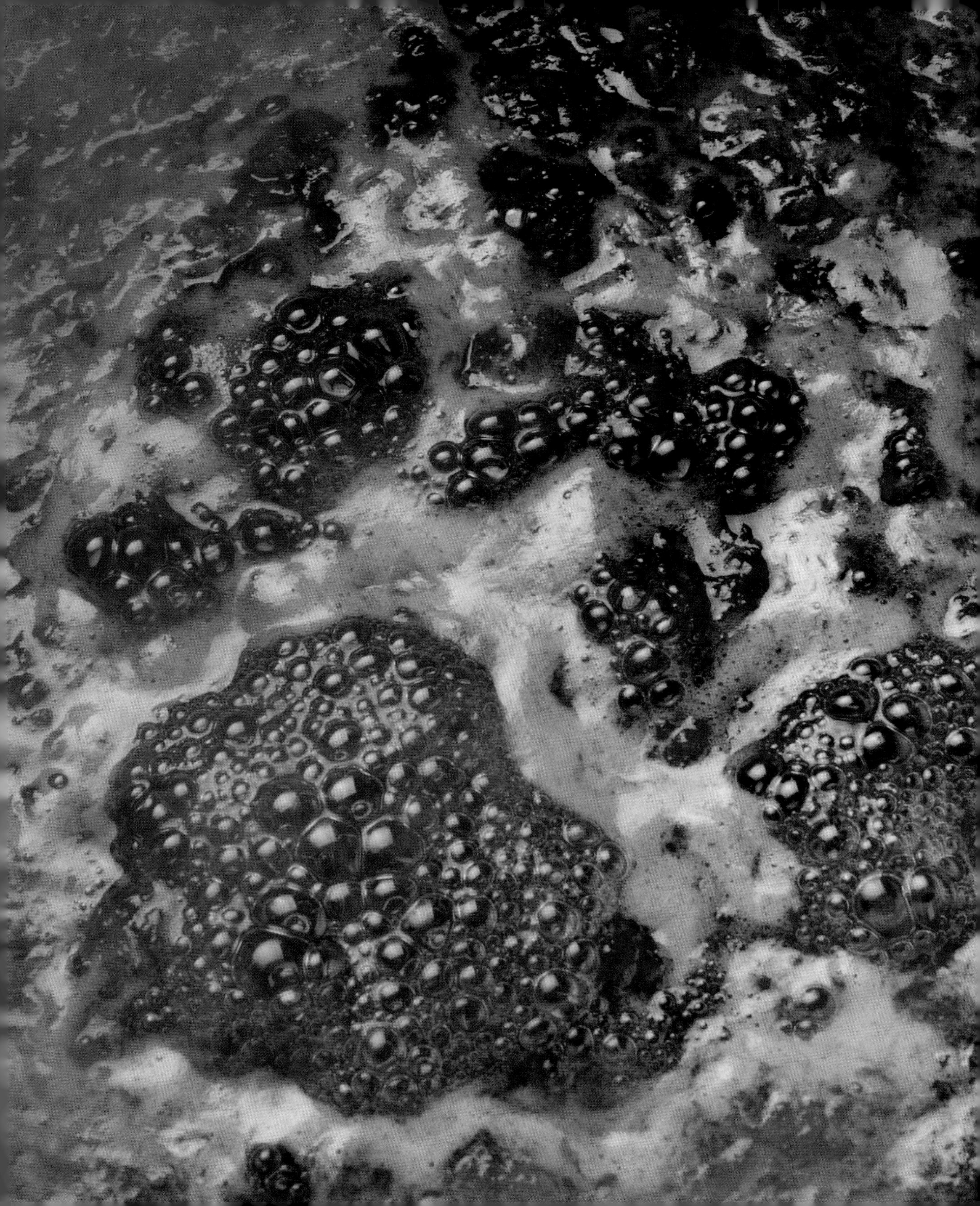

甘い保存食づくり

　甘い保存食は、どれも同じ要領でつくられます。フルーツを煮込むと、粘り気のあるペクチン（天然の凝固剤）が抽出されるので、そこに砂糖を加え、ゼリー状になり始める頃合いを正確に見極めながら煮るのです。良い粘りを出すためには、糖類とペクチンと酸のバランスが良くなければなりません。

ペクチン

　フルーツに含まれるペクチンに砂糖が加わると、甘い保存食ができます。フルーツはペクチンの含有量によって3種類に分けることができます。

ペクチンの多いフルーツ：しっかりと固まります。ペクチン濃度を薄めるために水を加えることもあります。砂糖を吸収しやすいのも、このタイプです。

ペクチンが中程度のフルーツ：通常、十分な粘りが出ますが、ものによって含有量が異なるので、仕上がりがゆるくなることもあります。ペクチン量を調べ（p90）、ペクチンを加えるかどうかを決めます。

ペクチンが少ないフルーツ：ペクチンと酸を加える必要があります。ペクチンが多いフルーツを合わせたり、ペクチンのストック（p90～91）を加えて粘りを出します。ジャム用砂糖を使うこともできます。

　同じフルーツでも品種、季節、熟成度、みずみずしさによってペクチンと酸の量が変わります。使いたいのは、ちょうど熟成し、実がしっかりしていて、傷がなく、濡れていない新鮮なフルーツです。傷のあるものでつくった保存食はカビが生えやすく、熟しすぎたものはペクチンや酸が少ないからです。フルーツを煮るときにレモン果汁（酸性）を加え、ペクチンの抽出を促すこともできます。実が硬いフルーツや皮が硬いフルーツ、ペクチンが多いフルーツには水を足します。

酸

　フルーツは酸を含む食品です。酸もペクチンの抽出を促します。酸っぱいフルーツほど酸を多く含み、酸性度の高さとペクチン量の多さは比例します。

　酸が少ないフルーツには、酸を追加して固めます。レモン果汁やクエン酸、酒石酸（薬局で入手可能）などです。目安として、フルーツ1kgに対してレモン1個分の果汁（大さじ2）、あるいは水大さじ4にクエン酸もしくは酒石酸を小さじ1／2溶かしたものを加えます。酸は色と香りを良くし、糖類の結晶化を防ぐ働きもあります。

砂糖

　砂糖は、ペクチンのゼリー化を促す重要な材料です。ペクチンが多いほど砂糖を取りこみ、固まりやすくなります。煮詰めているときにペクチンの分解を防ぐ働きもします。ただし、ペクチンの抽出を抑制する上、フルーツの皮を軟化させにくい作用もあるため、フルーツをやわらかく煮た後で加えます。砂糖はフルーツの形を保つので、プレザーブをつくるときはフルーツをまず砂糖につけます。フルーツに同量の砂糖（フルーツが酸っぱくペクチン含有率

が高い場合は同量以上)を加えると、保存期間の長い、甘い保存食ができます。砂糖を25%減らすと、フルーツの味を楽しめるフレッシュなジャムができ、砂糖を50%に減らすと、甘さ控えめでフルーツ感たっぷりのジャムができます(要冷蔵)。

主なフルーツにおけるペクチン・酸の含有量

フルーツのみ記載しています。野菜は、ペクチンや酸を全く含まないか、含んでも微量のものがほとんどです。

フルーツ	ペクチン含有率	酸性度
ブラックカラント	高	高
クラブアップル	高	高
クランベリー(未熟)	高	中
グースベリー	高	高
プラム(未熟)ダムソン種	高	高
マルメロ	高	中〜高
アカスグリ、シロスグリ	高	高
柑橘類(ペクチンを含むのは皮、薄皮、白いわた)	中〜高	中〜高
加熱向きのリンゴ	中〜高	中〜高
アプリコット	中	中
クランベリー(熟したもの)	中	中
ブドウ(未熟)(ペクチン含有量は様々)	中	中
ローガンベリー	中	中
セイヨウカリン	中	低
チェリー(加熱向き)モレロ種	中	中
プラム全種 (熟したもの)	中	中
ラズベリー	中	中
ブラックベリー	低〜中	低
ブルーベリー(ペクチン含有量は様々)	低〜中	低
キイチゴ	低	低
アメリカンチェリー(生食用)	低	低
イチジク	低	低
ブドウ(熟したもの)(ペクチン含有量は様々)	低	低
メロン	低	低
ネクタリン	低	低
モモ	低	低
セイヨウナシ	低	低
ルバーブ	低	低
イチゴ	低	低

スプーンテスト(粘性のテスト)

目安として、粘りが出るまでにかかる時間は、ジャムやプレザーブで5〜20分、ゼリーで5〜15分、マーマレードで10〜30分です。

煮立たせる：凝固までにかかる時間(ものによって変わります)は、沸騰し始めてからかかる時間を示しています。105℃に達し、鍋のふちで煮詰まり始め、沸騰の仕方がもったりし、泡が大きくボコボコとはじけるようになったら、粘りをチェックをします。

スプーンテスト：ジャム少量をボウルに入れ、木のスプーンか木べらですくい、少し冷ましてから傾けます。ジャムの切れ方が水っぽくなく、ポタっとフレーク状に落ちたら、十分な粘度が出ている証です。

しわテスト：冷蔵庫で冷やした小皿に、沸騰したジャム大さじ1を入れ、冷まし、端から指で押していきます。指のあとがつき、ジャムにしわが寄ったら、粘度が出た証です。

※粘度をチェックするときは、必ずジャム鍋を火から下ろします。

ペクチンのストックづくり

　ペクチンのストックは簡単につくることができ、低―中ペクチンのフルーツ（p88〜89）を扱う際に便利です。加熱向きのリンゴはペクチンと酸を多く含むため、素晴らしい材料になります。

リンゴのペクチン・ストック

出来上がり：約450mL

所要時間：45〜55分

保存期間：冷蔵で1〜2週間（冷凍で2か月）

材料

加熱用の酸っぱいリンゴ：1kg（小さく切ったもの。風で落ちた果実でも十分ですが、傷んだところは取り除きます）

簡単なペクチン・テスト

　ストックに含まれるペクチンでジャムを十分固められるかを調べるテストです。小さじ1杯を小さい容器に入れて冷まします。そこに変性アルコール（メチレーテッド・スピリット）大さじ1を加え、容器を回すようにして軽く揺すり、1分おいて固まり具合をチェックします。
高ペクチン：全体がゼリー化した固まりになる。
中ペクチン：ゆるい固まりが2〜3個できる。このままでは十分固まらないかもしれないので、再び火にかけて少し煮詰め、再度テストする。
低ペクチン：たくさんの小さい固まりができる。再び煮詰め、再度テストする。
※注意：テスト済みのストックは捨ててください。変性アルコールは毒です。

1 リンゴをジャム鍋に入れ、かぶるくらいの水を入れます。蓋をして沸騰させたら、20分もしくはやわらかくなるまでことこと煮ます。

2 大きなざるにモスリン布かゼリー袋を敷き、その下に大きなボウルを置き、リンゴを濾してジュースをボウルにためます。

3 ジュースをきれいな鍋に移し、濃くなって半量になるまでことこと煮ます。ペクチン・テストを行います（左記参照）。

4 密閉できる小さな冷凍容器に流し入れます（低〜中ペクチンのフルーツでジャム2kgをつくる場合、強めのペクチン・ストック150mLで十分です）。

5 冷めてから密閉し、ラベルを貼り、使うまで冷蔵もしくは冷凍します。

ジャムに最適なフルーツ

ベリー類とやわらかいフルーツ

　ここに挙げたのは、ジャムづくりにおいて定番の材料です。皮が薄く、みずみずしく、少しの水を加えるだけですぐにやわらかくなります。果実味たっぷりのジャムに仕上がります。

ボイセンベリー
大きく、みずみずしく、甘酸っぱい交配種のボイセンベリーは、単独で使ってもほかのベリーと合わせても素晴らしいジャムができます。収穫時期は7月後半から8月末です。

タイベリー
ローガンベリーに近い交配種ですが、より大きくより甘い実をつけます。収穫時期は7月から8月上旬です。湿気の少ない日に摘み、すぐに使います。

ラズベリー
このベリーは素晴らしいジャム（p96〜97）になります。赤い種も黄色い種もペクチン含有量は中程度で、問題なく固まるはずです（ただし雨季に採れる実はペクチンが少ない）。収穫後すぐに使います。

ローガンベリー
7月から9月まで実をつける甘酸っぱい実です。比較的固まりやすく、夏に旬を迎えるほかの果実と合わせることもできます。使う前に白い芯を取り除きます。

ジャムの保存期間

　ジャムづくりに使う砂糖の量は、味だけでなく、保存期間の決め手にもなります。昔ながらのとても甘いジャム（砂糖がフルーツと同量）は、12か月間保存できます。現代人の口に合う、フルーツの味を生かしたジャム（砂糖が25％少ないもの）は、6か月保存できます。甘さ控えめのジャム（砂糖がフルーツの半量）は冷蔵保存しなければならず、1か月以内に使いきります。

ジャムに最適なフルーツ　93

イチゴ
夏のジャム用フルーツといえばイチゴです。イチゴは、ものにもよりますがペクチン量が少なく、ジャムとして固めるにはペクチンと酸を添加する必要があります(p88〜89)。乾燥した日に収穫し、すぐにジャムにします。

ブラックベリー
栽培されたブラックベリーは低〜中ペクチンのフルーツ(野生のブラックベリーは低ペクチン)です。リンゴと一緒に煮ると秋らしいジャムになります。ほかのベリーと合わせたミックス・ジャムをつくることもできます。

アカスグリ
高ペクチンのアカスグリには、フルーツらしい風味があり、ミックスベリー・ジャムにしたり、低〜中ペクチンのフルーツを固めるために加えます。

ブルーベリー
ブルーベリーのペクチン含有量はほかのフルーツと比べると幅があり、低いものから中程度のものまで様々です。しばしば、ほかの夏のフルーツと合わせたジャムにもされます。

ブラックカラント
ブラックカラントのない夏など考えられません。栽培しやすいフルーツで、非常に熟した実を使っても、おいしく果実感たっぷりのジャムができます。

クランベリー
クランベリーのペクチン含有量は、熟成度によって異なります。冷凍より生のベリーの方が、ペクチンが多くなります。リンゴやオレンジと合わせると素晴らしいジャムになります。

木になるフルーツ

日常的に使うプラムジャムや贅沢なモモジャムなど、風味も食感も豊かなジャムをつくることのできる果物です。ベリー類より実がしっかりしているため、最初に煮るときは水を多めに使います。

アプリコット
中程度のペクチンを含むアプリコットは、見事なジャムになります。ただしペクチン量と酸性度はものによって異なるので、仕上がりがやわらかくなることもあります。

セイヨウスモモ
芳香のあるセイヨウスモモの旬は8月の間と短く、とりわけ贅沢なプラムジャムです。ペクチン含有量は中程度ですが、未熟のもの（緑色）はペクチンが多くなります。

イチジク
イチジクは低ペクチン・低酸性のフルーツですが、果肉がずっしり詰まっているため、ハチミツのように濃密なジャムになります。ソフトチーズとの相性は抜群です。

プラム
未熟のプラムや、「ツァール」種や「マージョリーズ・シードリング」種など加熱調理用のプラムは、ペクチンの多いタイプです。熟したプラムや生食用のプラムはペクチン含有量が中程度です。

ダムソン
パンチの効いたジャムが好きなら、唇がすぼまるほど渋く、独特の深い味わいを持つダムソンが理想的です。ペクチンが多いので、ジャムにすると簡単に固まります。

ジャムに最適なフルーツ　95

セイヨウナシ
低ペクチン低酸性のセイヨウナシをジャムとして固めるには、リンゴと合わせてペクチンの量を増やすか、レモンやライムと合わせて風味とともに酸性度を上げます。

ほかにおすすめの食材
- リンゴ
- グースベリー
- ブドウ
- メロン
- マルベリー
- マルメロ
- ルバーブ

ネクタリン
低ペクチン・低酸性のネクタリンは、口でとろけるようなめらかな食感があり、モモ同様、贅沢なジャムになります。アカスグリと合わせるとよく固まります。

モモ
ペクチンの多いアカスグリやシロスグリは、低ペクチン・低酸性のモモにとって相性の良いパートナーです。熟成した、香りの良いモモを選び、記憶に残る夏のジャムにしましょう。

野菜のジャム
ジャムの材料としては一般的ではありませんが、野菜の一部には甘い保存食に向くものがあり、珍しいものとして喜ばれることは間違いありません。野菜にはペクチンがほとんどないか皆無なので、ジャムらしく固まることはありませんが、繊維が多く、調理するとスプレッドのようになります。野菜によってはリンゴと合わせたり、ペクチン・ストックやジャム用砂糖を加えます。ジャムに向く野菜はニンジン、ナス、マロー、赤パプリカ、カボチャ、スクワッシュ、トマトです。

アメリカンチェリー
生で食べるタイプのチェリー（低ペクチン・低酸性）も、「モレロ」種など加熱調理用のチェリー（ペクチンも酸性度も中程度）も、素晴らしいジャムになります。生で食べるタイプには、ペクチンを添加します。

ニンジン
ほかの野菜に比べてペクチン量が多いニンジンには、自然の甘さがあり、色も鮮やかで、調理するとスプレッドのようになります。ジャムに適した食材です。

シンプルなフルーツジャムのつくり方

　フルーツと砂糖を一緒に高温で煮て、固めるだけの簡単なレシピです。皮のやわらかいベリー類ならどれにも使えるレシピで、やわらかいジャムをつくることができます。開封した瓶は冷蔵し、3〜4週間で使いきってください。

ラズベリー・ジャム

出来上がり：約450g（小瓶2個）
所要時間：25〜30分
保存期間：6か月

材料

ラズベリー：650g
レモン果汁：1／2個分
グラニュー糖：500g

ジャムづくりのヒント

　ジャムは105℃で固まります。少し経験を積めば、沸騰の仕方で判断できるようになります。ジャムは沸騰後、無数の小さい気泡が泡立ちますが、泡が大きくなりボコボコはじけるようになったら、スプーンテストを行ってください(p89)。
　ジャムが固まらないのは、煮詰め不足かペクチン不足のどちらかです(p88〜89)。ペクチン・ストックを加え、軽く煮立ててください。風味がなく色が悪く固まりすぎたジャムができた場合は、煮詰めすぎです。次回からスプーンテストを早めに行います。ジャムにカビが生えたら、次回から瓶をしっかり殺菌し、ジャムが熱いうちに蓋をして湿気の少ない場所で保存します。ジャムが発酵した場合、フルーツが熟しすぎていたか、煮詰める時間が足りなかったか、砂糖が少なすぎたか、密封できていなかったか、保管場所が暖かすぎた可能性があります。

1 小皿を冷蔵庫に入れ、冷やしておきます。果実は必要があれば洗い、ジャム鍋か大きな鍋に入れます。レモン果汁を加え、水を150mL入れます。

2 3〜5分、果実がやわらかくなるまで静かに煮て、水分を出します。砂糖を加え、溶けるまで弱火でかき混ぜます。溶けたら強火にします。

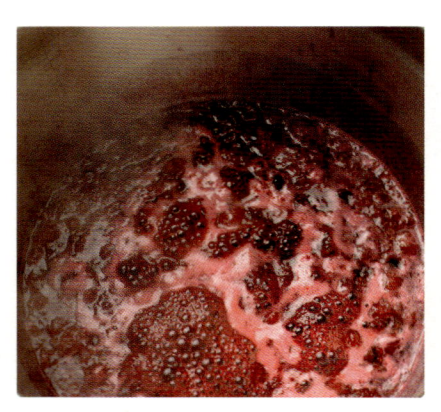

3 5〜10分、もしくは凝固し始めるまで鍋をぐつぐつ煮立たせます。鍋を火から下ろし、スプーンテストかしわテストを行います(p89)。

4 殺菌したじょうごを使い、殺菌済みの温かい瓶(p18)にジャムを注ぎます。ふちまでぎりぎりに注ぎます。

5 丸いワックスペーパーの蓋を乗せるか、セロファンをかぶせて輪ゴムで止めるか、金属製の蓋で密封し、ラベルを貼り、冷暗所に保管します。

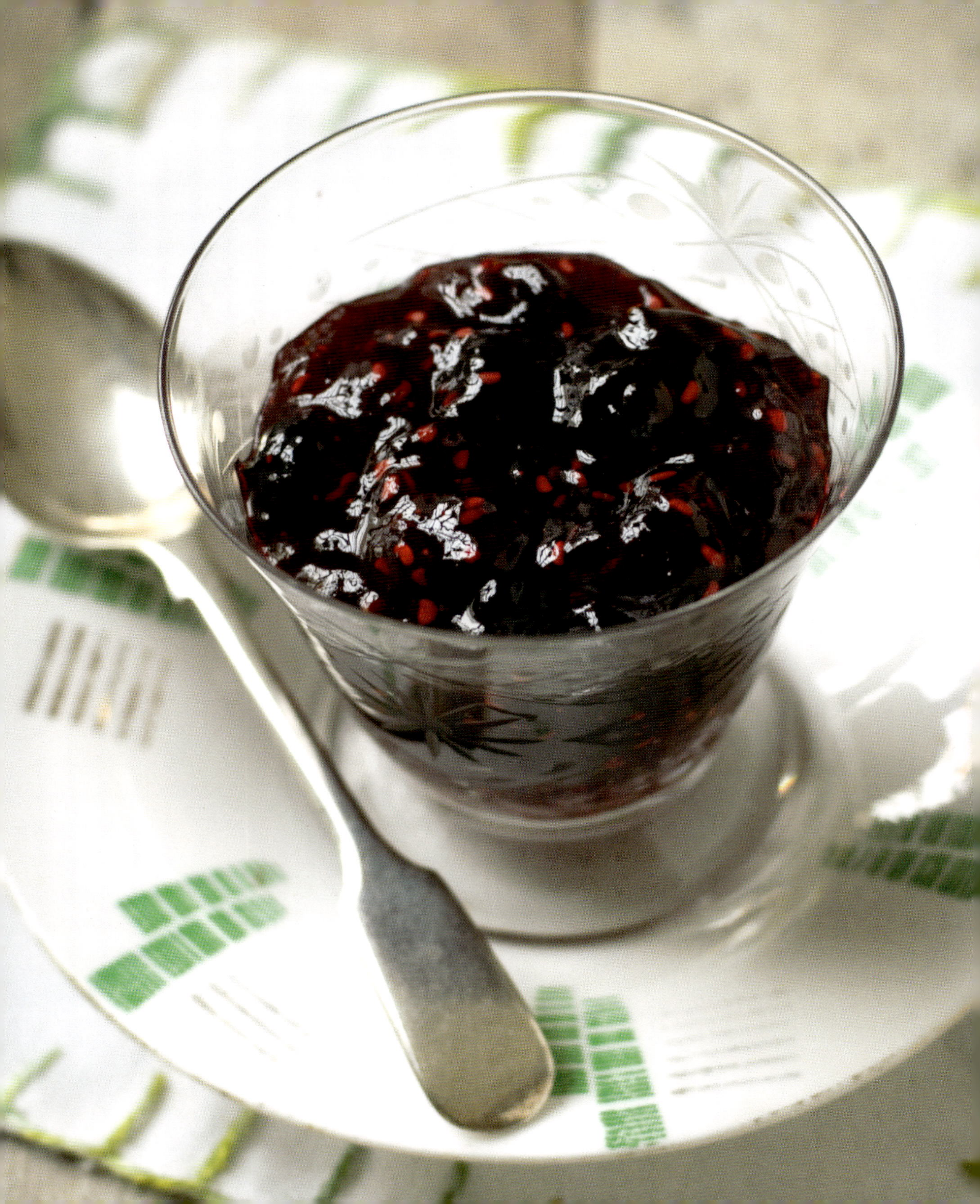

ジャンブルベリージャムとも呼ばれるジャムです。夏に採れるベリーならどの種類を合わせてもつくれるので、季節が旬のもののなかから選ぶとよいでしょう。ブラックベリーやブラックカラント、アカスグリ、アメリカンチェリーなどを混ぜてもできますが、総量は守ってください。

ミックスベリー・ジャム

出来上がり：約350g（中瓶1個）

所要時間：20分

保存期間：6〜9か月

材料

イチゴ、ラズベリー、ブルーベリーなど：450g（ヘタを取る）

グラニュー糖：50g

レモン果汁：2個分

1 ジャム鍋（もしくは底の厚い大きなソースパン）にフルーツを入れ、木べらの背を使って軽くつぶします。

2 砂糖を加え、弱火で煮ます。砂糖が溶けたら強火にして、沸騰させます。さらに5〜10分、あるいは煮詰め終点まで煮ます。スプーンテストをするときは、鍋を火から下ろします(p89)。

3 表面のアクを取ります。薄い膜ができ、ベリーが均一に分散するまでジャムを少し冷まします。殺菌済みの温かい瓶に移し、丸いワックスペーパーの蓋を乗せて密封し、ラベルを貼ります。冷暗所に保管し、開封後は冷蔵庫で保存します。

優しい味わいのブルーベリーは、抗酸化成分が豊富に含まれています。ペクチンも酸も少ないので、やわらかいジャムやプレザーブになります。色濃く輝くこのジャムをパンケーキやワッフル、ヨーグルトやソフトチーズにかけてみてください。

ブルーベリー・ジャム

出来上がり：約450g（小瓶2個）
所要時間：40分
保存期間：6〜9か月

材料
ブルーベリー：900g
レモン果汁：2個分
グラニュー糖：675g

1 ジャム鍋（もしくは底の厚い大きなソースパン）に、ブルーベリーと水150mLとレモン果汁を入れ、沸騰させてから弱火で10〜15分煮ます。ペクチンが抽出され、フルーツがやわらかくなります。

2 砂糖を加え、溶けるまでかき混ぜたら、強火にして沸騰させます。10〜12分、もしくは凝固し始めるまでぐつぐつ煮立てます。スプーンテストをするときは鍋を火から下ろします(p89)。

3 鍋を火から下ろしたまま、アク取りでアクを取ります。ジャムを少し冷まし、殺菌した温かい瓶に注ぎ、丸いワックスペーパーの蓋を乗せ、密封し、ラベルを貼ります。冷暗所に保管し、開封後は冷蔵庫で保存します。

ブルーベリー
ブルーベリーの皮は薄いので、やわらかくするため最初に煮るときも、それほど多くの水を加えなくてすみます。

ブラックカラントの皮はほかのフルーツに比べ硬いので、最初にやわらかく煮ることが肝心です。ペクチンと酸を豊富に含んでいるため最も簡単につくれるジャムの1つですが、凝縮されたフルーティなおいしさは抜きん出ています。

ブラックカラント・ジャム

出来上がり：450g（小瓶2個）	
所要時間：45分	
保存期間：6〜9か月	

材料

ブラックカラント：500g（洗ったもの）	
グラニュー糖：675g	
レモン果汁：1個分	

1 ジャム鍋（もしくは底の厚い大きなソースパン）にブラックカラントを入れ、15〜20分ことこと煮ます。

2 砂糖とレモンを加え、溶けるまでかき混ぜます。強火にして沸騰させ、約10分もしくは凝固し始めるまで煮立てます。スプーンテストをするときは鍋を火から下ろします（p89）。

3 ジャムを殺菌した温かい瓶に注ぎ、丸いワックスペーパーの蓋を乗せて密封し、ラベルを貼ります。冷暗所に保管し、開封後は冷蔵庫で保存します。

ブラックカラント
このベリーは非常に多くのペクチンを含んでいるので、レモン果汁を煮込む最後の方に加えるだけで、豊かな味わいの中から素晴らしい風味を引き出すことができます。

香りと食感を絶妙に組み合わせたこのレシピは、ほかのものに比べ少し特別感があります。やわらかいステムジンジャーによって洗練されたこのジャムは、タルトに詰めたりスポンジケーキにはさむとおいしいです。

ルバーブとセイヨウナシとジンジャーのジャム

出来上がり：約1kg（中瓶3個）

所要時間：45分

保存期間：9か月

材料

生のルバーブ：675g（洗って2.5cm角に切ったもの）

セイヨウナシ：2個分（皮をむき、芯を取り、角切りにしたもの）

グラニュー糖：800g

レモン果汁：1個分

オレンジ果汁：1／2個分

ステムジンジャー：小2玉（みじん切りにしたもの）

1 ジャム鍋（もしくは底の厚い大きなソースパン）にルバーブとセイヨウナシを入れ、砂糖を加えます。木べらで全体をかき混ぜます。

2 レモン果汁とオレンジ果汁、ステムジンジャーを加え、弱火で煮ます。砂糖が溶けるまで絶えずかき混ぜます。

3 強火にして沸騰させ、15～20分もしくは凝固し始めるまで煮立てます。スプーンテストをするときは鍋を火から下ろします（p89）。

4 殺菌した温かい瓶に注ぎ、丸いワックスペーパーの蓋を乗せ、密封し、ラベルを貼ります。冷暗所に保管し、開封後は冷蔵庫で保存します。

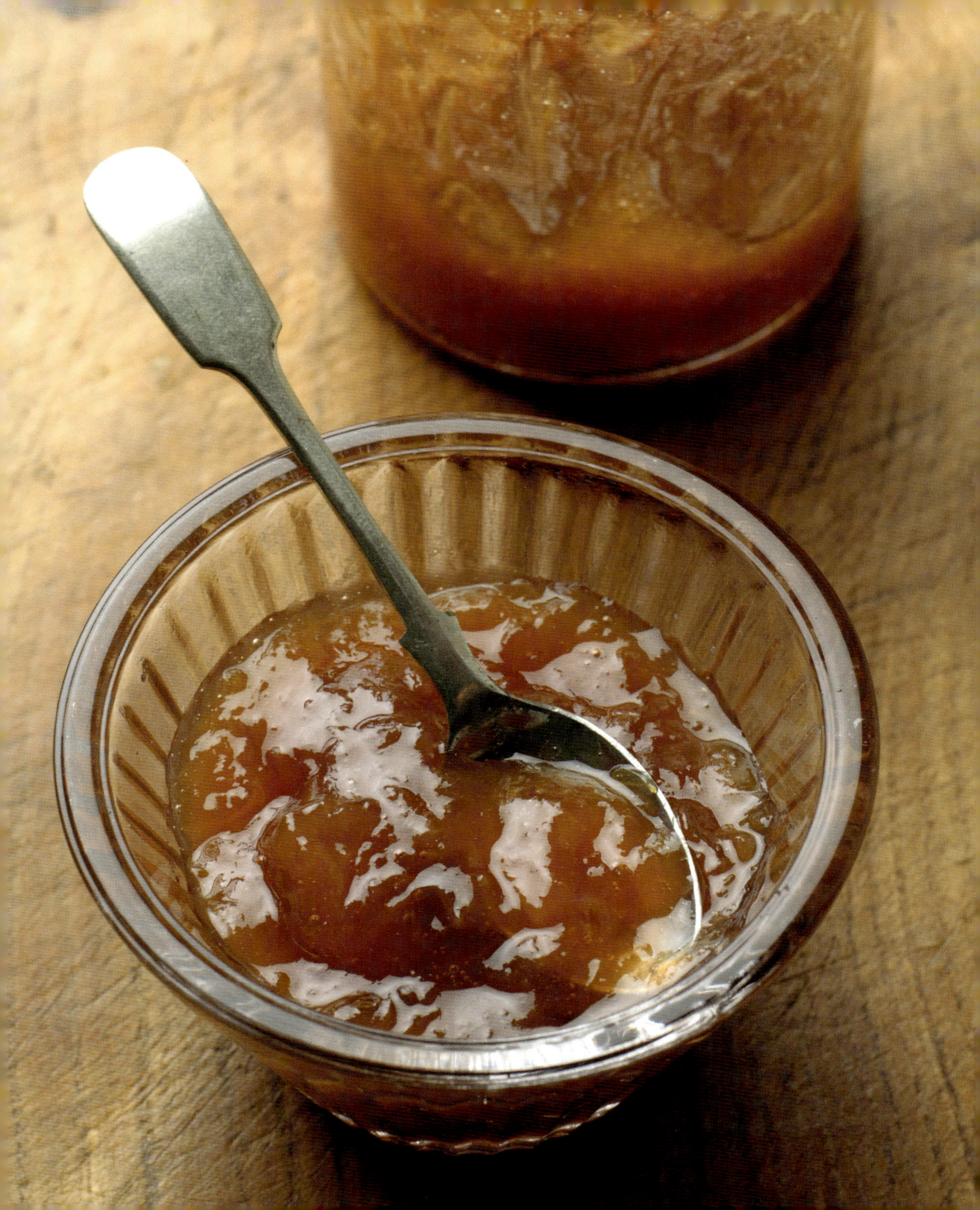

果肉感たっぷりで、やわらかめのセイヨウナシのジャムです。昔懐かしい耳の硬いパンやトーストにバターを塗り、その上にかけて食べるのがおすすめです。セイヨウナシはペクチンが少ないので、自家製のペクチン・ストック(p90〜91)やジャム用砂糖を使って固めるようにします。

セイヨウナシのジャム

出来上がり：約1kg(大瓶2個)
所要時間：1時間
保存期間：9か月

材料

熟したばかりのセイヨウナシ：1kg(皮をむいて2.5cm角に切ったもの)
レモン果汁：2個分
オレンジ果汁：1個分
グラニュー糖：600g
高ペクチン・ストック*：大さじ5〜6
※あるいは上記2品の代わりにジャム用砂糖（凝固が早い）：600g

*p90〜91参照

1 ジャム鍋(もしくは底の厚い大きなソースパン)にセイヨウナシとレモン果汁、オレンジ果汁を入れ、弱火で10分煮ます。

2 砂糖(使用する場合はペクチン・ストックも)を加え、すべて溶けるまで弱火で煮ます。強火にして沸騰させ、20分もしくは凝固し始めるまで煮立てます。スプーンテストをするときは鍋を火から下ろします(p89)。

3 セイヨウナシの固まりが残っている可能性があるので、注意しながら殺菌した温かい瓶にジャムを注ぎます。丸いワックスペーパーの蓋を乗せ、密封し、ラベルを貼ります。冷暗所に保管し、開封後は冷蔵庫で保存します。

このレシピは、熟したプラムとまだ未熟のプラムの両方を使うことを前提としています。実際にプラムを収穫した場合、その実の熟成度はばらばらになるからです。プラムの代わりにセイヨウスモモを使う場合は、水を200mLに減らして、好みに応じてライムではなくレモンを使います。

プラムとライムのジャム

出来上がり：約1.5kg（中瓶4個）	
所要時間：45分	
保存期間：9か月	

材料

プラム：900g（洗ったものを、丸ごと使う）	
有機栽培ライムの皮：1個分（洗ってすりおろしたもの）	
有機栽培ライムの果汁：1個分	
グラニュー糖：900g	
バター：1片	

1 ジャム鍋（もしくは底の厚い大きなソースパン）にプラムを入れ、水300mLを加えます。ゆっくり沸騰させたら、火を弱めて20～30分、プラムの熟成度にもよりますが、重たくなるまでじっくり煮ます。

2 ライムの皮のすりおろしとライム果汁、砂糖を加え、すべて溶けるまで絶えずかき混ぜながら弱火で煮ます。バターを混ぜ入れます。沸騰させ、10分もしくは凝固し始めるまで煮立てます。スプーンテストをするときは鍋を火から下ろします（p89）。

3 穴あきおたまでプラムの種を取り出したら、表面のアクを取り、殺菌した温かい瓶にジャムを注ぎます。丸いワックスペーパーの蓋を乗せ、密封し、ラベルを貼ります。冷暗所に保管し、開封後は冷蔵庫で保存します。

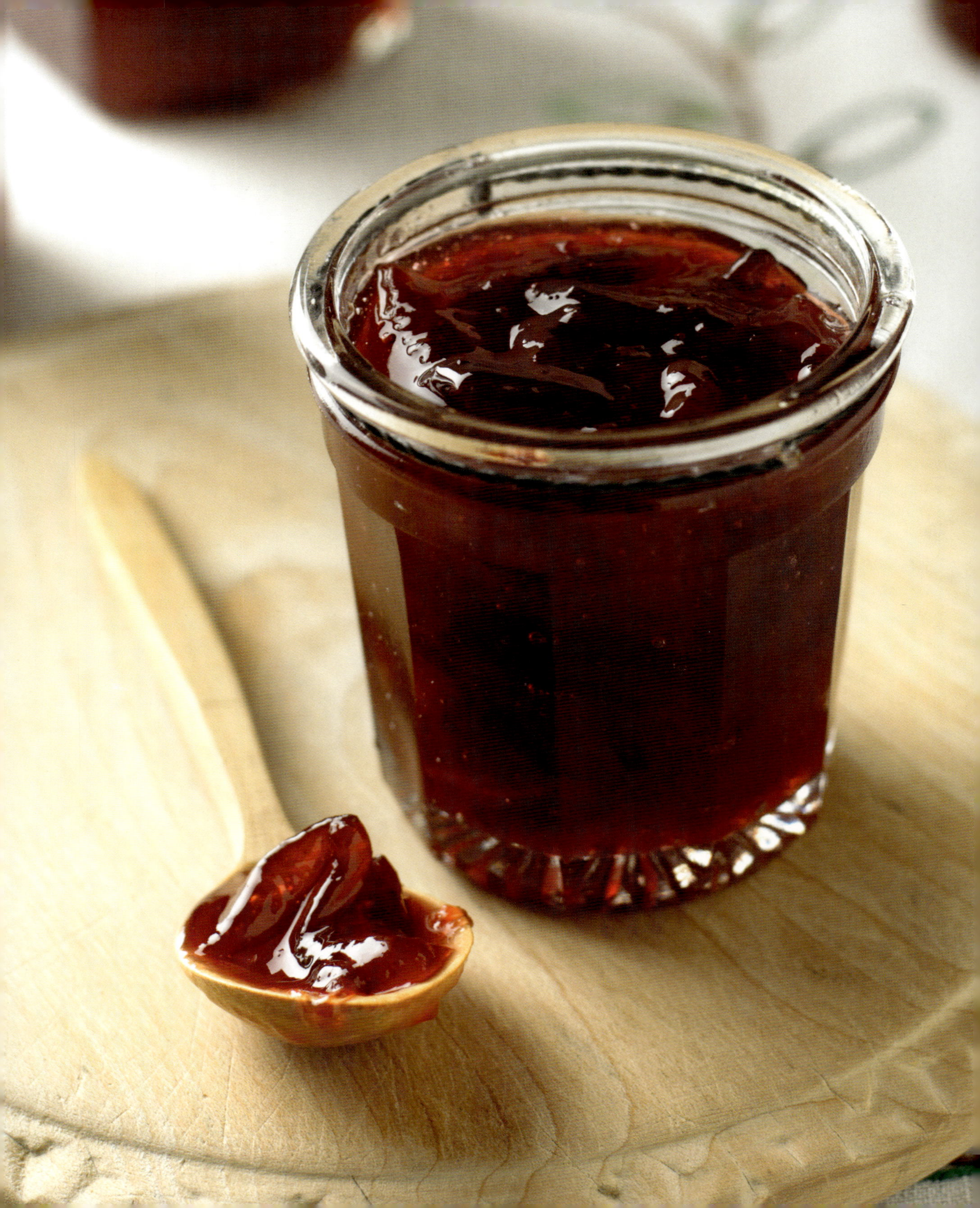

スパイス入りポートワインと
プラムのジャム

　ポートワインとシナモンを加えることによって、お祝いのムードが盛り上がる特別なプラムジャムができます。熱々に蒸したプディングにたっぷりかけたり、フルーツ入りのティーブレッドに塗ったり、贈りものにしたり、冬に楽しめるジャムです。

出来上がり	約2kg（中瓶6個）
所要時間	45分
保存期間	9か月

材料

- 色の濃いプラム：1.8kg（半分に切り、種を取ったもの）
- シナモンスティック：1本（半分に割ったもの）
- ライム果汁：1個分
- グラニュー糖：1.35kg
- （お好みで）ポートワイン：大さじ2～3

1 ジャム鍋（もしくは底の厚い大きなソースパン）にプラム、シナモンスティック、ライム果汁、水600mLを入れます。

2 弱火で15～20分、もしくはプラムがやわらかくなり形が崩れ始めるまでことこと煮ます。

3 砂糖を加え、溶けるまでかき混ぜます。その後、沸騰させて5～8分もしくはジャムが濃縮され凝固し始めるまで煮立てます。スプーンテストをするときは鍋を火から下ろします（p89）。

4 シナモンスティックを取り除き、ポートワインを混ぜ入れ、殺菌した温かい瓶にジャムを注ぎ、丸いワックスペーパーの蓋を乗せ、密封し、ラベルを貼ります。冷暗所に保管し、開封後は冷蔵庫で保存します。

プラム
欧米で広く栽培されているプラムは、たくさんの実をつける植物です。写真の「ツァール種」を始め、深い赤色や、紫色、青紫色のプラムならどの品種でもこのジャムに向きます。適度に熟した直後の実を使ってください。

ラム酒は、プラムの香りを見事に引き出します。プラムのほとんどは煮崩れますが、ところどころに残る果肉が嬉しい食感です。相性が良いのは、色の濃い、ホールグレイン・パンパーニッケルや、ライ麦のパンです。

プラムとラム酒のジャム

出来上がり：約1.5kg	
所要時間：1.5時間	
保存期間：9か月	

材料

プラム：1kg（洗って半分に切り、種を取り除いたもの）	
グラニュー糖：1kg	
ダークラム：大さじ3	

1 ジャム鍋（もしくは底の厚い大きなソースパン）にプラムを入れ、水250mLを加え、沸騰させます。

2 プラムがやわらかくなるまで30分ことこと煮込み、砂糖を加え、溶けるまで弱火でかき混ぜます。

3 沸騰させます。ぐつぐつ煮立ち始めたら5～10分もしくは凝固し始めるまで加熱します。スプーンテストをするときは鍋を火から下ろします(p89)。

4 ラム酒を加えてよくかき混ぜ、殺菌した温かい瓶にジャムを注ぎ、丸いワックスペーパーの蓋を乗せ、密封し、ラベルを貼ります。冷暗所に保管し、開封後は冷蔵庫で保存します。

グースベリーとラズベリーのジャム

グースベリーとラズベリーの味がしっかり出ているこのジャムは、上質のパンやスコーンに塗ってもおいしいですし、少量の水でのばして温め、ソースとしてスポンジプディングやアイスクリームにかけても美味です。

出来上がり：約1.1kg（中瓶3個と、小瓶1個）	
所要時間：1時間	
保存期間：9か月	

材料

グースベリー：450g（両端のヘタを取ったもの）	
有機栽培レモンの皮のすりおろし：1／2個分（洗ったもの）	
ラズベリー：225g	
グラニュー糖：675g	
バター：1〜2片	

1 グースベリーは洗い、水150mLとレモンの皮とともにジャム鍋（もしくは底の厚い大きなソースパン）に入れます。沸騰させたら火を弱め、蓋をしてグースベリーがやわらかくなり重たさが出るまで弱火で30分ほど煮ます。ラズベリーを加え、果汁が出るまで火を通します。

2 砂糖を加え、溶けるまで弱火でかき混ぜます。鍋を沸騰させ、15分もしくは凝固し始めるまでぐつぐつ煮ます。スプーンテストをするときは鍋を火から下ろします（p89）。

3 アク取りでアクを取り除き、バターを混ぜ入れ、残ったアクを取り除きます。殺菌した温かい瓶にジャムを注ぎ、丸いワックスペーパーの蓋を乗せ、密封し、ラベルを貼ります。冷暗所に保管し、開封後は冷蔵庫で保存します。

ラズベリー
やわらかい実をつける多年生植物ラズベリーは、真夏から晩夏にかけて、そして秋にも旬を迎えます。実はたくさんなりますが、繊細です。ジャムをつくるときは、必ず湿度の低い日を選んで収穫してください。このレシピは「モーリング・ジュエル」、「モーリング・アドミラル」、「オータム・ブリス」という品種でつくりました。

このジャムでは、ほんのり香る程度に使われているブランデーですが、アメリカンチェリーの甘みを引き出しています。チェリー用の種取り器がない場合、チェリーを半分に切ってから種を取るのが一番簡単な方法です。スコーンやソフトチーズに添えていただきます。

チェリー・ジャム

出来上がり	約1kg（中瓶3個）
所要時間	45分
保存期間	9か月

材料

色の濃いアメリカンチェリー	500g（種は抜いて、取っておく）
レモン果汁	2個分
グラニュー糖	500g
高ペクチン・ストック*	大さじ6
※あるいは上記2品の代わりにジャム用砂糖（凝固が早い）	500g
ブランデーもしくはチェリーブランデー	大さじ2

*p90～91参照

1 四角く切ったモスリン布にチェリーの種を入れ、小さな袋にまとめてひもで縛ります。チェリーはジャム鍋（もしくは底の厚い大きなソースパン）に入れ、水300mLを加えます。沸騰させたら火を弱め、チェリーがやわらかくなるまで10〜15分ほどことこと煮ます。果肉を残したい場合は煮すぎないでください。

2 レモン果汁と砂糖（使用する場合はペクチン・ストックも）を加え、溶けるまで弱火でかき混ぜます。鍋を沸騰させ、10分もしくは凝固し始めるまで絶えずかき混ぜながらぐつぐつ煮ます。スプーンテストをするときは鍋を火から下ろします（p89）。

3 ブランデーを混ぜ入れ、殺菌した温かい瓶にジャムを注ぎ、丸いワックスペーパーの蓋を乗せ、密封し、ラベルを貼ります。冷暗所に保管し、開封後は冷蔵庫で保存します。

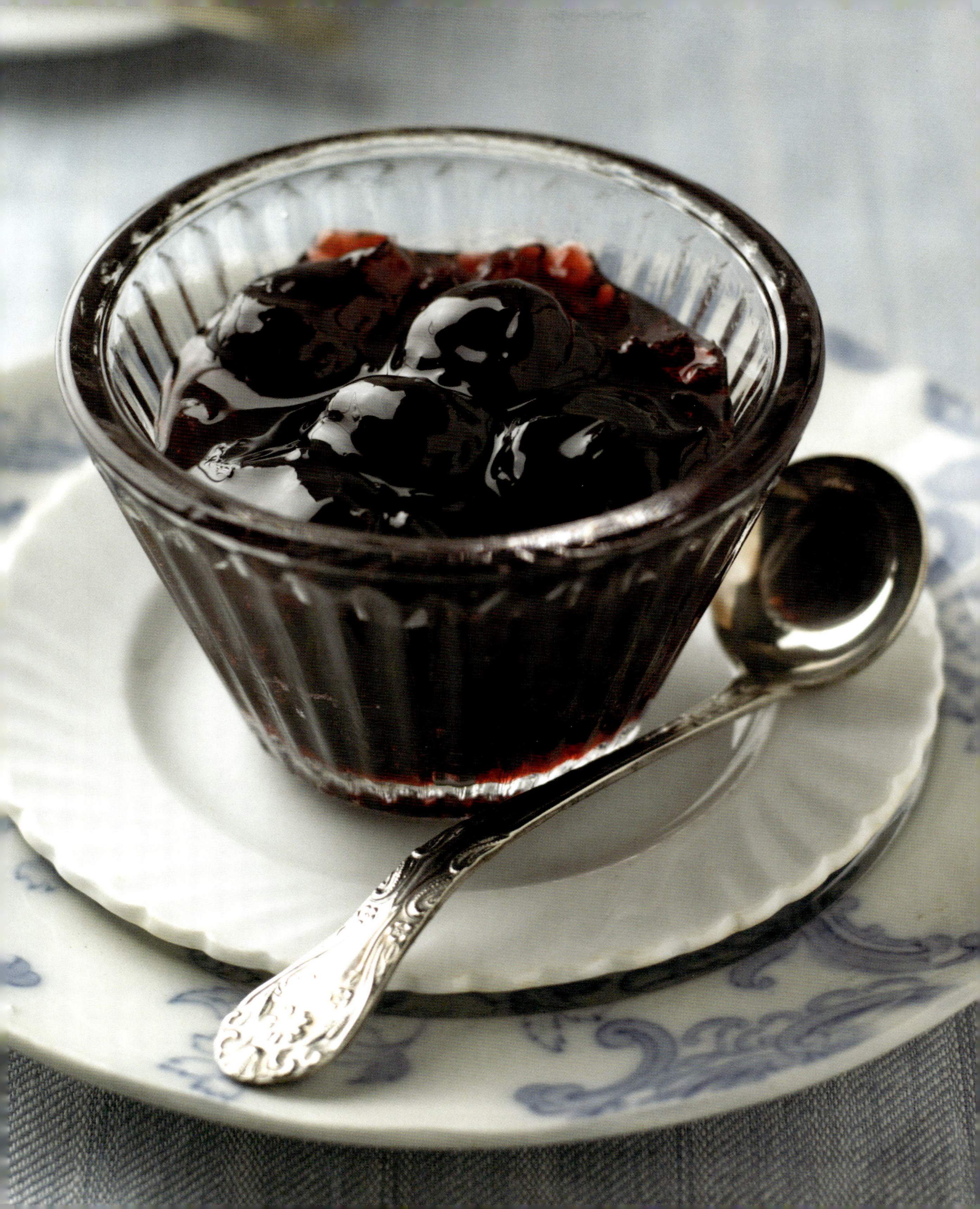

アカスグリは、イチゴ・ジャムに風味とペクチンを足してくれるので、イチゴにとってはパートナーのような食材です。特別フルーティで真っ赤なジャムが出来上がります。ゆるめなこのジャムは、ケーキのフィリングやデザート、ソフトチーズや温かい(冷たい)プディングにぴったりです。

イチゴとアカスグリのジャム

出来上がり	約1.kg(中瓶4個)
所要時間	55分
保存期間	6か月

材料

イチゴ	1.1kg(ヘタを取って、粗みじんにしたもの)
有機栽培レモンの皮	2個分(洗い、すりおろしたもの)
有機栽培レモンの果汁	2個分
アカスグリ	175g
グラニュー糖	800g
高ペクチン・ストック*	大さじ5〜6

※ あるいは上記2品の代わりにジャム用砂糖(凝固が早い):800g

*p90〜91参照

1 イチゴ、レモンの皮、アカスグリをジャム鍋(もしくは底の厚い大きなソースパン)に入れ、いくつかの実が形を残す程度にやわらかくなるまで数分煮ます。

2 砂糖(使用する場合はペクチン・ストックも)を加え、溶けるまで弱火でかき混ぜます。火を強め、鍋を沸騰させ、10〜20分もしくは凝固し始めるまで絶えずかき混ぜながらぐつぐつ煮ます。スプーンテストをするときは鍋を火から下ろします(p89)。

3 殺菌した温かい瓶にジャムを注ぎ、丸いワックスペーパーの蓋を乗せ、密封し、ラベルを貼ります。冷暗所に保管し、開封後は冷蔵庫で保存します。

定番のイチゴ・ジャムはやわらかく、生クリームと一緒にスコーンに乗せて食べると最高です。暑く乾燥した時期の、摘みたての有機栽培イチゴや露地栽培のイチゴには十分なペクチンがあり、しっかり固まります。市販のイチゴや、雨が多い時期のイチゴにはジャム用砂糖を使います。

イチゴ・ジャム

出来上がり	1kg（中瓶3個）
所要時間	1時間
保存期間	9か月

材料

イチゴ：1kg（ヘタを取り、半分に切ったもの）
レモン果汁：大さじ6
グラニュー糖：900g
高ペクチン・ストック*：大さじ5〜6
※あるいは上記2品の代わりにジャム用砂糖（凝固が早い）：900g

*p90〜91参照

1. イチゴとレモン果汁をジャム鍋（もしくは底の厚い大きなソースパン）に入れ、イチゴがやわらかくなるまで5〜10分煮ます。

2. 砂糖（使用する場合はペクチン・ストックも）を加え、溶けるまで弱火でかき混ぜます。火を強め、鍋を沸騰させ、15分もしくは凝固し始めるまで絶えずかき混ぜながらぐつぐつ煮ます。スプーンテストをするときは鍋を火から下ろします（p89）。

3. アク取りでアクを取ります。ジャムに薄い膜ができ、実が全体に均一に広がるまで少し冷まします。殺菌した温かい瓶にジャムを注ぎ、丸いワックスペーパーの蓋を乗せ、密閉し、ラベルを貼ります。冷暗所に保管し、開封後は冷蔵庫で保存します。

イチゴ
熟しているがやわらかすぎず、色の濃くなったイチゴを摘みます。日持ちしないので、摘んだらなるべく早く使います。

このジャムのように豊かな味わいが凝縮されたジャムは、甘いものだけでなくおかずに添えることもできます。冷たいハムやチーズとの相性は抜群です。お好みで、ジンジャーの砂糖漬けをみじん切りにしたもの小さじ2を加えたり、最後にジンジャーワインをひとたらしします。

イチジクとバニラのジャム

出来上がり	約1.1kg（中瓶3個と小瓶1個）
所要時間	50〜55分
保存期間	6か月

材料

皮の薄い、熟したイチジク	675g（両端を切り落とし、4つに切ったもの）
有機栽培レモンの皮	1個分（洗い、すりおろしたもの）
有機栽培レモンの果汁	1個分
調理用リンゴ	1個（皮と芯を取り除き、粗みじん切りにしたもの）
バニラ鞘	1本（縦半分に切ったもの）
グラニュー糖	675g

1 イチジクとレモンの皮、レモン果汁、リンゴ、バニラ鞘をジャム鍋（もしくは底の厚い大きなソースパン）に入れます。ときどきかき混ぜながら、イチジクがやわらかく崩れるまで、弱火で20分ほど煮ます。

2 砂糖を加え、溶けるまで絶えずかき混ぜながら弱火で煮ます。火を強め、鍋を沸騰させ、15〜20分もしくは凝固し始めるまでときどきかき混ぜながらぐつぐつ煮ます。途中で浮いてくるアクは取り除きます。スプーンテストをするときは鍋を火から下ろします（p89）。

3 バニラ鞘を丁寧に取り除き、殺菌した温かい瓶にジャムを注ぎ、丸いワックスペーパーの蓋を乗せ、密封し、ラベルを貼ります。冷暗所に保管し、開封後は冷蔵庫で保存します。

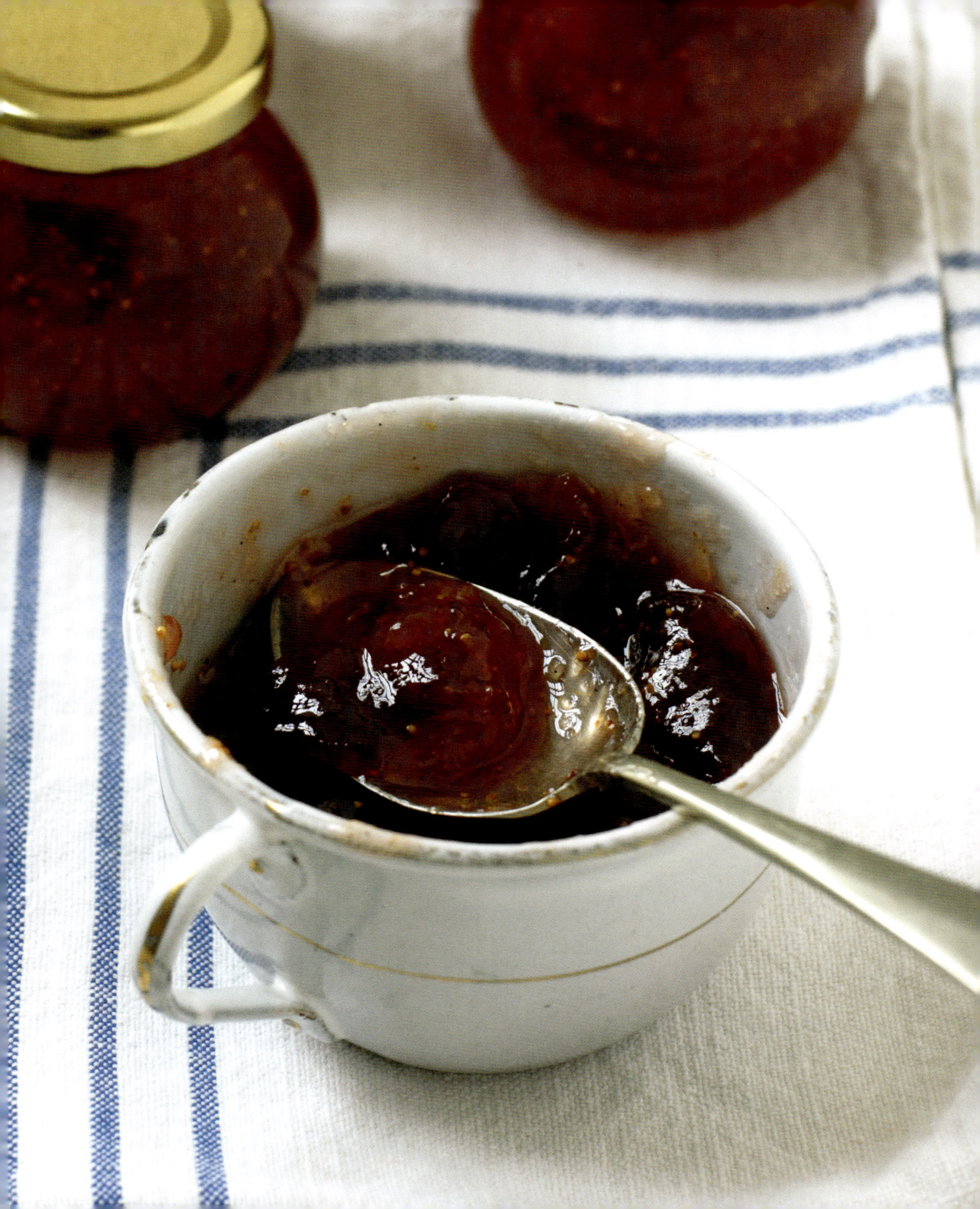

アプリコットは、味わい深くおいしいジャムになります。砂糖と一緒に煮詰めることで、その食感や香りがさらに豊かになります。含まれるペクチンと酸は中程度なので、レモン果汁を加えて凝固させます。焼きたてのパンやトーストに塗っていただきます。

アプリコット・ジャム

出来上がり	約1kg（中瓶3個）
所要時間	40分
保存期間	6〜9か月

材料

- アプリコット：675g（種を取り、粗みじん切りにしたもの）
- レモン果汁：大さじ1
- グラニュー糖：675g
- 高ペクチン・ストック*：大さじ5〜6
- ※ あるいは上記2品の代わりにジャム用砂糖（凝固が早い）：675g

*p90〜91参照

1 アプリコットとレモン果汁、水150mLをジャム鍋（もしくは底の厚い大きなソースパン）に入れます。ゆっくり沸騰させ、ときどきかき混ぜながら15分、アプリコットの皮と果肉がやわらかくなるまでことこと煮ます。

2 砂糖（使用する場合はペクチン・ストックも）を加え、溶けるまでかき混ぜます。火を強め、鍋を沸騰させ、かき混ぜずに10分もしくは凝固し始めるまで煮ます。スプーンテストをするときは鍋を火から下ろします（p89）。

3 鍋を火から下ろしたまま、アクを取ります。殺菌した温かい瓶にジャムを注ぎ、丸いワックスペーパーの蓋を乗せ、密封し、ラベルを貼ります。冷暗所に保管し、開封後は冷蔵庫で保存します。

アプリコット
このジャムをつくるときは大きめのアプリコットを選びます。ちょうど熟した、やわらかすぎないものを使ってください。

アプリコットとオレンジと
ソーテルヌワインのジャム

デザートワインとフルーツの果汁が、定番ジャムの味を引き立てます。食べるとみずみずしく、オレンジとレモンの酸味がたまりません。トーストに塗ってもよいですが、甘いタルトやペストリーに使ったり、ヨーグルトにかけてもおいしいものです。

出来上がり	約1.5kg（中瓶4個と小瓶1個）
所要時間	1時間
保存期間	6〜9か月

材料

- アプリコット：900g（種を取り、粗くみじん切りにしたもの）
- 有機栽培レモンの皮：1個分（洗い、すりおろしたもの）
- 有機栽培レモンの果汁：1個分
- オレンジ果汁：大3個分
- グラニュー糖：900g
- 高ペクチン・ストック*：大さじ5〜6
- ※あるいは上記2品の代わりにジャム用砂糖（凝固が早い）：900g
- ソーテルヌワイン（貴腐ワイン）：大さじ1〜2（どのくらいアルコールを入れたいかによる）

*p90〜91参照

1 アプリコットとレモンの皮、レモン果汁、オレンジ果汁をジャム鍋（もしくは底の厚い大きなソースパン）に入れます。中火でことことするまで煮て、その状態を保ったまま15〜20分ほどアプリコットがやわらかくなるまで煮ます。

2 砂糖（使用する場合はペクチン・ストックも）を加え、溶けるまで弱火でかき混ぜます。火を強め、鍋を沸騰させ、20分もしくは凝固し始めるまでぐつぐつ煮ます。スプーンテストをするときは鍋を火から下ろします（p89）。

3 ソーテルヌワインを混ぜ入れ、殺菌した温かい瓶にジャムを注ぎ、丸いワックスペーパーの蓋を乗せ、密封し、ラベルを貼ります。冷暗所に保管し、開封後は冷蔵庫で保存します。

甘い保存食

　この、オレンジの香りがただようジャムは、色も美しく、ほんのりスパイスが効いています。トーストに塗るのもおいしいですが、塩味に強いブルーチーズなど、甘くないものとも好相性です。皮がなめらかで香りの良い、小さい品種のカボチャを使います。

カボチャとオレンジの スパイス・ジャム

出来上がり：約2kg（大瓶4個）
所要時間：50分
保存期間：6か月

材料
カボチャ：1.4kg（皮をむき、種をとり、小さく切ったもの）
調理用リンゴ：2個（皮をむき、小さく切ったもの）
グラニュー糖：1.35kg
レモン果汁：1個分
オレンジ果汁：1個分
シナモン：1つまみ
おろしたてのナツメグ：1つまみ

1 カボチャとリンゴをジャム鍋（もしくは底の厚い大きなソースパン）に入れます。水50mL（カボチャが焦げつかない程度の量）を入れます。沸騰させたら火を弱め、カボチャがやわらかくなるまで10〜20分ほどことこと煮ます。マッシャーやフォークでつぶしますが、いくつかは形を残しておきます。

2 砂糖、レモン果汁、オレンジ果汁、シナモン、ナツメグを加えます。砂糖が溶けるまでかき混ぜたら、火を強め、鍋を沸騰させます。15〜20分もしくは凝固し始めるまでぐつぐつ煮ます。スプーンテストをするときは鍋を火から下ろします（p89）。

3 殺菌をした温かい瓶にジャムを注ぎ、丸いワックスペーパーの蓋を乗せ、密封し、ラベルを貼ります。冷暗所に保管し、開封後は冷蔵庫で保存します。

カボチャ
カボチャには形・大きさともにたくさんの種類があります。甘い保存食をつくる場合、繊維が多いものではなく、この「ジャック・ビー・リトル」種のように、実が甘くなめらかで濃い品種を使いましょう。

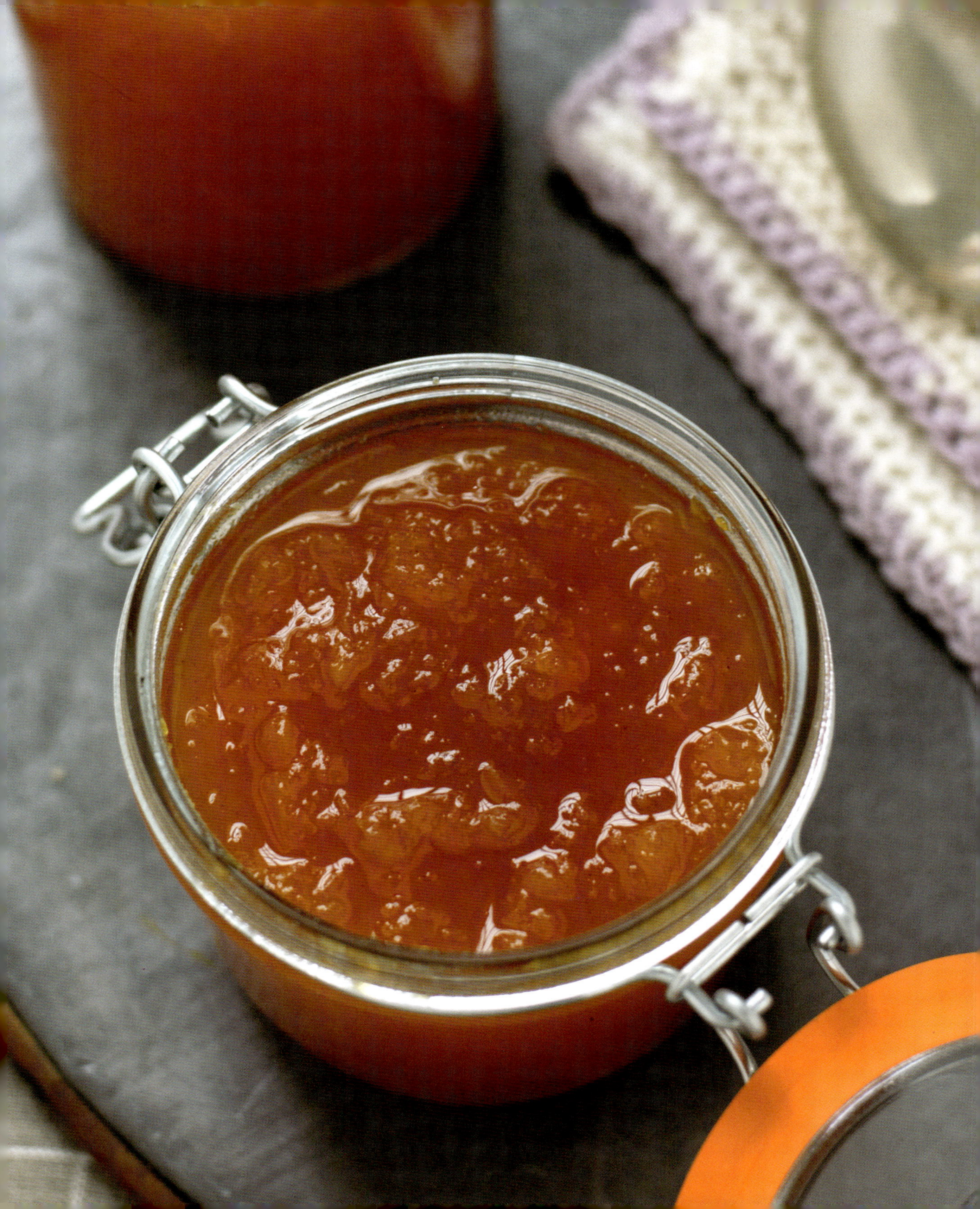

昔からつくられてきたこのジャムは、マロー(p171参照)が旬の季節に、若くみずみずしい実を収穫してつくります。オレンジがマローにしっかりした甘みと深みを与え、フレッシュな味わいを生みます。スプレッドにしたり、ヨーグルトにたっぷりかけると、さわやかなデザートになります。

マローとオレンジのジャム

出来上がり：1.5kg（中瓶4個と小瓶1個）
所要時間：40〜45分
保存期間：9か月

材料

マロー：大1個（約900g）（皮をむき、1cm角に切ったもの）
レモン果汁：2個分
オレンジ果汁：1個分
有機栽培オレンジの皮：大2個分（洗い、すりおろしたもの）
グラニュー糖：900g
高ペクチン・ストック*：大さじ5〜6
※あるいは上記2品の代わりにジャム用砂糖（凝固が早い）：900g

*p90〜91参照

1 マローとレモン果汁をジャム鍋（もしくは底の厚い大きなソースパン）に入れます。沸騰させたら、15分ほどマローがやわらかくなるまでことことと煮ます。水気がなくなりすぎたら、水を少し足します。焦げないようにしてください。これはマローの水分量によって変わります。

2 砂糖（使用する場合はペクチン・ストックも）とオレンジ果汁とオレンジの皮を加え、弱火にし、砂糖が溶けるまでかき混ぜます。火を強め、鍋を沸騰させ、20分もしくは凝固し始めるまで煮ます。スプーンテストをするときは鍋を火から下ろします（p89）。

3 そのまま鍋を5〜10分置いておくと、マローが鍋に均一に広がります。殺菌した温かい瓶にジャムを注ぎ、丸いワックスペーパーの蓋を乗せ、密封し、ラベルを貼ります。冷暗所に保管し、開封後は冷蔵庫で保存します。時間がたつほど味に深みが増します。

伝統的なトマトジャムは甘いものですが、ここではちょっとした香味を加え、変化をつけています。シンプルに甘いジャムを楽しみたい場合は、唐辛子とハーブを省いてください。チーズやハンバーガー、ソーセージに添えていただきます。

トマトと唐辛子のジャム

出来上がり：350g（中瓶1個）	
所要時間：45分	
保存期間：6か月	

材料

トマト：500g（沸騰したお湯に1分つけ、皮をむき、粗く切ったもの）	
砕いた唐辛子：小さじ1	
ドライ・ミックスハーブ：小さじ1	
レモン果汁：1個分	
塩：1つまみ	
グラニュー糖：250g	

1 砂糖以外の材料をすべてジャム鍋（もしくは底の厚い大きなソースパン）に入れます。沸騰させたら8分ほど、トマトが煮崩れるまでことこと煮ます。

2 砂糖を加え、溶けるまで弱火でかき混ぜます。その後、火を強め、鍋を沸騰させます。沸騰してから15〜20分、もしくは全体がもたつき、照りが出て、凝固を始めるまでぐつぐつ煮ます（ジャムが焦げつかないようにときどきかき混ぜます）。スプーンテストをするときは鍋を火から下ろします（p89）。

3 殺菌をした温かい瓶にジャムを注ぎ、丸いワックスペーパーの蓋を乗せ、密封し、ラベルを貼ります。冷暗所に保管し、開封後は冷蔵庫で保存します。

プレザーブに最適なフルーツ

　ジャムづくりの極みとも言うべきプレザーブには、最も上等で、みずみずしく、繊細なフルーツを使います。皮が薄く、汁気の多いフルーツもプレザーブに向いていて、きれいに仕上がります。

ブラックベリー
完璧な状態になるまで時間のかかるベリーですが、熟すとふっくらとした形になり、甘く、漆黒の濃紺色になります。最高の出来のものだけをプレザーブにします。内側の芯だけ最初に取り除きます。

セイヨウスモモ（グリーンゲイジ）
蜜のように甘いセイヨウスモモはプラムの中でも絶品で、ほかの味を加える必要がありません。香りが良く、皮に金色が射したような色の実を選びます。

セイヨウナシ
セイヨウナシのプレザーブは、お茶の時間にぴったりの優しい味わいです。表面にバターを塗ったような光沢のある、汁気たっぷりのナシを選び、レモンやライム、ショウガ、洋梨リキュール、香りの良いゼラニウムの葉などで味付けをします。

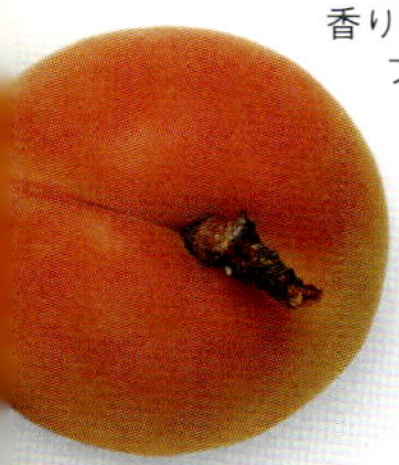

プレザーブに最適なフルーツ　123

ほかにおすすめの食材
ボイセンベリー
ブドウ
メロン
桑の実
モモ
ラズベリー
タイベリー

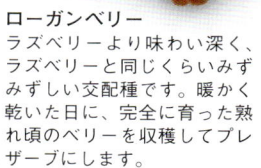

アプリコット
香りの良いアプリコットを使ったプレザーブに勝るものはありません（p124〜125）。いくつかの種（仁）か、あるいはアマレットを加えて仕上げます。

ローガンベリー
ラズベリーより味わい深く、ラズベリーと同じくらいみずみずしい交配種です。暖かく乾いた日に、完全に育った熟れ頃のベリーを収穫してプレザーブにします。

ブルーベリー
穏やかな風味のブルーベリーは、それだけでプレザーブにしても、柑橘類の刺激を加えても、ミックスベリーのプレザーブに加えても素晴らしい味になります。

イチジク
この甘いフルーツは高級感のあるプレザーブになります。香りが良く、皮の薄い品種から、優しく押すとわずかにへこむ実を選びます。収穫するときは枝から切るようにします。

イチゴ
小さく完全な実（小さい野イチゴでも可）がプレザーブに最適です。暖かく乾いた日に、熟れ頃のイチゴを丁寧に摘みます。つぶさないようにしましょう。

アメリカンチェリー
昔から、酸味のあるチェリーのプレザーブと言えば黒い「モレロ」種ですが、摘みたてで旬のチェリーであれば、黒でも赤でも黄色いチェリーでもおいしいプレザーブが出来上がります。

ネクタリン
やわらかくみずみずしいネクタリンの果肉はプレザーブにぴったりで、イチゴと合わせると素晴らしいおいしさが生まれます（薄い皮は、熟していれば簡単にむけるはずです）。

フルーツ・プレザーブのつくり方

　プレザーブがジャムと異なるのは、フルーツの形が一部、あるいは全部残っている点です。加熱前に砂糖に漬けるので果肉が締まっているためです。ジャムより弱火で煮ます。トーストやマフィン、スコーンと一緒にいただきます。

アプリコット・プレザーブ

出来上がり：約700g（中瓶2個）

所要時間：25〜30分（漬ける時間を除く）

保存期間：6か月

材料

熟したアプリコット：500g

グラニュー糖：350g

レモン果汁：1個分

1 小皿を冷蔵庫に入れ、冷やしておく。アプリコットは、必要があるもののみさっと洗います。半分に切り、種を取り除きます。

2 大きなボウルにアプリコットと砂糖をまんべんなく入れ、蓋などをかぶせ、数時間から一晩ほど室温に置いておきます。

3 フルーツと砂糖、レモン果汁をジャム鍋に入れ、弱火にかけます。砂糖が溶けるようにかき混ぜますが、フルーツが崩れないように気をつけます。

4 火を強め、（ぐらぐら煮立たせないように）沸騰させ、凝固し始めるまでそのまま7〜10分煮続けます。必要でない限り、かき混ぜません。

プレザーブについて

　ヨーロッパで「ジャム」を意味する言葉です。フルーツタルトやフランに使ったり、ケーキにはさんだり、ヨーグルトにかけていただきます。かわいい瓶に入れて保存すれば、見た目も良いでしょう。

　プレザーブは標準的な量の砂糖でつくることもできますが、砂糖を減らせばよりフレッシュな味わいになります。砂糖と一緒にワインを少し加えたり、瓶に詰める直前にリキュールやスピリッツをひとたらしすれば、贅沢な味わいになります。メロンや洋梨など、水分の多いフルーツを傷めずに保存するには、手順3でフルーツを入れず、砂糖と果汁を煮詰めてからフルーツを加えます。その後、沸騰させる手順へと進みます。

5 鍋を火から下ろし、スプーンテストかしわテストを行います（p89）。その後、鍋を少し冷ましたまま置いておくと、表面に膜が張ります。こうすると、フルーツを瓶に入れたとき上に浮かばず、均一に広がります。

6 殺菌をした熱い瓶にジャムを注ぎます。ジュースと実が同じくらい入るようにします。

7 丸いワックスペーパーの蓋を乗せるか、セロファンと輪ゴムで口を止めるか、金属の蓋をし、密封したらラベルを貼ります。冷暗所に保管します。

いつものプレザーブが、シャンパンやスパークリングワインを少し加えるだけで特別な日に食べる高級品になったり、贈答用の一品になります。金がかったオレンジ色と、フルーツ特有のさわやかな香りに一目ぼれすることでしょう。

アプリコットとシャンパンのプレザーブ

出来上がり：約675g（中瓶3個）
所要時間：40〜50分（漬ける時間を除く）
保存期間：6か月

材料

熟したアプリコット：500g（種を取り、粗く切ったもの）
グラニュー糖：300g
高ペクチン・ストック*：大さじ3
※あるいは上記2品の代わりにジャム用砂糖（凝固が早い）：300g
レモン果汁：1個分
シャンパンもしくは辛口のスパークリングワイン：200mL

*p90〜91参照

1. 大きなボウルにフルーツと砂糖をまんべんなく入れ、蓋などをかぶせ、数時間から一晩ほど室温に置きます。

2. フルーツ、砂糖（使用する場合はペクチン・ストックも）、レモン果汁、シャンパンをジャム鍋（もしくは底の厚い大きなソースパン）に入れ、アプリコットが十分やわらかくなるまで10〜12分弱火で煮ます。

3. 火を強めて沸騰させ、ぐつぐつ煮立てて7〜8分もしくは凝固し始めるまで煮続けます。凝固するまでが速いので、スプーンテストは頻繁に行います。テストを行う際は、鍋を火から下ろします（p89）。

4. 殺菌をした温かい瓶にジャムを注ぎます。丸いワックスペーパーの蓋を乗せ、密封し、ラベルを貼ります。冷暗所に保管し、開封後は冷蔵庫で保存します。

モモとラズベリーの
プレザーブ

　夏に旬を迎えるフルーツを合わせたこのレシピから、見事な赤橙色をしたやわらかいプレザーブが出来上がります。糖分が比較的少ないため味わいはフレッシュで、種の食感も楽しめます。デザートやスプレッドにどうぞ。

出来上がり：約900g（中瓶3個）
所要時間：45分〜1時間（漬ける時間を除く）
保存期間：6か月

材料
旬のモモ：700g（種を取り、角切りにしたもの）
生のラズベリー：175g
グラニュー糖：400g
高ペクチン・ストック*：大さじ3〜4
※あるいは上記2品の代わりにジャム用砂糖
　（凝固が早い）：400g
レモン果汁：1個分
*p90〜91参照

1. 大きなボウルにフルーツと砂糖をまんべんなく入れ、蓋などをかぶせ、数時間から一晩ほど室温に置きます。

2. フルーツ、砂糖（使用する場合はペクチン・ストックも）、レモン果汁をジャム鍋（もしくは底の厚い大きなソースパン）に入れ、フルーツがやわらかくなるまで弱火で15分煮ます。

3. 火を強めて沸騰させ、ぐつぐつ煮立てて10分もしくは凝固し始めるまで煮続けます。スプーンテストをするときは鍋を火から下ろします（p89）。

4. 殺菌をした温かい瓶にジャムを注ぎます。丸いワックスペーパーの蓋を乗せ、密封し、ラベルを貼ります。冷暗所に保管し、開封後は冷蔵庫で保存します。

果実感たっぷりでリッチなこのプレザーブは、焼きたてのパンに塗っても、アイスクリームに添えても美味です。しっかり熟したモモを使うことで、味わいあふれる香り豊かな一品になります。お好みで、熟したネクタリンに代えることもできます。

モモとクルミのプレザーブ

出来上がり：約1kg（中瓶3個）	
所要時間：45分（漬ける時間は除く）	
保存期間：6か月	

材料

熟したモモ：1.25kg
オレンジ：1個（皮はむき、わたはつけたままにし、薄切りにしたもの）
グラニュー糖：900g
レモン果汁：1個分
クルミ：50g（粗く砕いたもの）
ブランデー：大さじ1～2（お好みで）

1 モモの皮に十字の切り込みを入れ、沸騰したお湯に30秒ほどつけます。その後、冷水にとり、湯むきします。モモを半分に切り、種を取り除いて残しておき、果肉を粗く切ります。モモとオレンジのスライスを砂糖とともにボウルに入れ、蓋をし、最低4時間あるいは一晩おきます。

2 フルーツと砂糖をジャム鍋（もしくは底の厚い大きなソースパン）に入れます。モモの種は小さな布袋に入れ、口をひもで縛ります。砂糖が溶けるまで弱火で煮たら、火を強めて沸騰させ、15～20分もしくは凝固し始めるまで煮ます。スプーンテストをするときは鍋を火から下ろします（p89）。

3 モモの種が入った袋を取り除き、レモン果汁とクルミ、ブランデー（使用する場合）を加えます。殺菌をした温かい瓶にジャムを注ぎます。丸いワックスペーパーの蓋を乗せ、密封し、ラベルを貼ります。冷暗所に保管し、開封後は冷蔵庫で保存します。

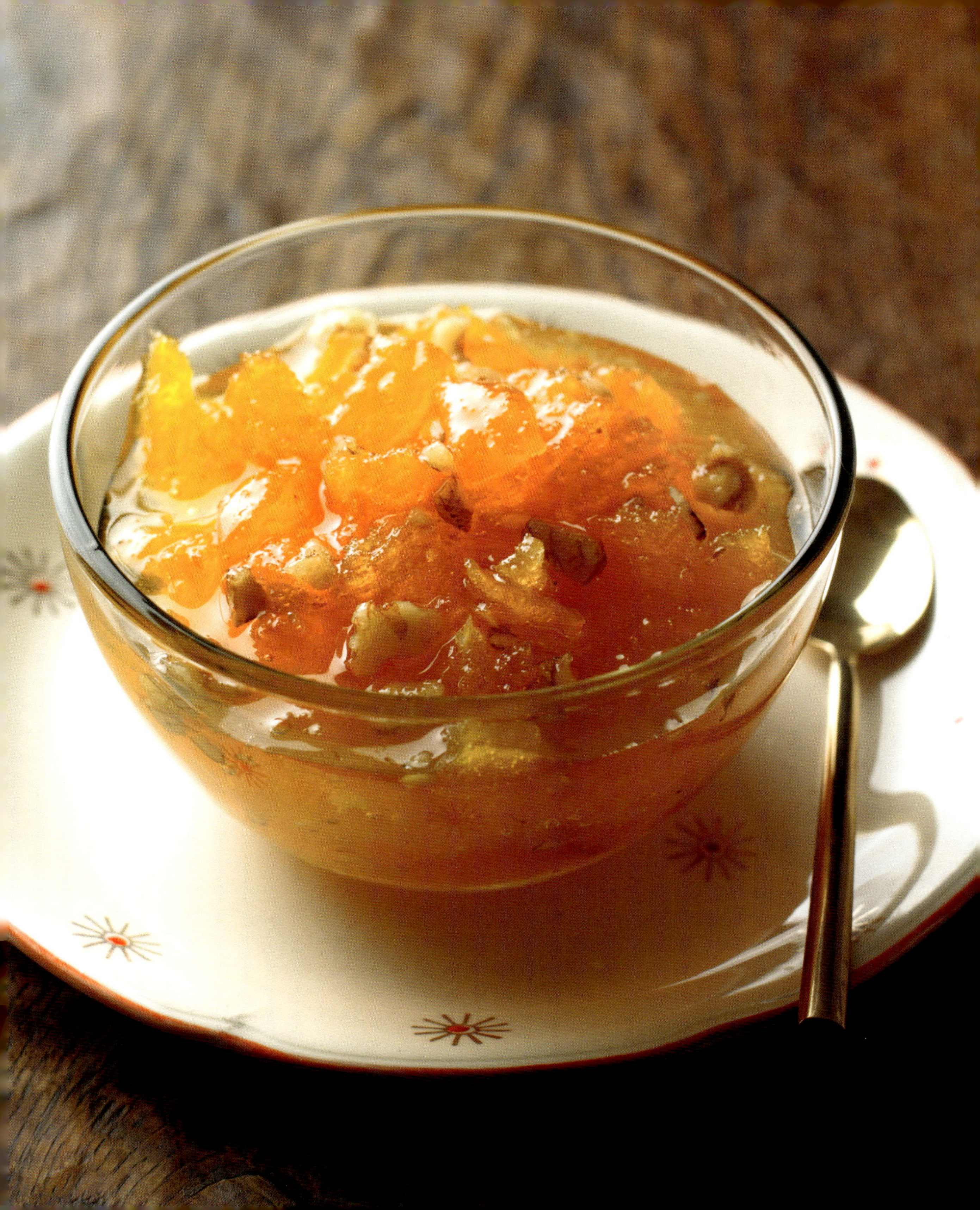

ミントを少し加えるだけで、甘い深紅のジャムにほんのりさわやかさが広がります。お酒を少し足したい場合や、より豊かな味わいを楽しみたい場合は、瓶に詰める前にキルシュ酒を大さじ1加えます。

ラズベリーとミントのプレザーブ

出来上がり：約900g（中瓶3個）

所要時間：45分（漬ける時間を除く）

保存期間：9か月

材料

ラズベリー：675g

グラニュー糖：500g

生のミント：1つかみ（細かくみじん切りにしたもの）

レモン果汁：1個分

1 大きなボウルにフルーツと砂糖をまんべんなく入れ、蓋をかぶせ、数時間から一晩ほど室温に置きます。

2 フルーツ、砂糖、ミント、レモン果汁をジャム鍋（もしくは底の厚い大きなソースパン）に入れ、ラズベリーから水気が出て崩れ始めるまで弱火で5〜8分煮ます。

3 火を強めて沸騰させ、ぐつぐつ煮立てて5〜10分もしくは凝固し始めるまで煮続けます。凝固が速いので、目を離さないようにします。スプーンテストは頻繁に行います。テストを行う際は、鍋を火から下ろします（p89）。

4 殺菌をした温かい瓶にジャムを注ぎます。丸いワックスペーパーの蓋を乗せ、密封し、ラベルを貼ります。冷暗所に保管し、開封後は冷蔵庫で保存します。

ブルーベリーとレモンとライムのプレザーブ

　ゆるめにつくられたおいしいプレザーブです。寝起きの味蕾をさわやかに起こす、朝向きの一品です。柑橘類に対するベリーの割合を増やしたい場合は、瓶に詰める前にカシスを大さじ1加えるとよりおいしくなるでしょう。

出来上がり	約900g（中瓶3個）
所要時間	45分（漬ける時間を除く）
保存期間	6か月

材料

ブルーベリー	600g
グラニュー糖	600g
高ペクチン・ストック*	大さじ3〜4

※あるいは上記2品の代わりにジャム用砂糖（凝固が早い）：600g

有機栽培レモンの皮すりおろし	2個分
有機栽培レモンの実：2個分（ジャムにわたが入るのが気にならなければつけておく）	
有機栽培ライムの皮すりおろし	2個分
有機栽培ライムの実：2個分（ジャムにわたが入るのが気にならなければつけたままにしておく）	

*p90〜91参照

1 フルーツと砂糖を大きなボウルにまんべんなく入れ、蓋をかぶせ、数時間から一晩室温に置いておきます。

2 ブルーベリー、砂糖（使用する場合はペクチン・ストックも）、レモンとライムの皮と実をジャム鍋（もしくは底の厚い大きなソースパン）に入れます。弱火で6〜8分煮ます。

3 火を強めて沸騰させ、10〜15分もしくは凝固し始めるまで煮続けます。スプーンテストをするときは鍋を火から下ろします（p89）。

4 殺菌をした温かい瓶にジャムを注ぎます。丸いワックスペーパーの蓋を乗せ、密封し、ラベルを貼ります。冷暗所に保管し、開封後は冷蔵庫で保存します。

ライム
有機栽培のライムとは、収穫後に薬品やワックスの処理がされないものを指し、皮をレシピで使う場合におすすめです。持ったときに重く感じるライムを選び、冷蔵庫で保存します。

アメリカンチェリーの旬は短いので、リッチな味わいのチェリー・プレザーブは、十分につくりがいのあるものです。出来上がりはゆるめになるので、火を通しすぎないように気をつけないと、実が崩れすぎてしまいます。最後に加えるカシスが、味に素晴らしい深みを与えます。

アメリカンチェリーとカシスのプレザーブ

出来上がり：約1.1kg（中瓶3個と小瓶1個）
所要時間：50分（漬ける時間は除く）
保存期間：9か月

材料

アメリカンチェリー：600g（種を取ったもの）
グラニュー糖：300g
高ペクチン・ストック*：大さじ3～4
※あるいは上記2品の代わりにジャム用砂糖（凝固が早い）：300g
バニラ抽出液：大さじ1
レモン果汁：2個分
カシス：大さじ4

*p90～91参照

1. フルーツと砂糖を大きなボウルにまんべんなく入れ、蓋をかぶせ、数時間から一晩室温に置いておきます。

2. ブルーベリー、砂糖（使用する場合はペクチン・ストックも）、バニラ、レモン果汁をジャム鍋（もしくは底の厚い大きなソースパン）に入れます。チェリーがやわらかくなるまで弱火で15分ほど煮ます。

3. 火を強めて沸騰させ、5～8分もしくは凝固し始めるまで続けます。スプーンテストをするときは鍋を火から下ろします（p89）。

4. カシスを混ぜ入れ、殺菌をした温かい瓶にジャムを注ぎます。丸いワックスペーパーの蓋を乗せ、密封し、ラベルを貼ります。冷暗所に保管し、開封後は冷蔵庫で保存します。

このプレザーブは、まさに晩夏の味を楽しめる一品です。レモンやオレンジの皮をすりおろし、わずかな酸味を加えたい場合、手順2でほかの材料と一緒にジャム鍋に入れます。トーストに塗ったり、甘いパイに添えれば最高です。

ブラックベリーとリンゴのプレザーブ

出来上がり：約900g
所要時間：50分（漬ける時間を除く）
保存期間：6か月

材料
ブラックベリー：300g
調理用リンゴ：300g（皮をむき、粗くみじん切りにしたもの）
グラニュー糖：500g
レモン果汁：1個分

1. 大きなボウルにフルーツと砂糖をまんべんなく入れ、蓋をかぶせ、数時間から一晩ほど室温に置いておきます。

2. フルーツ、砂糖、ミント、レモン果汁をジャム鍋（もしくは底の厚い大きなソースパン）に入れ、果肉がやわらかくなるまで弱火で煮ます。

3. 火を強めて沸騰させ、ぐつぐつ煮立てて10〜15分もしくは凝固し始めるまで続けます。凝固が速いので、目を離さないようにします。火を通しすぎるとジャムのようになってしまうので、気をつけてください。スプーンテストを行う際は、鍋を火から下ろします（p89）。

4. 殺菌をした温かい瓶にジャムを注ぎます。丸いワックスペーパーの蓋を乗せ、密封し、ラベルを貼ります。冷暗所に保管し、開封後は冷蔵庫で保存します。

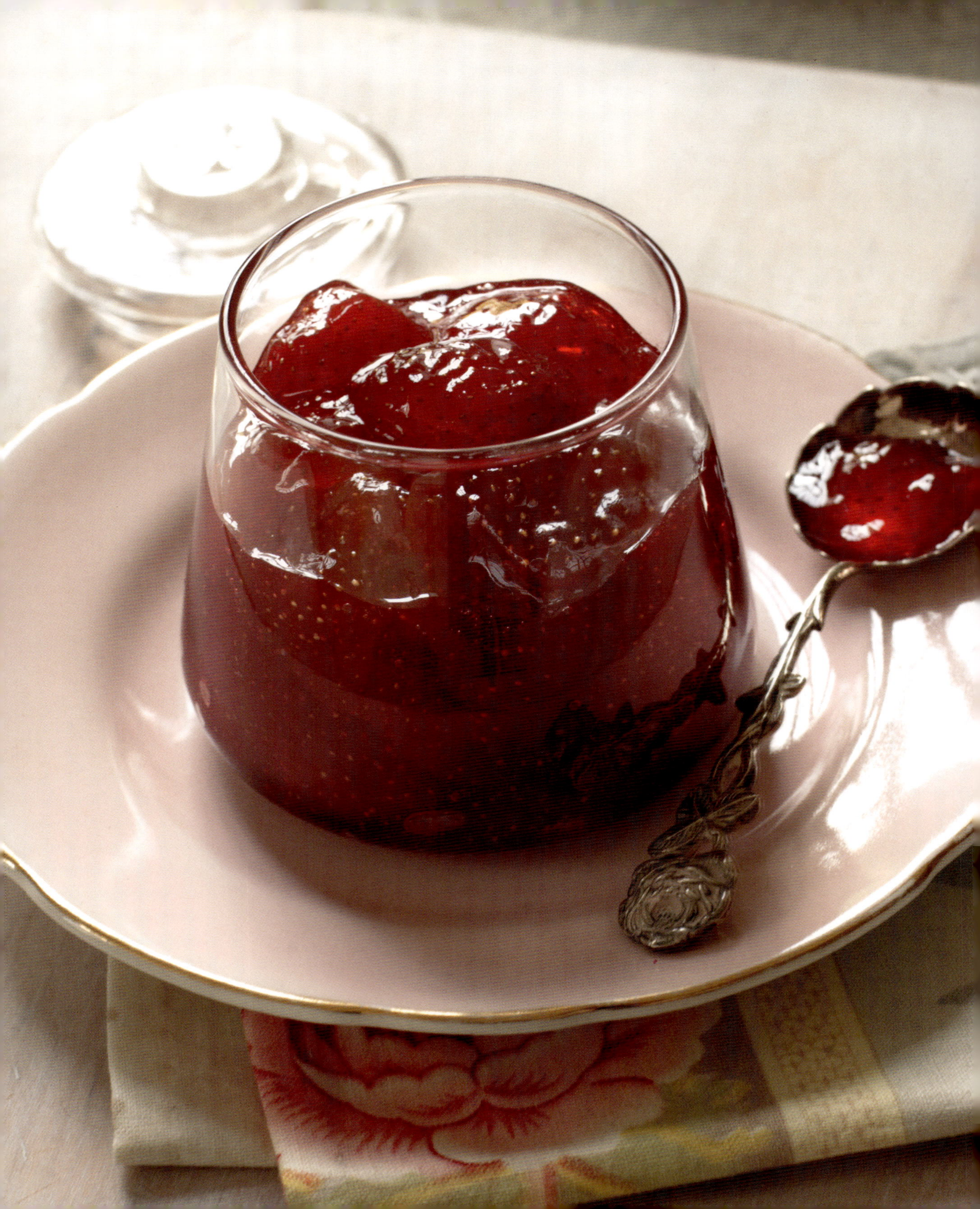

イチゴのプレザーブ

この、やわらかな定番のプレザーブをつくるには、旬のみずみずしいイチゴをまるごと使う必要があります。果実を最初に砂糖に漬けることによって、水分を引き出し、煮崩れを防ぎます。こっくりとした生クリームに添えて、スコーンと一緒にいただく味は至福の一品です。

出来上がり：約1kg
所要時間：45分（漬ける時間は除く）
保存期間：6か月

材料

イチゴ：900g	
グラニュー糖：900g	
レモン果汁：1個分	
ライム果汁：1個分	

1 大きなボウルにイチゴと砂糖をまんべんなく入れ、蓋をかぶせ、数時間から一晩ほど室温に置きます。

2 フルーツと砂糖をジャム鍋（もしくは底の厚い大きなソースパン）に入れ、砂糖が溶けるまで絶えずかき混ぜながら、弱火で煮ます。その後、ことことと5分ほど沸騰させますが、果肉がやわらかくなるも、煮崩れない程度まで煮ます。鍋を火をから下ろし、モスリン布などをゆるくかぶせ、鍋ごと一晩おきます。

3 モスリン布を取り、再び火にかけ、レモン果汁とオレンジ果汁を混ぜ入れた後、沸騰させます。弱火で10〜15分もしくは重たくなり凝固し始めるまで煮ます。途中で出てくるアクは、アク取りで除きます。スプーンテストを行う際は、鍋を火から下ろします(p89)。

4 殺菌をした温かい瓶にジャムを注ぎます。丸いワックスペーパーの蓋を乗せ、密封し、ラベルを貼ります。冷暗所に保管し、開封後は冷蔵庫で保存します。

ゼリーに最適なフルーツ

プレザーブの女王ともいえるゼリーですが、使うフルーツはみずみずしいものかペクチンの多いものか、できれば両方兼ね備えたものが望ましいです。ここで挙げたフルーツは、その条件を満たすものばかりです。見事なゼリーの数々に、胸を張りたくなることでしょう。

ブドウ
繊細で甘いゼリーができます（ペクチン量はものによって異なるので、有機栽培のレモンを刻んで入れるとよいです）。クローブやカルダモンなど香りの良いスパイスで風味を加え、レモンの代わりにライムを使うのもよいでしょう。

イチゴ
フルーティで繊細なゼリーができます（ペクチン量を増やすためにレモンかライムを刻んで入れます）。熟したみずみずしい実を選び、バジルなどで味付けします。

ブラックベリー
秋の定番ゼリーと言えばブラックベリーとリンゴ（必要なペクチンも含んでいます）です。栽培したものでも野生のものでも、丸々とした深い紫色の実を選び、シナモンやクローブ、オールスパイスで風味づけします。

クラブアップル
ペクチン量が多いクラブアップルは、甘い保存食でもおかずの保存食でも、リンゴの代わりの材料として使えます。垣根から摘んできたほかの果実と合わせても美味です。

セイヨウカリン
秋の果物であるセイヨウカリンは、昔からゼリーにされることの多いフルーツでした。果肉が茶色くやわらかくなり成熟したら摘みます。まろやかで、ほんのりワインの香りがするゼリーができます。

アカスグリ
このベリーは最高のゼリーになると言っても過言ではありません。色は澄み、完璧なまでに均一で、非常にフルーティなものが出来上がります。イチゴなど、ペクチンが少なく繊細な味のするフルーツとも使われます。

ブラックカラント
すぐに粘りが出る、香り豊かな素晴らしいゼリーをつくるには、ブラックカラントを使います（ベストな状態でなくてもよく、熟成が進んでいても大丈夫です）。カシスを加えると、さらに贅沢な味わいになります。

唐辛子
現代的なおかず用ゼリーに使われる唐辛子は、リンゴなどのフルーツ・ゼリーにも燃えるような刺激を加えます。様々な種類の乾燥唐辛子で試してください。

クランベリー
最高においしい冬のゼリーをつくるなら、クランベリーを使いましょう。リンゴやオレンジ、シナモンなどとも好相性です。

リンゴ
ハーブを使ったゼリーならあらゆるものと相性が良いフルーツです。ラベンダーやレモングラス、レモンバーベナなど意外性のある材料とも合います。酸っぱいリンゴや、風で落ちたリンゴ（ペクチンが多いもの）を選び、芯も使います。

ラズベリー
透明でフルーティなゼリーができます。香りをつける場合は、ローズペタルやローズウォーターが合います。ペクチンを増やしたいときは、リンゴやレモン、アカスグリと煮込みます。

マルメロ
これも昔からゼリーに使われるフルーツです。リンゴやセイヨウナシに似た独特の風味があります（リンゴやセイヨウナシとの相性は抜群です）。皮が黄色くなり芳香を放つまで待ちます。

ほかにおすすめの食材

フルーツ
- ボイセンベリー
- ダムソン
- グースベリー
- ローガンベリー
- 桑の実
- ネクタリン（熟したもの）
- モモ（熟したもの）
- プラム（各種）
- タイベリー
- シロスグリ

野生のフルーツ
- ローズヒップ
- ローワンベリー
- スロー

野菜
- 赤パプリカ
- トマト

ゼリーのつくり方

　この、宝石のような美しいプレザーブはフルーツの搾り汁からつくられます。赤いブドウを使うと、ローストチキンやチーズにぴったりの、ガーネット色の繊細なゼリーができます。半量でつくることもできます。

ブドウとレモンとクローブのゼリー

出来上がり：約1kg（中瓶3個）

所要時間：50分〜1時間（ジュースをこす時間は除く）

保存期間：12か月

材料

赤いブドウ：1.5kg（熟しきっていないもの、種はつけたままにする）

有機栽培レモン：1個（洗ったもの）

グラニュー糖：750g（手順参照）

クローブ：小さじ1／2

ゼリーづくりのヒント

　熟しきっていない状態の完璧な果実を使います。香りを最大限に引き出すため、固まるまでの煮詰め時間は最短にします。時間をかけすぎるとゼリーが固まらなくなってしまう可能性があります。

　濾した後のジュース量は毎回違うので、それに合わせて砂糖の量も変えます。

　ペクチン量も毎回違います。凝固に必要なペクチンを確保するため、レモンを刻んで入れるか、濾した後のジュースでテストします（p90）。必要なペクチン量があと少しだった場合、ジュースを弱火で煮詰めて再度テストを行います。全く足りない場合はジャム用砂糖を使います。

1 ブドウを洗い、粗く刻み、ジャム鍋（もしくは底の厚い大きなソースパン）に入れます。レモンを刻んで鍋に入れ、水300mLを加えます。

2 鍋が沸騰したら、蓋をし、弱火で35〜40分煮ます。やわらかくなり汁気が出てきたら、木べらの背で押しつぶし、どろどろにします。

3 ゼリー袋か清潔なナイロンざるを使い、ジュースをきれいなボウルに濾過します。ジュースが出なくなるまで、自然に落下させます。手で絞っても良いですが、その場合出来上がりは透明ではなく、濁ったゼリーになります。

ゼリーのつくり方　139

4 濾したジュースの量を測り、使う砂糖を決めます。ジュース600mLごとに砂糖450gが目安です。

5 ジュースと砂糖、クローブをジャム鍋に入れ、砂糖が溶けるようにかき混ぜながら、弱火で沸騰させます。その後5～10分ほど凝固し始めるまでぐつぐつ煮立てます。

6 鍋を火から下ろしてスプーンテストを行います(p89)。お好みで、クローブをおたまなどですくい出し、アクを取り除きます。

7 殺菌した温かい瓶にゼリーを注ぎます。丸いワックスペーパーの蓋を乗せ、密封し、ラベルを貼ります。冷暗所に保管し、開封後は冷蔵庫で保存。

この美しく、透明な深紅のゼリーは凝固させるのも簡単です。クランベリーに含まれるペクチンが多いからです。甘すぎず、濁りのないフルーツらしい酸っぱさは、鶏肉や豚のソーセージ、ハムなどと相性抜群です。開封後は、冷蔵庫で保存すれば3週間もちます。

クランベリー・ゼリー

出来上がり：約400g（小瓶2個）

所要時間：1時間10分（ジュースを濾す時間は除く）

保存期間：6〜9か月

材料

クランベリー（生でも冷凍でも可）：500g（茶色く変色した部分や縮んだ部分は取り除く）

レモン果汁：大さじ1

グラニュー糖：500g（手順参照）

1. クランベリーと水600mL、レモン果汁をジャム鍋（もしくは底の厚い大きなソースパン）に入れ、中火で沸騰させます。

2. 火を弱め、蓋をし、クランベリーがやわらかくなるまで25〜30分ことこと煮ます（冷凍クランベリーを使う場合、やわらかくなるのが速いです）。その後、マッシャーかフォークで、クランベリーがどろどろになるまでつぶします。

3. 大きいボウルの上に、目の細かいざるかゼリー袋をかぶせ、数時間から一晩かけてジュースができるまで鍋の中身を濾します。

4. 濾したジュースの量を測り、それをもとに砂糖の量を決めます（ジュース600mLごとに砂糖450g）。ジュースをきれいなジャム鍋（もしくは底の厚い大きなソースパン）に入れ、砂糖を加え、溶けるまでやさしくかき混ぜます。

5. 沸騰させ、そのまま10〜15分しっかり煮ます。鍋を火から下ろしてスプーンテストを行います（p89）。アク取りで表面のアクを取り除き、ゼリーが固まり始める前に、ただちに殺菌をした温かい瓶にゼリーを注ぎます。丸いワックスペーパーの蓋を乗せ、密封し、ラベルを貼ります。冷暗所に保管し、開封後は冷蔵庫で保存します。

アカスグリのゼリー

この、素晴らしい色を持ったゼリーをつくるのに材料は2つしか使いません。アカスグリはペクチンが多いので、ゼリーとしてよく固まります。しかしすぐに固くなりすぎるので、スプーンテストを行う際は、1〜2分の間にすばやく行います。ローストラムに添えると絶品です。

出来上がり：約1kg（中瓶3個）
所要時間：30〜45分（ジュースを濾す時間は除く）
保存期間：6〜9か月

材料
アカスグリ：900g
グラニュー糖：約900g（手順参照）

1. アカスグリを柄ごと、水600mLとともにジャム鍋（もしくは底の厚い大きなソースパン）に入れ、中火で沸騰させます。

2. 火を弱め、蓋をし、アカスグリがやわらかくなるまでことこと10分煮ます（冷凍クランベリーを使う場合、やわらかくなるのが速いです）。その後、マッシャーかフォークで、アカスグリがどろどろになるまでつぶします。

3. 大きいボウルの上に、目の細かいざるかゼリー袋をかぶせ、数時間から一晩かけてジュースができるまで鍋の中身を濾します。

4. 濾したジュース（900mL〜1200mLほどあるはずです）の量を測り、それをもとに砂糖の量を決めます（ジュース600mLごとに砂糖450g）。ジュースをきれいなジャム鍋（もしくは底の厚い大きなソースパン）に入れ、砂糖を加え、溶けるまでやさしくかき混ぜます。

5. 沸騰させ、凝固し始めるまで10〜20分ぐつぐつ煮立てます（10分たったころからスプーンテストを始めます）。スプーンテストを行う際は、鍋を火から下ろします（p89）。殺菌した温かい瓶にゼリーを注ぎます。丸いワックスペーパーの蓋を乗せ、密封し、ラベルを貼ります。冷暗所に保管し、開封後は冷蔵庫で保存します。

赤が点々と映える宝石のようなこのゼリーは、チーズやラムなど、食欲をそそるあらゆる料理に合わせることができ、燃えるような刺激を味に加えます。調理用の酸っぱいリンゴ（ペクチンが最も多いタイプ）を使います。唐辛子はフレーク状のものでも、粉状のものでも、お好みのものを使ってください。

唐辛子ゼリー

道具：	ゼリー袋もしくはモスリン袋
出来上がり：	約450g（小瓶2個）
所要時間：	1.5時間（ジュースを濾す時間は除く）
保存期間：	9か月

材料

酸っぱい料理用リンゴ：675g（皮つき、ざっくり切ったもの）

グラニュー糖：675g（手順参照）

レモン果汁：1個分

唐辛子フレーク：大さじ1〜2（お好みの辛さで）

1 切ったリンゴは、芯も種もジャム鍋（もしくは底の厚い大きなソースパン）に入れます。冷水1.7Lを入れ、沸騰させたら、リンゴが完全に煮崩れるまで弱火で30〜40分煮ます。マッシャーやフォークなどで少しつぶしておきます。

2 ゼリー袋かモスリン布を大きなボウルにかぶせ、どろどろになったリンゴをスプーンなどですくい入れます。一晩かけてジュースを自然に濾します。透明で美しいゼリーを目指すのであれば、ジュースを手で絞り出すのは控えます。

3 濾したジュースの量（1.7Lほどあるはずです）を測り、それをもとに砂糖の量を決めます。ジュース600mLごとに砂糖450gです。ジュースをきれいなジャム鍋（もしくは底の厚い大きなソースパン）に入れ、沸騰させたら、砂糖とレモン果汁を加えます。砂糖が溶けるまでかき混ぜたら、ぐつぐつ煮立てながら、表面のアクを取ります。絶えずかき混ぜ、ゼリーが凝固し始めるまで20〜30分ほど煮続けます。スプーンテストを行う際は、鍋を火から下ろします（p89）。

4 10分ほど冷ましてから、唐辛子のフレークを混ぜ入れます。殺菌した温かい瓶にゼリーを注ぎます。丸いワックスペーパーの蓋を乗せ、密封し、ラベルを貼ります。冷暗所に保管し、開封後は冷蔵庫で保存します。

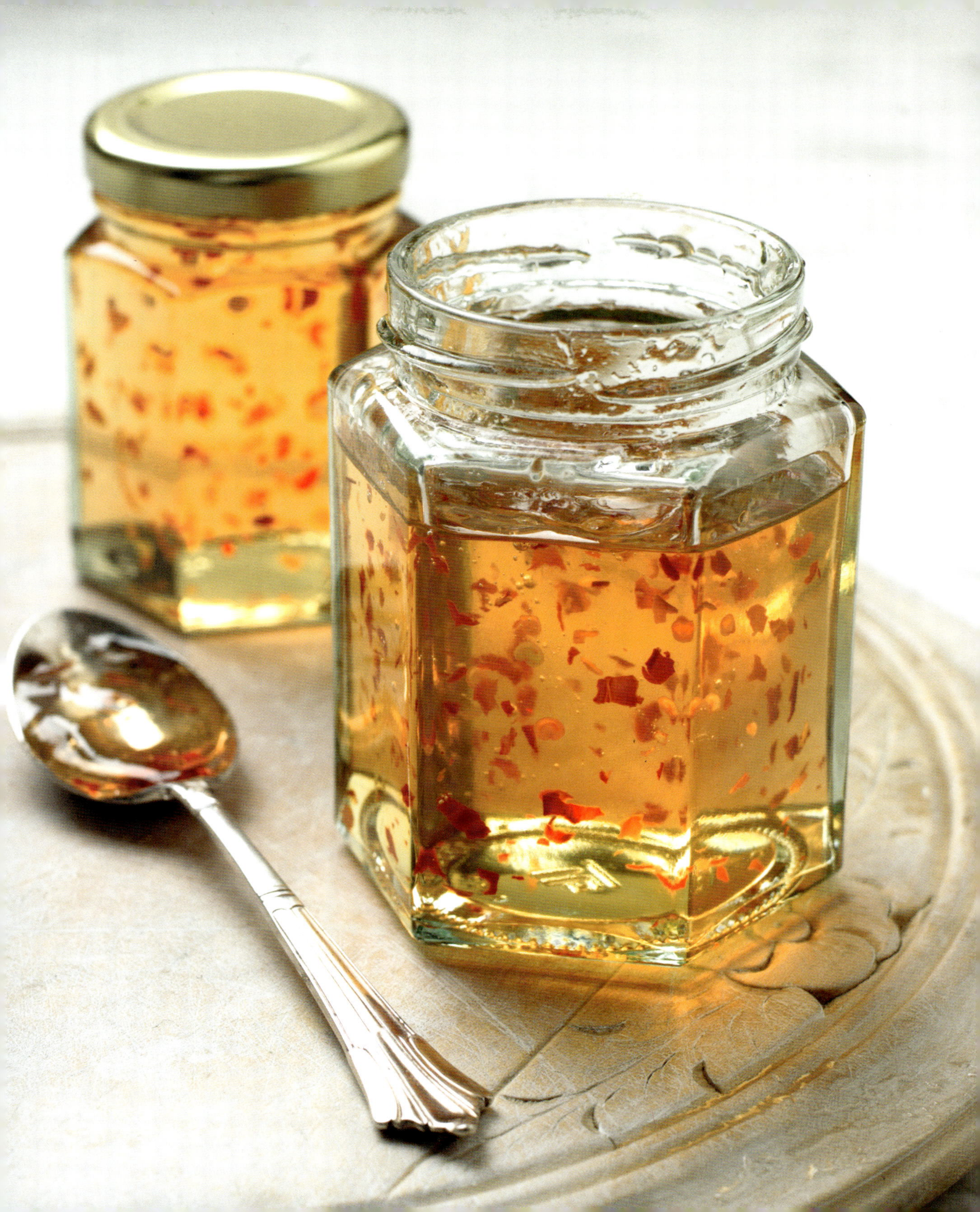

このゼリーは、クラブアップルがたくさん採れる秋につくります。ローズマリーやスターアニスなど香りものを入れることもできます。その場合は手順1で混ぜます。ローワンベリーやローズヒップと混ぜることもできます。鶏肉や豚肉のローストと合うゼリーです。

クラブアップル・ゼリー

出来上がり：約1.35kg（中瓶4個）
所要時間：1時間（ジュースを濾す時間は除く）
保存期間：9か月

材料

クラブアップル：1.1kg（洗ってざっくり切ったもの。種や柄はつけたままにする）
有機栽培レモンの皮：1個分（皮は洗い、薄くはぐ）
グラニュー糖：900g〜1.1kg（手順参照）

1 クラブアップルは、種と柄ごとジャム鍋（もしくは底の厚い大きなソースパン）に入れます。水1.4Lを入れ、レモンの皮を加えます。弱火で30分ほど、クラブアップルがやわらかくどろどろになるまで煮ます。

2 大きく清潔なボウルにナイロン製のざるを乗せ、どろどろになったクラブアップルを入れ、濾します。手で押して、ジュースを濾し出しても良いですが、透明で美しいゼリーを目指す場合は一晩かけて自然落下させます。

3 濾したジュースの量を測り、それをもとに砂糖の量を決めます。ジュース600mLごとに砂糖450gです。ジュースをきれいなジャム鍋（もしくは底の厚い大きなソースパン）に入れ、中火で沸騰させます。そこに砂糖を加え、溶けるまでかき混ぜます。そこから沸騰させ、10分ほど凝固し始めるまでぐつぐつ煮立てます。スプーンテストを行う際は、鍋を火から下ろします（p89）。

4 表面のアクを取ったら、殺菌した温かい瓶にゼリーを注ぎます。丸いワックスペーパーの蓋を乗せ、密封し、ラベルを貼ります。冷暗所に保管し、開封後は冷蔵庫で保存します。

リンゴとシードルとセージのゼリー

　茶色くなるまで火を通したリンゴは、シードルとセージとの相性が良く、際立ったゼリーをつくることができます。みんなの大好物になることでしょう。良質でアルコール度の強いシードル(お好みで有機栽培のもの)を使います。ローストポークやソーセージに添えると特においしいゼリーです。

出来上がり	約1.25kg(中瓶4個)
所要時間	1.5時間(ジュースを濾す時間は除く)
保存期間	9か月

材料

調理用のリンゴ	450g(ざっくり切ったもの)
有機栽培レモンの皮	1個分(洗ってざっくり切ったもの)
グラニュー糖	900g(手順参照)
辛口のシードル	600mL
セージの葉	25g(細かいみじん切り)

1 リンゴとレモンをジャム鍋(もしくは底の厚い大きなソースパン)に入れ、水600mLを入れます。沸騰させたら蓋をずらして乗せ、リンゴが重たくなるまで20〜30分ことこと煮ます。マッシャーかフォークで軽くつぶします。

2 大きく清潔なボウルにナイロン製のざるを乗せるか、ゼリー袋をかぶせ、リンゴを濾します。手で押して、ジュースを濾し出してもいいですが、透明で美しいゼリーを目指す場合は、一晩かけて自然落下させます。

3 濾したジュースの量を測り、それをもとに砂糖の量を決めます。ジュース600mLごとに砂糖450gです。ジュースをきれいなジャム鍋(もしくは底の厚い大きなソースパン)に入れ、シードルとセージを加え、ことこと音がするまで煮ます。そこに砂糖を加え、溶けるまでかき混ぜます。沸騰させたら火を弱め、凝固し始めるまで20分ことこと煮ます。スプーンテストを行う際は、鍋を火から下ろします(p89)。

4 10分ほど冷まします(セージが均等に広がるのを確認します)。殺菌した温かい瓶にゼリーを注ぎます。丸いワックスペーパーの蓋を乗せ、密封し、ラベルを貼ります。冷暗所に保管し、開封後は冷蔵庫で保存します。

セージ
常緑の植物で、葉の色は灰色がかった緑、紫、まだらが入ったものなど様々です。ゼリーの風味を洗練させる、独特の香りを持ちます。

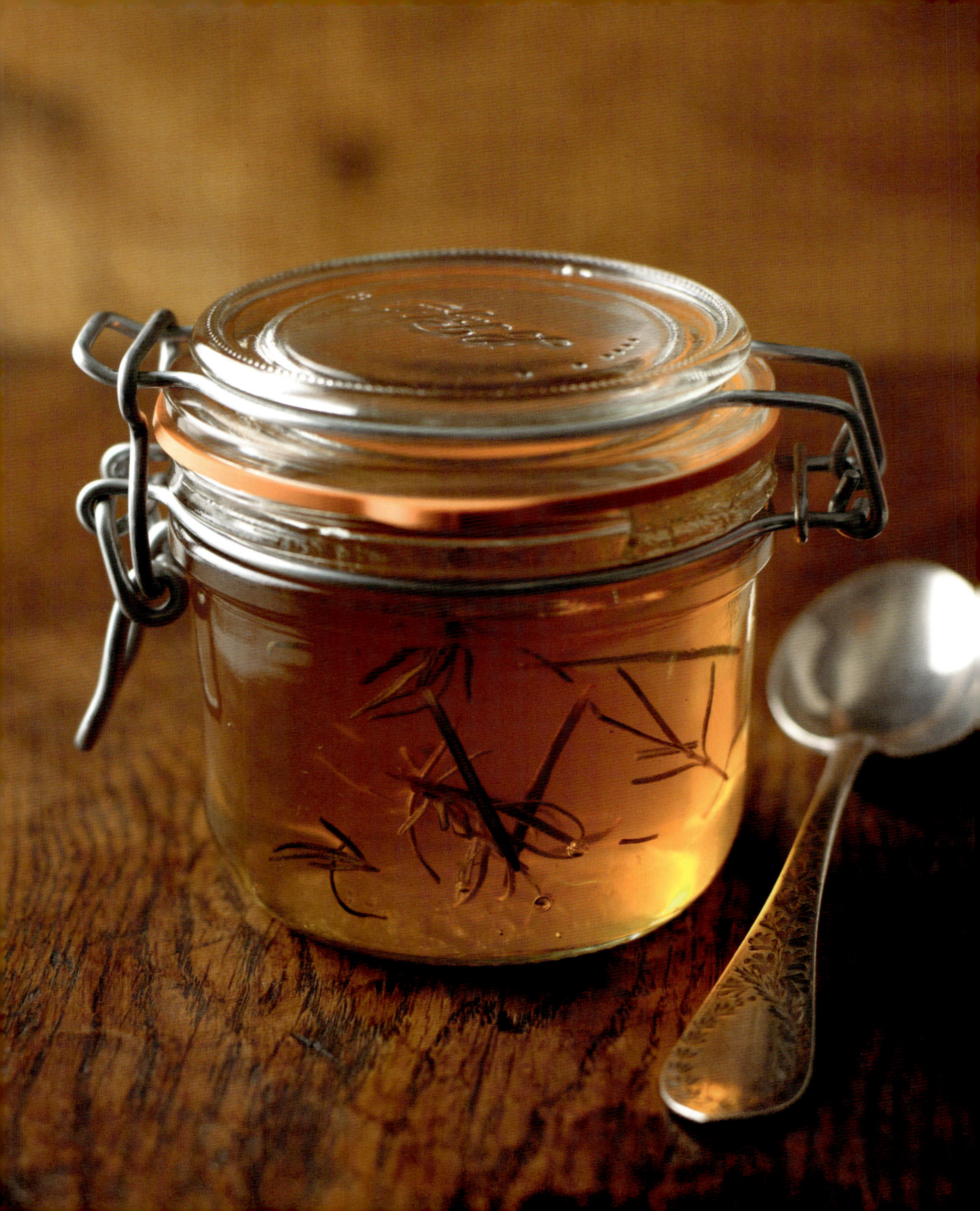

ハーブをゼリーにすると、素材の味をまるごと閉じ込めることができます。タラゴンのゼリーはローストチキンとの相性が抜群で、セージのゼリーはローストポークとのマリアージュを楽しむことができます。このローズマリーのゼリーは、ラムとの相性が良いです。半量にしてつくることもできます。

ローズマリー・ゼリー

道具：ゼリー袋もしくはモスリンの袋
出来上がり：約2kg（中瓶6個）
所要時間：1.5時間（ジュースを濾す時間は除く）
保存期間：9か月

材料
ローズマリー：1つかみ（枝ごと）
調理用のリンゴ：900g（ざっくり切ったもの）
グラニュー糖：900g（手順参照）
レモン果汁：1個分

1 オーブンを150℃に予熱します。ローズマリーの葉を枝から取ります。枝は後で使用します。ベーキングシートを敷いた天板の上にローズマリーの葉をまんべんなく散らし、オーブンに30〜40分入れ、乾燥させます。乾燥した葉は、まとめて置いておきます。

2 切ったリンゴは、芯と種ごとジャム鍋（もしくは底の厚い大きなソースパン）に入れます。水1.2Lとローズマリーの枝を加えます。沸騰させたら、リンゴがどろどろになるまで30〜40分煮ます。リンゴはマッシャーかフォークで軽くつぶします。

3 大きく清潔なボウルにゼリー袋をかぶせるか、モスリン布を張ったざるを乗せ、一晩かけて濾します。濾したジュースの量を測り、砂糖の量を決めます。ジュース600mLごとに砂糖450gです（ジュースは1.2Lほどできるはずです）。

4 濾したジュース、砂糖、レモン果汁、乾燥させたローズマリーの葉をジャム鍋に入れ、中火にかけます。砂糖が溶けるまでかき混ぜます。そこから沸騰させ、凝固し始めるまで20分ほどぐつぐつ煮立てます。スプーンテストを行う際は、鍋を火から下ろします（p89）。

5 10分ほど冷まします（ローズマリーが均等に広がるのを確認します）。殺菌した温かい瓶にゼリーを注ぎます。丸いワックスペーパーの蓋を乗せ、密封し、ラベルを貼ります。冷暗所に保管し、開封後は冷蔵庫で保存します。

ローズマリー
地中海沿岸で昔から使われてきたハーブです。ローズマリーのエッセンシャルオイルが最もおいしくなる夏に、若い枝を摘みます。

フルーツ・チーズ、フルーツ・バター、カード
に最適なフルーツ

　食材がおいしく、豊富にあるということが大切です。一風変わった味をつけたり、香りのよいリキュールを足して、味を洗練させることもできます。

レモン
カードと言えばレモンですし、今でも一番人気のカードはレモンカードです。熟した有機栽培レモンを使って、さわやかで酸っぱいカードをつくります。

プラム
調理用プラムや、「ビクトリア」種など調理・生食両用のプラムで未熟なものを選び、秋らしいフルーツ・バターやフルーツ・チーズをつくります。スパイスやオレンジを入れるとアクセントが加わります。

マルメロ
このフルーツは、食感が少しざらざらしています。マルメロでつくったフルーツ・チーズは「メンブリージョ」(p150〜151)と呼ばれ、究極のフルーツ・チーズ(バター)といわれています。

セイヨウナシ
マルメロやリンゴ、クランベリーと合わせてスパイシーなフルーツ・バターやフルーツ・チーズをつくります。そこそこ硬さのある、生食用のセイヨウナシを使い、シナモンやクローブ、粉ジンジャーなどで風味をつけます。

リンゴ
やわらかいフルーツ・バターづくりに最適ですが、マルメロやダムソンと合わせた果肉感たっぷりのフルーツ・チーズにされることも多いです。風で落ちた実や、加熱用のリンゴを使います。

フルーツ・チーズ、フルーツ・バター、カードに最適なフルーツ　149

オレンジ
ブラッド・オレンジでもみかんでも、オレンジはどの種もフルーツ・チーズやフルーツ・バター、カードの味付けに最適です。ダイダイからは、甘酸っぱさが素晴らしい、クリスマスにぴったりの冬のカードができます。有機栽培のオレンジを使いましょう。

ほかにおすすめの食材

【表記】フルーツ・チーズ＝チーズ／フルーツ・バター＝バター／フルーツ・カード＝カード

アプリコット：カード
ブラックカラント：カード
ボイセンベリー：バター、チーズ
グースベリー：カード
グレープフルーツ：バター、チーズ
ブドウ：バター、チーズ
セイヨウスモモ：バター、チーズ
ローガンベリー：バター、チーズ
セイヨウカリン：バター、チーズ
桑の実：バター、チーズ
タイベリー：バター、チーズ

ライム
独特のトロピカルな風味を持つライムは、バターや卵との相性が抜群で、際立ったフルーツ・カードになります。熟した有機栽培ライムを使います。

ブラックベリー
リンゴに熟したブラックベリーを足すと、理想的なフルーツ・バターやフルーツ・チーズ、秋らしいフルーツ・カードができます。

クランベリー
甘酸っぱい風味とガーネットのような色を持つクランベリーを使うと、最高のフルーツ・バターやフルーツ・チーズができます。リンゴや硬めのセイヨウナシと合わせると仕上がりがしっかりします。

ラズベリー
フルーツ・カードは柑橘類を使ってつくられることがほとんどですが、ラズベリーを使うと趣向が変わり、新鮮なおいしさを楽しむことができます。

ダムソン
マルメロ同様、ダムソンからも素晴らしいフルーツ・チーズができます。仕上がりも常に安定していて、凝縮された見事な風味を持っています。

150　甘い保存食

フルーツ・チーズのつくり方

　フルーツ・バターやフルーツ・チーズは、果物を煮詰め、風味を凝縮したピュレです。フルーツ・バターはスプレッドに似たやわらかさがあり、フルーツ・チーズは、ナイフで切れるほど固いものです。マルメロでつくったものは「メンブリージョ」と呼ばれ、素晴らしい味わいを持ちます。

メンブリージョ

出来上がり：約750g～1kg（ラメキン150g×6）
所要時間：1.5時間
保存期間：12か月以上

材料

マルメロ：1kg（よく洗ったもの）
レモン果汁：1/2個分
グラニュー糖：約450g（手順参照）

フルーツ・バター＆フルーツ・チーズ

　フルーツ・チーズづくりにおいて、ピュレの煮詰め工程（手順4）を半分で止めると、フルーツ・バターができます。濃厚でありながら固くなく、スプーンの背を押しつけると、ペーストにくっきり跡が残るくらいのやわらかさが目安です。
　フルーツ・バターもフルーツ・チーズも保存期間が長く、用途も多様です。フルーツ・チーズは薄く切って冷製ハムやチーズに添えたり、食後のデザート代わりにもなります。フルーツ・バターやフルーツ・チーズは、冬ならではの肉の蒸し煮やワイン・ソースに深みを出したり、フルーツ・コンポートに甘味を加えたり、フルーツ・パイやクランブルに風味を加えることもできます。味が凝縮されているので、控えめに使います。

1 マルメロはざっくり切って、水600mLとともにジャム鍋（もしくは底の厚い大きなソースパン）に入れます。レモン果汁を加え、沸騰させたら、30分ことこと煮ます。

2 果肉が十分にやわらかくなったら、マッシャーかフォークでつぶし、どろどろとしたシロップ状にします。一度火から下ろし、冷まします。

3 鍋の中身を数回に分けて、ざるで濾し、大きく清潔なボウルに入れます。ざるで濾すときは木べらを使い、強めにざるに押し当て、なるべく多くのピュレができるようにします（手動の裏濾し器を使ってもよいでしょう）。ピュレの量を測り、砂糖の量を決めます。ピュレ450mLごとに砂糖450gです。

フルーツ・チーズのつくり方　151

4　ピュレと砂糖を鍋に入れ、弱火にかけて砂糖を溶かします。沸騰させたら、45〜60分もしくはそれ以上ことこと煮詰めます。最後のほうは注意しながらかき混ぜ、焦げつかないようにします。

5　ピュレが重たくなり、色が濃くなり、ツヤのあるペーストになります。「ぽちゃ」という音がし、木べらにくっつき、かき混ぜたときに鍋底に木べらの跡が残るようになるのが目安です。

6　殺菌した温かいラメキン型に薄く油を塗ります。ペーストをスプーンですくい入れ、表面を平らにします。ラメキンで保存する場合は、丸いワックスペーパーの蓋を乗せるか、セロファンをかぶせて密封します。そうでない場合は、冷まします。

7　パレットナイフで型から取り出し、ワックスペーパーに包み保存します。冷暗所に4〜6週間ほど置き、熟成させます。

生のクランベリーが手に入らない場合は、冷凍ものを使うこともできますが、生と違って煮ている間に皮がはじけず、火の通りも早いです。甘いスプレッドとして使ったり、おかずに添えたり、殻からむきたてのナッツと食べると美味です。

クランベリーとオレンジのフルーツ・バター

出来上がり：約800g（小瓶4個）
所要時間：50分
保存期間：6か月

材料

クランベリー：450g（生でも冷凍でも可）	
グラニュー糖：350～450g（手順参照）	
バター：約15g（手順参照）	
有機栽培オレンジの果汁：1個分	
有機栽培オレンジの皮すりおろし：1個分（洗ったもの）	

クランベリー
表面に水分がなく、鮮やかな赤色をした実を選びます。干からびたものや、皮に茶色い斑点のあるものは取り除きます。クランベリーは酸味の強いフルーツですが、砂糖と調理することでおいしい風味が出ます。

1 クランベリーは、水300mLとともにジャム鍋（もしくは底の厚い大きなソースパン）に入れ、蓋をして沸騰させます。クランベリーの皮がはじけるので、すべてはじけ終わるまで蓋はしたままにします。

2 蓋を取り、ベリーがやわらかくなるまで10分ことこと煮ます。マッシャーかフォークでつぶし、どろどろにします。

3 鍋の中身を数回に分けて、ざるで濾し、大きく清潔なボウルに入れます。ピュレの量を測り、砂糖とバターの量を決めます。ピュレ600mLごとに砂糖350g、バター15gです。ピュレが酸っぱい場合は、砂糖を450gにします。ピュレ、砂糖、バター、オレンジ果汁、オレンジの皮すりおろしをジャム鍋（もしくは底の厚い大きなソースパン）に入れ、中火にかけます。砂糖が溶けるまでかき混ぜます。

4 鍋を沸騰させたら、ピュレがスプレッドのようなやわらかいペーストになるまで40分ほどことこと煮詰めます。かき混ぜたときに鍋底に木べらの跡が残るようになるのが目安です。

5 殺菌した温かい瓶にすくい入れ、丸いワックスペーパーの蓋を乗せ、密封し、ラベルを貼り、冷暗所で保管します。開封後は冷蔵庫で保存します。

リンゴは、フルーツ・バター、フルーツ・チーズづくりの王道食材であり、そのほんのりとした甘さが、スパイスや柑橘類と好相性です。このスプレッドは甘さが控えめでやわらかく、焼きたてのパンやデザートに合います。

リンゴのフルーツ・バター

出来上がり：約1kg（中瓶3個）
所要時間：2時間25分
保存期間：6か月

材料

調理用リンゴ：900g（ざっくり切ったもの）
オレンジ果汁：1個分
オールスパイス：1つまみ
シナモン（粉）：1つまみ
グラニュー糖：675g

1 リンゴは、水250mLとともにジャム鍋（もしくは底の厚い大きなソースパン）に入れ、沸騰させます。リンゴがやわらかくなるまで10分ほどことこと煮ます。

2 リンゴを数回に分けてざるで濾し、大きく清潔なボウルに入れます。濾したものは、鍋に戻し、オレンジ果汁、スパイス、砂糖を加えます。砂糖が溶けるまで弱火で煮ます。

3 鍋を沸騰させてから、2時間（必要であればそれ以上）ことこと煮込みます。鍋底に焦げつかないように、時折かき混ぜます。

4 出来上がりの目安は、木のスプーンの背に乗せても落ちない程度の重さになることか、かき混ぜたときに鍋底に木べらの跡が残ることです。やわらかく、スプレッドに近いペーストを目指します。

5 殺菌した温かい瓶にすくい入れ、丸いワックスペーパーの蓋を乗せ、密封し、ラベルを貼り、冷暗所で保管します。開封後は冷蔵庫で保存します。

ダムソンと言えばフルーツ・チーズの定番です。風味が凝縮され、ツヤがあり、時間とともにおいしくなります。さらなる味わいを加えるには、ローズウォーターを小さじ1～2ほど入れます。スライスして冷製ハムやチーズに添えたり、食後のデザートにします。

ダムソンのフルーツ・チーズ

出来上がり：約400g（ラメキン150g×3）	
所要時間：2～2.5時間	
保存期間：2年	

材料

- ダムソン種のプラム：1kg（種を取って刻んだもの）
- グラニュー糖：手順参照
- バター：15～30g（お好みで）

1 ダムソンは、水300mLとともにジャム鍋（もしくは底の厚い大きなソースパン）に入れ、30～40分ことこと煮ます。ダムソンが重たいどろどろのシロップ状になります。その間、マッシャーかフォークで果肉をつぶします。

2 鍋の中身を数回に分けて、ざるで濾し、大きく清潔なボウルにダムソンのピュレとジュースを集めます。ピュレの量を量り、砂糖とバターの量を決めます。ピュレ600mLごとに砂糖450gです。ピュレが酸っぱい場合は、砂糖を600gにします。

3 ジャム鍋にピュレ、砂糖、お好みでバターを入れます（バターはダムソンの酸っぱさをやわらげます）。弱火にかけ、砂糖が溶かし、軽く沸騰させます。

4 35～45分あるいはそれ以上の時間ことこと煮ます。ピュレが黒に近い紫色になり、ツヤが出て、沸騰すると「ぽちゃ」という音がし、木べらにくっつき、かき混ぜたときに鍋底に木べらの跡が残るようになるのが目安です。

5 殺菌した温かい瓶、ラメキン、もしくは型に薄く油を塗ります。フルーツ・チーズをすくい入れ、表面を平らにします。そのまま保存する場合は、丸いワックスペーパーの蓋を乗せるか、セロファンをかぶせて密閉します。そうでない場合は、パレットナイフで型から取り出し、ワックスペーパーかラップに包み保存します。ラベルを貼り、冷暗所に保管します。食べる前に6～8週間ほど熟成させます。

ダムソン
調理に使うため、表面に独特の白い粉が見えた時点で収穫しても大丈夫です。やや未熟でも使えます。

バターに似たスプレッドです。スポンジケーキに塗ってはどうでしょう？バター・砂糖・レモン果汁に卵を加えるときは、かき混ぜながら入れてください。でないと、スクランブル・エッグ状態になってしまいます。開封後、冷蔵庫に入れたカードは3〜4週間もちます。

レモン・カード

出来上がり：約750g
所要時間：15分
保存期間：6〜9か月

材料

バター：150g
グラニュー糖：450g
有機栽培レモン果汁：4個分
有機栽培レモン皮すりおろし：4個分（総量は350mL）
S／Mサイズ卵：4個（新鮮なもの。軽く溶いたもの）

1 バターをソースパンに入れ、中火で溶かします。そこに砂糖、レモン果汁、レモンの皮すりおろしを加え、砂糖が溶けて均一になるまでかき混ぜます。

2 火を弱め、溶き卵を加えながら、泡だて器で混ぜます。そのままもったりするまで5〜8分ほど混ぜます。

3 殺菌した温かい瓶にすくい入れ、丸いワックスペーパーの蓋を乗せ、密封し、ラベルを貼り、冷暗所で保管します。開封後は冷蔵庫で保存します。

ピールの砂糖漬けの簡単なつくり方

　自宅で漬けたピールは市販のものより風味豊かで、保存料を含まない上、ケーキやデザートに加えるとおいしく、食後のコーヒーと一緒に食べるデザートとしてもぴったりです。ここで紹介するのは柑橘類を使用した方法ですが、ワックスを使っていないフルーツならどれでも応用できます。

柑橘類のピールの砂糖漬け

出来上がり：約225g（小瓶1個）

所要時間：2時間5分（乾燥させる時間を除く）

保存期間：6か月

材料

有機栽培グレープフルーツ：大1個（小さいものなら2個）

有機栽培ピンクグレープフルーツ：1個（または有機栽培のポメロ1個。あるいは、上記3品を組み合わせたもの。すべて洗っておく）

グラニュー糖：手順参照

最後にまぶす粉砂糖：適量

1 鋭いナイフを使い、フルーツの皮が4等分になるように上から切り目を入れ、丁寧にむきます。皮の重量を量ります。皮をソースパンに入れ、かぶるくらいの水を入れ、やわらかくなるまで1時間ほど弱火で煮ます。途中で2〜3回水を取り替えます。

2 皮の水気を切り、内側の白いわたやスジをすべて取り除きます。皮は4等分のままでも、太めに切ってもよいです。

3 皮と同量の重さの砂糖を使います。処理をした皮と砂糖を小さめの鍋に入れ、ひたひたになるくらいの水を注ぎ、弱火にかけ、砂糖が溶けるまでかき混ぜます。沸騰させてから、皮に透明感が出てシロップのほとんどを吸収するまで45分ほどことこと煮ます。

4 鍋から皮を取り出し、クッキングペーパーを敷いた天板などに並べ、室温で24時間もしくはそれ以上置き、乾燥させます。

5 皮が乾いたら粉砂糖を入れたボウルに入れ、全体に砂糖をまぶします。

6 殺菌した瓶に入れ、密封します。冷暗所で保管します。

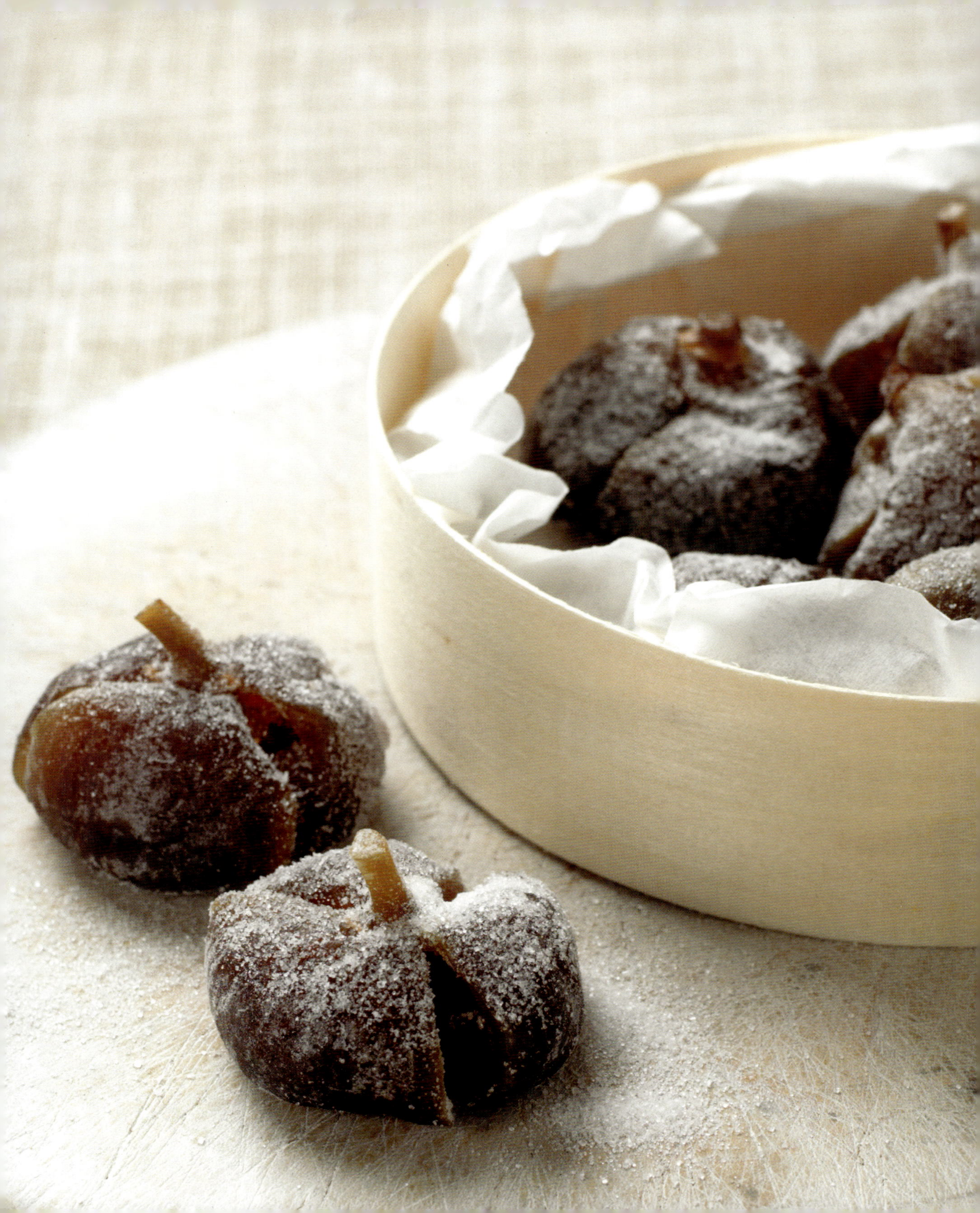

クリスタル・フルーツ

　自家製のクリスタル・フルーツほど見栄えの良いものはありません。アプリコットやアメリカン・チェリー、モモ、セイヨウナシ、イチジクなどを使います。ほどよく熟し、状態の完璧なものを選んでください（皮のやわらかいベリー系は向きません）。

シロップをつくる：フルーツ450gに対して、グラニュー糖175gと水300mLを使います。できればフルーツをゆでたときの水を使います（下記手順参照）。砂糖と水をソースパンに入れ、砂糖が溶けるまで弱火にかけた後、沸騰させます。

シロップに漬ける：フルーツの皮をむき、大きい実は半分に切って、種を取り除きます。アプリコットやアメリカン・チェリー、プラム、セイヨウスモモ、パイナップル、キンカン、イチジクは、実が硬い場合、ちょうどのやわらかさになるまであらかじめゆでておきます。フルーツは浅い耐熱容器に並べ、沸騰させたシロップをかけ、全体が浸るようにします（シロップが足りない場合は、つくり足します）。24時間おきます。シロップを鍋に戻し、グラニュー糖を60g足し、沸騰させたら、再びフルーツにかけ、再度24時間おきます。その後3日間、24時間ごとに同じことを繰り返します。6日目と7日目は、加える砂糖を85gに増やし、同じ工程を繰り返します。

乾燥させる：8日間、シロップ漬け作業を繰り返したら、フルーツを網に並べます。網の下にはトレイを置き、シロップの受け皿にします。低温のオーブン(50～60℃)に入れ、1～2時間もしくはベタつきがなくなるまで加熱します。途中で1度裏返します。

粉砂糖をまぶしたクリスタル・イチジク
仕上げを豪華にするには、フルーツを沸騰させたお湯にくぐらせてから、粉砂糖をまぶします。個々別に紙に包み、箱か缶に入れ、1段ごとにワックスペーパーをはさみます。保存期間は6か月です。

マーマレードづくり

　季節を味わえる朝食の一品として昔から人気があるのがマーマレードです。つくり方はジャムと同じですが、柑橘類特有の素晴らしい風味があります。柑橘類の場合、皮をやわらかくする必要があるので、下ゆでの時間が長めです。

オレンジ・マーマレード

出来上がり：約450g（小瓶2個）
所要時間：1時間45分〜2時間
保存期間：12か月

材料
甘く、大きい有機栽培オレンジ：1kg（よく洗い、柄を取り除いたもの）
有機栽培レモン：2個
グラニュー糖：1kg

マーマレードづくりのヒント

　マーマレードは、ペクチン含有量の多い柑橘類を使いますが、ものによっては酸も高めのことがあります。
　また、仕上がりの温度を間違えやすいので注意します。煮すぎると、硬くなりすぎるだけでなく香りも失われるので、スプーンテストは早めに行います。砂糖は皮を硬くするので、砂糖を入れる前に、皮を十分やわらかく煮込むことが重要です。レモンを加えると安心です。
　マーマレードのレシピは様々ですが、つくり方の要領はどれも同じです。ただし、使用するフルーツが甘いか酸っぱいかによって、砂糖の分量は変わります。

1 オレンジとレモンを半分に切り、果汁を搾り、冷蔵庫に入れます。白いわたや種をモスリン布の中心に置き、小さな袋になるようにひもで縛ります。

2 柑橘類の皮をジャム鍋に入れ、水1.2Lを注ぎ入れます。白いわたや種が入った袋のひもを鍋に縛りつけ、袋を鍋の中に入れます。沸騰させ、軽く蓋をし、1時間もしくはやわらかくなるまでことこと煮ます。

3 ボウルに水切りざるを乗せ、鍋の中身を注ぎます。軽く押さえるようにして、なるべく水分を出します。皮の中身は、スプーンですくい出します。

4 鋭いナイフを使い、皮を同じ厚さにスライスしていきます。薄く切るか厚く切るかはお好みで。レモンの皮も好みによって量を調節してください。

マーマレードづくり 161

5 手順3で出た水分と、手順4でスライスした皮、手順1で取り置いた果汁、砂糖をジャム鍋に入れます。弱火にかけ、砂糖が溶けるまでかき混ぜます。強火にし、5〜20分ほど凝固するまで煮立てます。

6 アクを取り、10〜15分ほどおきます。表面に膜ができ、皮が浮かんでこなくなるはずです。皮が均一に分散するようにかき混ぜてから、殺菌をした温かい瓶にマーマレードを入れます。

7 丸いワックスペーパーの蓋を乗せるか、セロファンと輪ゴムで封をするか、金属の蓋で密封し、ラベルを貼り、冷暗所に保管します。

ダイダイは12月から2月にかけて入手できるフルーツです。風味が見事で、ほんのり苦みのある、甘い正統派のマーマレードをつくることができます。その果肉感は朝食にぴったりで、透明なゼリー部分とたっぷり入った皮がトーストとよく合います。

ダイダイのマーマレード

出来上がり：約1kg（大瓶2個）	
所要時間：2時間15分	
保存期間：12か月	

材料

ダイダイ：1kg（お湯でよく洗い、柄を取り除いたもの）	
有機栽培レモン：大1個（洗ったもの）	
グラニュー糖：1.1kg	

1 オレンジとレモンを半分に切り、果汁を搾り、冷蔵庫に入れます。白いわたや種をモスリン布の中心に置き、小さな袋になるようにひもで縛ります。

2 柑橘類の皮と、白いわたと種を入れたモスリン袋、水1.7Lをジャム鍋（もしくは底の厚い大きなソースパン）に入れます。沸騰させ、軽く蓋をし、1時間もしくはやわらかくなるまでじっくり煮ます。ただしどろどろにならないように注意します。ボウルに水切りざるを乗せ、鍋の中身を入れます。軽く押さえるようにして、なるべく水分を出します。

3 皮の中身は、スプーンですくい出して捨てます。皮は好みの厚さでスライスします。角切りにしてもよいです。

4 ざるで濾した水分と、切った皮、最初に取り置いた果汁をジャム鍋に入れ、砂糖を加えます。弱火にかけ、砂糖が溶けるまでかき混ぜます。強火にし、5〜15分ほど凝固するまで煮立てます。スプーンテストを行うときは、鍋を火から下ろします（p89）。

5 アクを取り、マーマレードに膜が張るまで数分おいたら、皮が均一に広がるように再びかき混ぜます。殺菌をした温かい瓶にマーマレードを注ぎ、丸いワックスペーパーの蓋を乗せ、密封し、ラベルを貼ります。冷暗所に保管し、開封後は冷蔵庫で保存します。

レモンとライムのマーマレード

　これは少し異色なマーマレードのレシピです。最初にレモンとライムの皮でオレンジを煮込むのが特徴です。レモンとライムの組み合わせが、フレッシュ感のあるマーマレードにさらなる風味と、独特の苦みを加えます。

出来上がり：約2kg（中瓶6個）	
所要時間：3時間25分	
保存期間：12か月	

材料

有機栽培レモン：大4個（約550g）（洗ったもの）
有機栽培ライム：大6個（約550g）（洗ったもの）
オレンジ：2個（皮をむいたもの）
グラニュー糖：1kg

1 フルーツの皮は、縦型ピーラーなどを使って、すべてむきます。鋭いナイフを使って、皮から白いわたを取り除き、後で使うために、取り置きます。皮は細かいみじん切りにし、ジャム鍋（もしくは底の厚い大きなソースパン）に入れます。フルーツの実は半分に切り、種を取ります。種と、取っておいた白いわたをモスリン布（もしくは新しく清潔な使い捨てふきん）の中心に置き、小さな袋になるようにひもで縛ります。果肉はざっくり刻んで、ジャム鍋に入れます。

2 鍋に水1.4Lを注ぎ入れ、沸騰させます。その後、皮がやわらかくなるまで1時間ほどことこと煮ます。モスリン袋を取り出し、中の液体を鍋に絞ります。袋は捨てます。

3 砂糖を加え、溶けるまでかき混ぜます。強火にし、沸騰させたら、20分ほど凝固するまでぐつぐつ煮立てます。スプーンテストを行うときは、鍋を火から下ろします（p89）。

4 アクを取り、マーマレードに膜が張るまで数分おいたら、皮が均一に広がるように再びかき混ぜます。殺菌をした温かい瓶にマーマレードを注ぎ、丸いワックスペーパーの蓋を乗せ、密封し、ラベルを貼ります。冷暗所に保管し、開封後は冷蔵庫で保存します。

甘い保存食

フルーツ・チーズと同じ要領でつくる、どっしりとした重みのあるマーマレードです。好みによっては、最初にオレンジとレモンとリンゴをフードプロセッサーにかけてから火にかけるという方法もあります。そうすると、出来上がりがよりなめらかになります。

リンゴとショウガのマーマレード

出来上がり：約1.5kg（中瓶4個と小瓶1個）
所要時間：2時間40分
保存期間：6〜9か月

材料

調理用リンゴ：900g（皮をむき、芯を取り、ざっくり刻んだもの）
有機栽培オレンジ：小2個（洗い、半分に切り、種を取り除いたあと、薄切りにしたもの）
有機栽培レモン：小3個（洗い、半分に切り、種を取り除いたあと、薄切りにしたもの）
グラニュー糖：675g
生のショウガ：2.5cm（皮をむき、すりおろしたもの）

1 リンゴ、オレンジ、レモンをジャム鍋（もしくは底の厚い大きなソースパン）に入れ、水500mLを入れます。沸騰させたら45分〜1時間ほど、皮がやわらかくなるまでことこと煮ます。

2 砂糖を加え、溶けるまでかき混ぜます。ショウガを加えて沸騰させ、中火で1時間ほど煮ます。木べらでかき混ぜたときに、なべ底に跡がはっきり残るほど、マーマレードが重たくなるのが目安です。

3 殺菌をした温かい瓶にマーマレードを注ぎ、丸いワックスペーパーの蓋を乗せ、密封し、ラベルを貼ります。冷暗所に保管し、開封後は冷蔵庫で保存します。

フルーツを3種類組み合わせることで風味のバランスが取れ、色も美しく、ちょうどよい硬さになります。レモンの1つを大きめのライムに変えることで、4種のフルーツ・マーマレードにすることもできます。持ったときずしりと重さのある果実を選びましょう。その方が果肉が多く、わたが少ないのです。

3種のフルーツ・マーマレード

出来上がり：約2.2kg（大瓶5個）
所要時間：2時間15分
保存期間：12か月

材料

有機栽培グレープフルーツ：1個（洗ったもの）
有機栽培オレンジ：1個（洗ったもの）
有機栽培レモン：2個（洗ったもの）
グラニュー糖：1.35kg

1 フルーツを半分に切り、果汁を濾しながら搾り、ジャム鍋（もしくは底の厚い大きなソースパン）に入れます。種は後で使用します。

2 皮に残った果肉をスプーンなどですくいとり、鍋に加えます。皮の内側の薄皮や、白いわた（特に、厚みのあるグレープフルーツの白いわた）を取り、種とともにモスリン布（あるいは使い捨てできる清潔なふきん）の中心に置き、小さな袋になるようにひもで縛ります。

3 フルーツの皮は薄切りにした後、短く切るか、フードプロセッサーで細かいみじん切りにします。それを鍋に加え、水1.7Lとモスリン袋を入れます。沸騰させたら火を弱めて1.5時間、もしくは皮が非常にやわらかくなり、液体が半分に減るまでことこと煮ます。

4 穴あきスプーンを使ってモスリン袋をすくい、鍋肌に押しつけるようにして絞ったら、取り出して捨てます。砂糖を加え、溶けるまで弱火でかき混ぜます。強火にして15分ほど、凝固し始めるまで煮立てます。スプーンテストをするときは、鍋を火から下ろします（p89）。

5 アクを取り、10分ほどおいたら、皮が均一に広がるように再びかき混ぜます。殺菌をした温かい瓶にマーマレードを注ぎ、丸いワックスペーパーの蓋を乗せ、密封し、ラベルを貼ります。冷暗所に保管し、開封後は冷蔵庫で保存します。

クレメンタインと
ウィスキーのマーマレード

ウィスキーの香りが柑橘類の香りを高めるマーマレードです。クレメンタインはペクチン含有率も酸も高くないので、レモンを使って凝固させます。バターを塗った熱々のトーストに乗せたり、少量の水でのばしてホットソースにして冬のプディングに添えて楽しんでください。

出来上がり：約1kg（中瓶3個）
所要時間：1時間15分
保存期間：9か月

材料

有機栽培クレメンタイン：900g（よく洗い、半分に切り、種を取ったもの）
レモン果汁：大2個
グラニュー糖：900g
ウィスキー（お好みでブランデー）：大さじ1～2

1 クレメンタインはフードプロセッサーにかけ、どろどろにしないように注意しながら細かいみじん切りにするか、手で搾って、皮をナイフで細かく刻みます。

2 手順1のフルーツをジャム鍋（もしくは底の厚い大きなソースパン）に入れ、水900mLを注ぎ、沸騰させたら火を弱め、皮がやわらかくなるまで30分もしくはそれ以上ことこと煮ます。

3 レモン果汁と砂糖を加え、弱火にかけ、砂糖が溶けるまで絶えずかき混ぜます。その後、火を強めて沸騰させ、凝固し始めるまで20～30分ほどぐつぐつ煮ます。スプーンテストをするときは、鍋を火から下ろします（p89）。

4 ウィスキーを混ぜ入れ、殺菌をした温かい瓶にマーマレードを注ぎ、丸いワックスペーパーの蓋を乗せ、密封し、ラベルを貼ります。冷暗所に保管し、開封後は冷蔵庫で保存します。

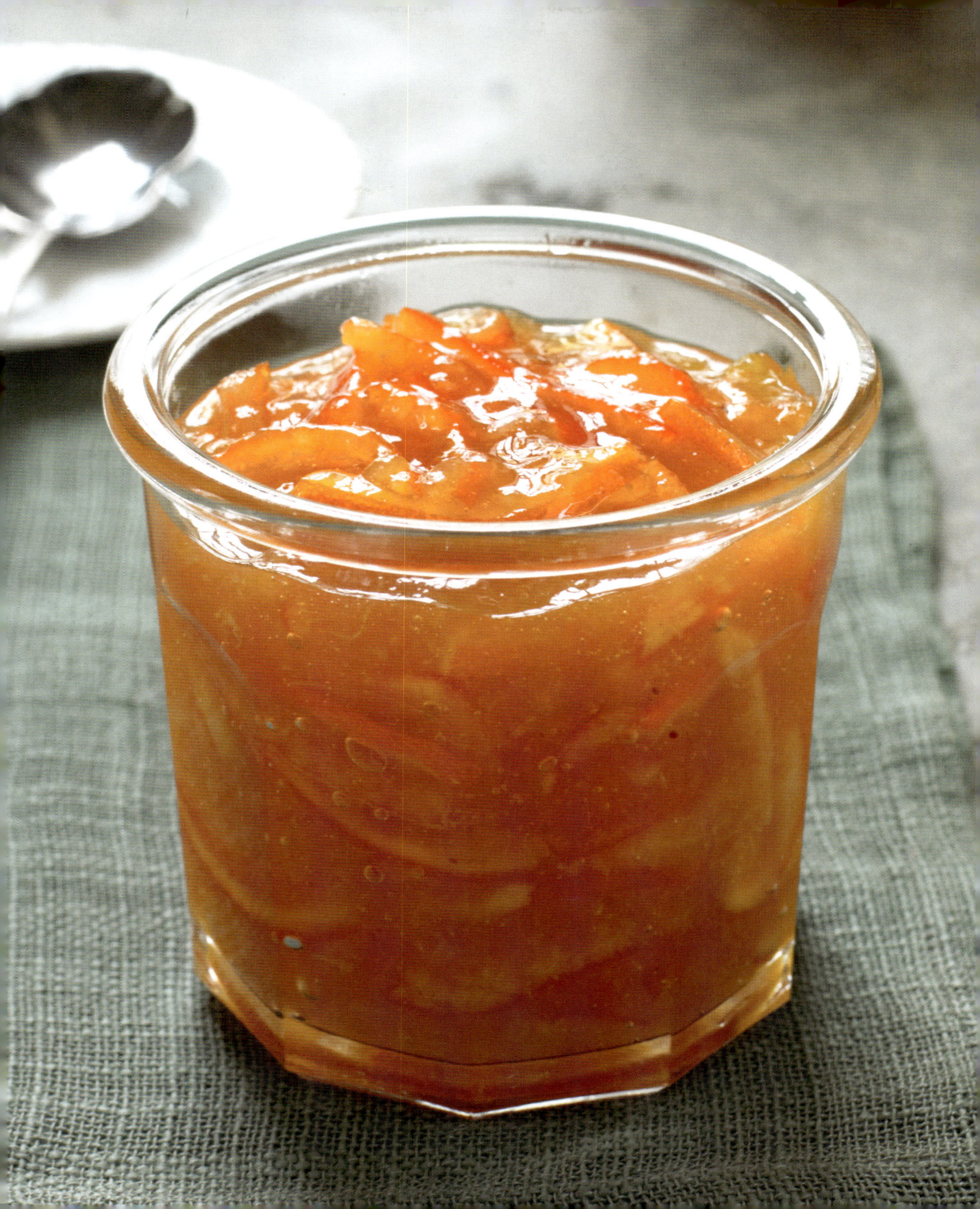

おかず用の保存食は、程よく味覚を刺激してくれます。これをつくるようになると、保存食づくりはさらに面白くなります。これらの保存食は用途が広く、失敗もほとんどありません。**レリッシュ**には甘いものも、酸っぱいものもあり、**チャツネ**には、スパイシーなものやまろやかなもの、辛いもの、マイルドなもの、フルーティなもの、刺激的なもの、様々あります。**ピクルス**は、歯ごたえ良く、酸味が効いています。秋は、これらの保存食をつくるのにぴったりの時期です。旬のフルーツ、旬の野菜、そしてほんの少しのイマジネーションがあれば何通りものおかずをつくることができるのです。

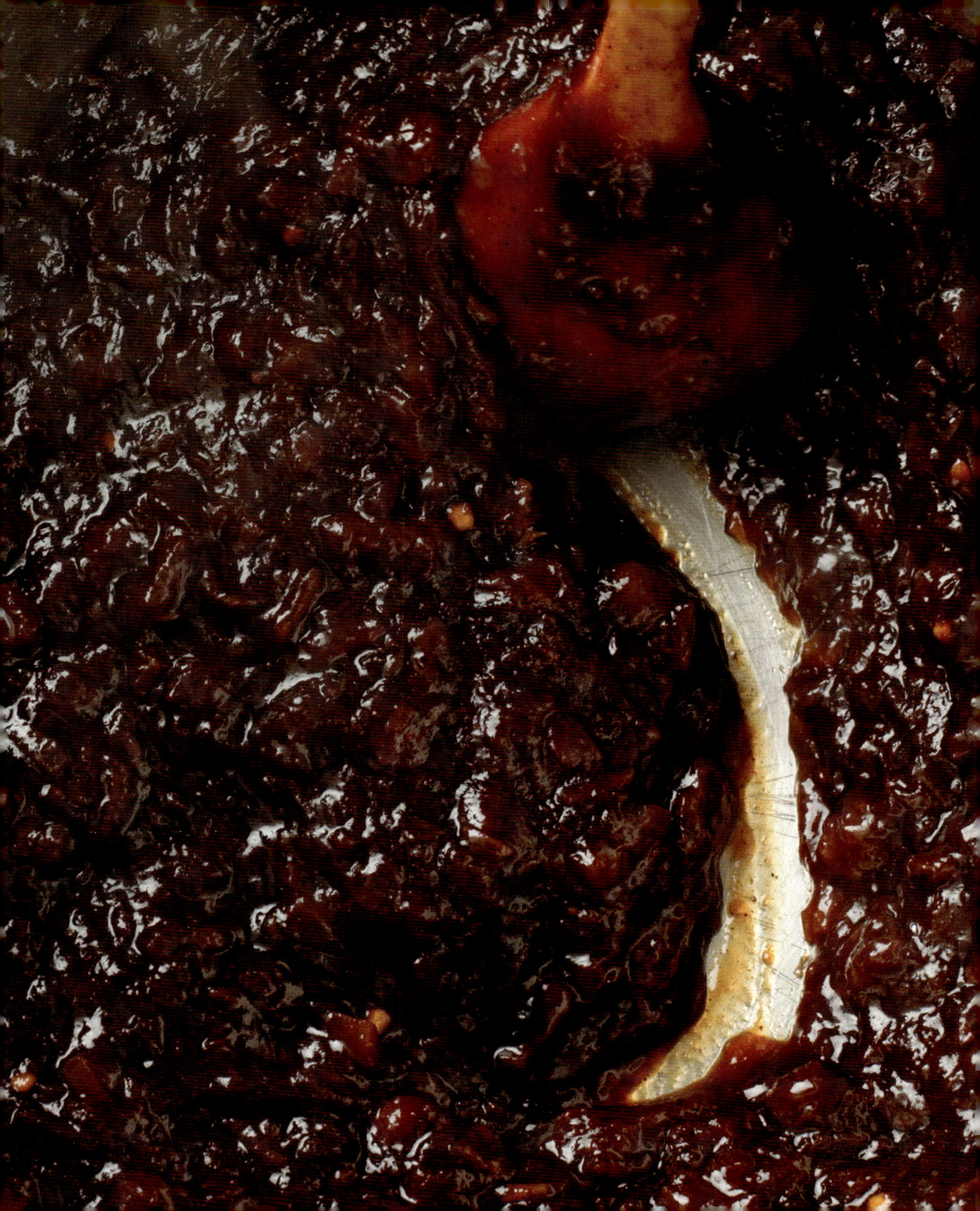

チャツネに最適な食材

夏や秋に採れる様々なフルーツや野菜でつくることができます。最高のチャツネは、旬の食材を使ってつくられたものです。誰からも感激される味になることでしょう。

リンゴ
リンゴはほかの材料と相性が良いため、チャツネづくりに欠かせないフルーツです。調理用のリンゴは食感がなめらかで、生食用のリンゴは甘く、果肉感が残りやすいタイプです。

セイヨウナシ
ショウガのほか、カルダモンやシナモン、オールスパイスなどの香味と相性が良く、チャツネにするとおいしい食材です。どの品種もチャツネに向いていますが、熟しすぎたものより、自然落下したものなど、実が硬いものを選びます。

プラム
セイヨウスモモでもダムソンでも、どの品種でも風味豊かでこくのある素晴らしいチャツネができます。プラムはどのスパイスとも合います(p172〜173参照)。

ルバーブ
ドライフルーツと相性が良い酸味を持つため、あらゆるシェフに好まれる野菜です。特に、オレンジやショウガと組み合わせて使われます。春と初夏に収穫し、やわらかく繊維の少ないものを使用します。

イチジク
異国情緒あふれる味となめらかな食感は、チャツネにぴったりの食材です。未熟の実を使い、柑橘類で風味を、唐辛子やフェンネルシードで刺激を加えます。

成功の黄金律
- すべての材料を丁寧に下ごしらえします(出来上がりの食感が左右されます)。
- 記述がある場合、挽きたてのスパイスを使うようにします。その方が香りが立ちます。
- 弱火でじっくり煮ます。
- おいしさの秘訣は時間です。ワインと同様に、チャツネも時間とともに味が良くなるので、使用前にしっかり寝かせてください。

ナス
インド料理や地中海料理、東南アジア料理のチャツネに欠かせないのがナスです。あらゆるレシピに使え、スパイスの香りを吸っておいしくなります。皮にツヤがあり、実が引き締まったものを選びます。

タマネギ
すべてのチャツネに欠かせないのがタマネギです。調理の間にスパイスと合わさり、食欲をそそる味になります。白いタマネギも紫タマネギも使えます。シャロットだとよりマイルドな味になります。

パプリカ
熟した赤や黄色のパプリカは、秋野菜のチャツネに豊かな風味と甘み、色合いと食感を与えます。トマトや唐辛子、ニンニク、タマネギ、ズッキーニと非常に相性が良い野菜です。薄切り、もしくはさいの目切りにして使います。

唐辛子
生でも乾燥したものでも、唐辛子はチャツネを刺激的にします。ものによって辛さが変わるので、フルーツあるいは野菜のチャツネに使う場合は、まず味見をしてください。

青いトマト、赤いトマト
熟した赤いトマトや未熟の青いトマトを使うと、究極の正統派チャツネがつくれます。トマトだけでも素晴らしい味になりますし、ほかの食材と組み合わせてもおいしいものができます。

モモ
ネクタリンのように、モモを使うと、さわやかで繊細な味のチャツネができます。熟した味の良い実を使って夏の間に調理し、風味の強くないスパイスで香りづけします。食感の良いクルミ、アーモンド、ピーカンナッツとも相性が良いです。

クランベリー
冬ならではの、色鮮やかで酸味の効いたチャツネができます。生でも冷凍でも使用できます。温かくなるようなスパイスや、唐辛子を少し効かせると美味です。

マロー
なめらかな食感とまろやかな味のマローは、昔から好まれてきた材料です。若い実を選び、ドライデーツや風味の強いスパイスと合わせれば、昔ながらのチャツネが出来上がります。

ほかにおすすめの食材

フルーツ
- アプリコット
- ブラックベリー
- 柑橘類
- ダムソン
- グースベリー
- セイヨウスモモ
- ネクタリン

野菜
- ビーツ
- ニンジン
- セロリ
- ズッキーニ
- インゲン
- ニンニク
- カボチャ
- モロッコインゲン
- シャロット
- スクワッシュ

基本のチャツネづくり

　チャツネは、野菜や果物、スパイス、ドライフルーツなどをやわらかく煮込んだ、甘酸っぱい万能調味料です。ハムやチーズなどと一緒にいただきます。このレシピでは基本のチャツネのつくり方を紹介していますが、旬のものであれば何でも使えます。

プラムのチャツネ

出来上がり	約1.35kg（大瓶3個）
所要時間	1時間50分～2時間
保存期間	12か月

材料

プラム	1kg
調理用リンゴ	350g
タマネギ	250g
レーズン	125g
ブラウンシュガー	300g
海塩	小さじ1
オールスパイス、シナモン、コリアンダー	小さじ1ずつ（できれば、挽きたてのもの）
乾燥唐辛子	1本（もしくは乾燥唐辛子フレーク：小さじ1／2）
フェンネルシード	小さじ1（お好みで）
白ワイン、もしくはリンゴ酢（シードルビネガー）	600mL

チャツネの熟成

　つくりたてのチャツネは、味に深みやまろやかさがないので、1～2か月熟成させてから使います。

1 プラムを半分に切り、種を取ってから、1／4の大きさに切ります。調理用リンゴは芯を取り除き、皮をむき、1口大に切ります。タマネギは皮をむいて薄切りにします。

2 材料をすべてジャム鍋（もしくは底の厚い大きなステンレスのソースパン）に入れ、時間をかけて沸騰させます。砂糖が溶けるようにかき混ぜます。

3 弱火で1時間30分～2時間ほど煮込みます。木べらでかき混ぜたときに、鍋底が見える跡がつくのが目安です。最後の方は、焦げないように絶えずかき混ぜてください。

4 チャツネが濃縮され、ツヤが出たら、味を確認します。必要であれば塩を足してください。殺菌した温かい瓶に入れます。空気による隙間ができないように注意します。

5 丸いワックスペーパーの蓋を乗せるか、セロファンを輪ゴムで止めるか、非金属の蓋、もしくは耐酸性の蓋をし、ラベルを貼ります。冷暗所に保管します。

何にでも使える定番のチャツネです。チーズサンドイッチにはさんでも、カレーに添えても、ハムと食べてもおいしいです。少し刺激を加えたい場合は、みじん切りにした赤唐辛子か青唐辛子を入れます。マンゴーはフェアトレードのものか、有機栽培のものを選ぶとよいでしょう。

マンゴー・チャツネ

出来上がり：約1kg（中瓶3個）
所要時間：1時間15分
保存期間：6か月

材料

- リンゴ酢（シードルビネガー）：300mL
- マスコバド糖：200g
- 有機栽培マンゴー：大2個（約900g）（種を取り除き、実を粗く刻んだもの）
- 調理用リンゴ：1個（約200g）（皮をむき、芯を取り除き、粗く刻んだもの）
- タマネギ：1個（みじん切り）
- 生のショウガ：2.5cm（皮をむいて、すりおろしたもの）
- オニオンシード（ニゲラシード）：小さじ1／2（お好みで）

1. リンゴ酢（シードルビネガー）と砂糖をジャム鍋（もしくは底の厚い大きなステンレスのソースパン）に入れ、弱火にかけ、砂糖が溶けるまでかき混ぜます。

2. マンゴー、リンゴ、タマネギ、ショウガ、好みに応じてオニオンシードを加え、火を強めます。沸騰させたら火を弱め、45分ほどことこと煮込みます。水分が減り、重みが出るのが目安です。水分を飛ばしすぎないようにしてください。最後の方は、焦げつかないように、絶えずかき混ぜてください。

3. 空気の隙間ができないように注意しながら、殺菌した温かい瓶に入れます。非金属の蓋、もしくは耐酸性の蓋のある瓶を選びます。丸いワックスペーパーの蓋を乗せ、密封し、ラベルを貼ります。冷暗所に保管し、1か月ほど熟成させ、開封後は冷蔵庫で保存します。

モモのチャツネ

スパイスの刺激が効いた、軽快でフレッシュ感のあるチャツネです。モモは、最も風味が強くなっている旬のものを使ってください。どのチャツネもそうですが、使う前に1か月ほど熟成させると最もおいしくなります。豚肉やチーズとの相性は抜群です。

出来上がり	500g（大瓶1個）
所要時間	2時間
保存期間	9か月

材料

- 紫タマネギ：小4個
- モモ：中7個（約675g）（種を取り除き、角切りにしたもの）
- 有機栽培オレンジ：1個（洗って、皮をすりおろし、実を房ごとに分けたもの）
- 有機栽培レモン：1個（洗って、皮をすりおろし、実を房ごとに分けたもの）
- 海塩：適量
- 黒胡椒：適量（ひきたて）
- リンゴ酢（シードルビネガー）：360mL
- グラニュー糖：350g
- 粉シナモン：小さじ1／2
- 生のショウガ：5cm（皮をむいて、みじん切りにしたもの）
- 唐辛子フレーク：小さじ1／2

1 タマネギ、モモ、オレンジとレモンの皮と実をジャム鍋（もしくは底の厚い大きなステンレスのソースパン）に入れ、かき混ぜます。

2 塩ひとつまみと黒胡椒を入れます。リンゴ酢（シードルビネガー）と砂糖を加え、シナモン、ショウガ、唐辛子フレークも混ぜ入れ、弱火にかけます。砂糖が溶けるまでかき混ぜます。

3 沸騰させたら、中強火にし（ぐつぐつ煮立てない程度）、チャツネの重みが増し、水分がだいぶ減るまで、1時間30分ほど煮ます。最後の方は、焦げつかないように、絶えずかき混ぜてください。

4 空気の隙間ができないように注意しながら、殺菌した温かい瓶に入れます。非金属の蓋、もしくは耐酸性の蓋を選びます。丸いワックスペーパーの蓋を乗せ、密封し、ラベルを貼ります。冷暗所に保管し、1か月ほど熟成させ、開封後は冷蔵庫で保存します。

モモ
モモの木は丈夫ですが、花は春咲きで霜に弱いものです。守られた環境（オレンジ栽培室や、温室）の下、気温の涼しい場所で栽培すれば実もたくさんつけます。

彩りが美しく、クランベリーソースの代わりにもなる酸味のあるチャツネです。ほかのチャツネより調理時間が短く、砂糖は少なめです。クリスマスの4週間前につくれば、季節にぴったりの調味料になり、ギフトにもなります。開封後は1か月以内に使いきってください。

クランベリーとアプリコットのチャツネ

出来上がり：約1.25kg(小瓶5個)	
所要時間：1時間	
保存期間：冷蔵庫で4～6か月	

材料

クランベリー(生もしくは冷凍)：350g
調理用リンゴ：2個(約350g)(皮をむき、1／4に切り、芯を取り除いたもの)
ドライ・アプリコット：225g
タマネギ：中1個(約175g)(粗く刻んだもの)
生のショウガ：1cm(皮をむいて、すりおろしたもの)
ブラウンシュガー：175g
リンゴ酢(シードルビネガー)：175mL
有機栽培オレンジの皮と実：1個分(洗っておく)
シナモンスティック：1本
粉コリアンダー：小さじ1／4
粉クミン：小さじ1／4
乾燥唐辛子フレーク：小さじ1／4
海塩：ひとつまみ

1 クランベリー、リンゴ、アプリコット、タマネギ、ショウガをフードプロセッサーに入れてみじん切りにします。ジャム鍋(もしくは底の厚い大きなステンレスのソースパン)に入れ、残りの材料を加えます。

2 砂糖が溶けるまでかき混ぜながら、時間をかけて沸騰させます。火を弱め、蓋をせずに30～35分加熱します。クランベリーがやわらかくなり、皮がはじけるのが目安です(冷凍クランベリーを使用した場合、かかる時間は短くなります)。全体が重たくどろどろして、木べらでかき混ぜたとき鍋底が見える跡が残るまで煮ます。最後の方は、焦げつかないように、絶えずかき混ぜてください。

3 シナモン・スティックを取り除きます。空気の隙間ができないように注意しながら、殺菌した温かい瓶に入れます。非金属の蓋、もしくは耐酸性の蓋を選びます。丸いワックスペーパーの蓋を乗せ、密閉し、ラベルを貼ります。冷めたら冷蔵庫に入れ、最低2週間熟成させてから使います。開封後も冷蔵庫で保存します。

リンゴとモモとクルミの
カレー風味チャツネ

ピーチやアプリコット、プルーンやデーツなどのドライフルーツはリンゴと相性が良く、おいしいチャツネができます。クルミを入れると風味だけでなく食感も良くなります。甘いスパイス・チャツネが好みの場合、カレー粉の代わりにミックススパイスを使ってください。

出来上がり	約1.8kg
所要時間	1時間45分
保存期間	12か月

材料

- 調理用リンゴ：2個（約350g）（皮をむき、1／4に切り、芯を取ったもの）
- タマネギ：大1個（皮をむいたもの）
- ドライピーチ：350g
- クルミ：175g（粗く刻んだもの）
- サルタナレーズン：125g
- ブラウンシュガー：400g
- 辛さ控え目のカレー粉：小さじ2
- 海塩：ひとつまみ以上
- リンゴ酢（シードルビネガー）：300mL

1 リンゴとタマネギは、一口大に切ります。ドライピーチはキッチンバサミを使い、同じくらいの大きさに切ります。ジャム鍋（もしくは底の厚い大きなステンレスのソースパン）に入れ、残りの材料を加えます。

2 砂糖が溶けるまでかき混ぜながら、時間をかけて沸騰させます。火を弱め、1時間30分ほどことこと煮ます。木べらでかき混ぜたとき鍋底が見える跡が残るのが目安です。最後の方は、焦げつかないように、絶えずかき混ぜてください。

3 味見をし、必要であれば塩かカレー粉を足します。その場合は味をなじませるために、数分ことこと煮てください。

4 空気の隙間ができないように注意しながら、殺菌した温かい瓶に入れます。非金属の蓋、もしくは耐酸性の蓋を選びます。丸いワックスペーパーの蓋を乗せ、密封し、ラベルを貼ります。冷暗所に保管し、最低1か月熟成させてから使います。開封後は冷蔵庫で保存します。

甘さと酸っぱさを組み合わせたこのチャツネは、脂の多い魚と合わせてももちろん、パンとチーズや、サラダに添えても美味です。ほかのチャツネ同様、使う前に熟成させた方が味はまろやかになり、深みが増します。

サヤインゲンとズッキーニのチャツネ

出来上がり：約1kg（中瓶3個）
所要時間：2時間
保存期間：9か月

材料

サヤインゲン	600g（薄く切ったもの）
ズッキーニ	2本（薄く切ったもの）
調理用リンゴ	350g（皮をむき、芯をとり、切ったもの）
タマネギ	2個（みじん切り）
ブラウンシュガー	450g
マスタードパウダー	小さじ1
ターメリック	小さじ1
コリアンダーシード	小さじ1
リンゴ酢（シードルビネガー）	600mL

1 サヤインゲン、ズッキーニ、リンゴ、タマネギをジャム鍋（もしくは底の厚い大きなステンレスのソースパン）に入れ、砂糖、マスタードパウダー、ターメリック、コリアンダーシードを加えます。リンゴ酢を注ぎ、かき混ぜます。

2 砂糖が溶けるまでかき混ぜながら、弱火で煮ます。沸騰させたら、かき混ぜながら10分ほどぐつぐつ煮立てます。それから火を弱め、1時間30分ほどことこと煮ます。チャツネに重みが出るまでときどきかき混ぜます。最後の方は、焦げつかないように、絶えずかき混ぜてください。

3 空気の隙間ができないように注意しながら、殺菌した温かい瓶に入れます。非金属の蓋、もしくは耐酸性の蓋を選びます。丸いワックスペーパーの蓋を乗せ、密封し、ラベルを貼ります。冷暗所に保管し、1か月熟成させてから使います。開封後は冷蔵庫で保存します。

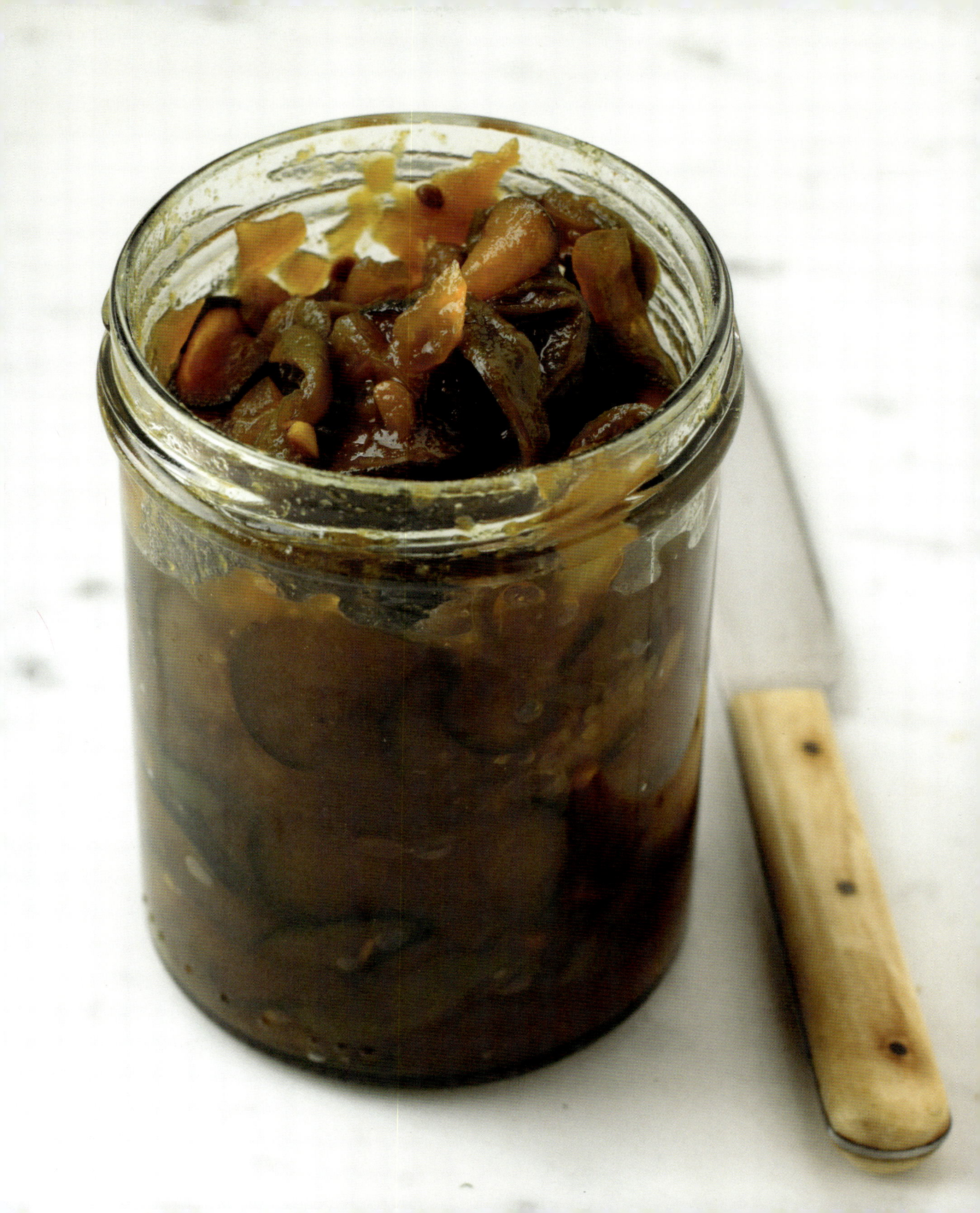

緑ズッキーニでも、スクワッシュでも使えますが、このチャツネにぴったりなのは黄色ズッキーニです。色が美しく、クリームのようななめらかさがあるからです。未熟の青いトマトが手元にあり使いきりたい場合は、赤いトマトの代わりに使ってもよいでしょう。

黄色ズッキーニとトマトのチャツネ

出来上がり：約1kg（大瓶2個）	
所要時間：2時間45分	
保存期間：12か月	

材料

黄色ズッキーニ：450g（へたを切り落とし、さいの目切りにしたもの）
タマネギ：250g（粗くみじん切りにしたもの）
熟したトマト：350g（粗くみじん切りにしたもの）
グラニュー糖：350g
白ワインビネガー：300mL
ニンニク：1片（皮をむいて細かくみじん切りにしたもの）
生のショウガ：1cm（皮をむき、みじん切りにしたもの）
乾燥唐辛子フレーク：小さじ1／4
スイートパプリカ・パウダー：1つまみ以上
胡椒：1つまみ以上
海塩：小さじ1／2

1 すべての材料をジャム鍋（もしくは底の厚い大きなステンレスのソースパン）に入れます。

2 砂糖が溶けるまでかき混ぜながら、時間をかけて沸騰させます。火を弱め、2時間30分ほどことこと煮ます。木べらでかき混ぜたとき、鍋底が見える跡が残るのが目安です。最後の方は、焦げつかないように、絶えずかき混ぜてください。必要であれば最後に強火にし、全体に重たさとツヤが出るまで水分を煮飛ばしてもよいでしょう。

3 空気の隙間ができないように注意しながら、殺菌した温かい瓶に入れます。非金属の蓋、もしくは耐酸性の蓋を選びます。丸いワックスペーパーの蓋を乗せ、密封し、ラベルを貼ります。冷暗所に保管し、最低1か月熟成させてから使います。開封後は冷蔵庫で保存します。

マローとデーツのチャツネ

甘く、色濃く、濃厚なこのチャツネは、ほかのチャツネよりも短い調理時間で完成します。全体的にまろやかな味ですが、カルダモンの香りがはっきりしたアクセントとなっています。ローストポークに添えるチャツネとして最高です。

出来上がり：約1kg	
所要時間：1時間15分	
保存期間：12か月	

材料

- マロー：225g（皮をむき、刻んだもの）
- 調理用リンゴ：225g（皮をむき、粗く刻んだもの）
- タマネギ：175g（みじん切りにしたもの）
- 種ぬきデーツ：225g（刻んだもの）
- カルダモンシード：小さじ1（挽いたもの）
- クローブ（粉）：小さじ1
- 生のショウガ：2.5cm（皮をむき、すりおろしたもの）
- リンゴ酢（シードルビネガー）：300mL
- グラニュー糖：225g

1 マロー、リンゴ、タマネギをジャム鍋（もしくは底の厚い大きなステンレスのソースパン）に入れます。その上に水を少量（大さじ3くらい）注ぎ、蓋をしたら、弱火にかけ15〜20分ほどことこと煮ます。リンゴがやわらかくなり始めるのが目安です。途中で水分が足りなくなったら、水を足してください。ときどきかき混ぜ、鍋の中身が茶色くならないように注意します。

2 デーツ、各種スパイス、ショウガ、ビネガー、砂糖を加え、砂糖が溶けるまでかき混ぜながら、弱火で煮ます。その後沸騰させたら、再び火を弱め、蓋をせずに15〜20分ほど煮ます。全体に重みが出て、水分がなくなるのが目安です。

3 空気の隙間ができないように注意しながら、殺菌した温かい瓶に入れます。非金属の蓋、もしくは耐酸性の蓋を選びます。丸いワックスペーパーの蓋を乗せ、密封し、ラベルを貼ります。冷暗所に保管し、最低1か月熟成させてから使います。開封後は冷蔵庫で保存します。

デーツ
デーツの色、風味、自然の甘みは、ほとんどのフルーツや野菜と合います。煮詰めると重みのあるピュレになり、チャツネに食感と重量感を与えます。砂糖や保存料を添加していないドライデーツを選ぶようにしましょう。

このチャツネには太陽で熟した野菜と、それらと相性の良い、味の繊細なハーブやスパイスが使われています。色良く、甘みがあり、まろやかな風味は時間とともに熟成されます。ほかの野菜を混ぜて使う場合は、総量が変わらないように注意してください。

地中海チャツネ

出来上がり：約1.8kg（大瓶4個）
所要時間：2時間30分
保存期間：12か月

材料

赤パプリカ：450g（種をとって、さいの目切りにしたもの）
ナス：450g（1口大のさいの目切りにしたもの）
小さいズッキーニ：450g（一口大に切ったもの）
紫タマネギ：1個（みじん切りにしたもの）
トマト：450g（みじん切りにしたもの）
リンゴ酢（シードルビネガー）：600mL
ブラウンシュガー：450g
コリアンダーシード：小さじ1
ハーブ・ド・プロヴァンス：小さじ1
フェンネルシード：小さじ1

1 すべての野菜とトマトをジャム鍋（もしくは底の厚い大きなステンレスのソースパン）に入れます。

2 ビネガーを注ぎ入れ、砂糖を加え、野菜に砂糖が行き渡るようにします。スパイスとハーブを入れ、弱火にかけ、砂糖が溶けるようにかき混ぜます。その後、強火にし、沸騰させます。

3 火を弱め、2時間ほど煮ます。水分がなくなり、重たさと粘りが出るのが目安です。最後の方は、焦げつかないように、絶えずかき混ぜてください。

4 空気の隙間ができないように注意しながら、殺菌した温かい瓶に入れます。非金属の蓋、もしくは耐酸性の蓋を選びます。丸いワックスペーパーの蓋を乗せ、密封し、ラベルを貼ります。冷暗所に保管し、最低1か月熟成させてから使います。開封後は冷蔵庫で保存します。

カレー粉少々と小さじ1杯のオニオンシードがルバーブの味を引き出します。材料同士がなじみ、風味がまろやかになるまで、最低1か月は寝かせてください。

スパイス入りルバーブのチャツネ

出来上がり	約1.4kg（大瓶3個）
所要時間	1時間20分
保存期間	9か月

材料

- ルバーブ：900g（洗い、2.5cm角に切ったもの）
- 調理用リンゴ：225g（皮をむき、芯を取り、ざっくり切ったもの）
- タマネギ：中3個（みじん切りにしたもの）
- 生のショウガ：5cm（皮をむき、すりおろしたもの）
- 辛さ控え目のカレー粉：小さじ1～2
- オニオンシード：小さじ1
- 海塩：1つまみ
- ピクルスビネガー（もしくはスパイス入りビネガー）：450mL
- ブラウンシュガー：450g

1 ルバーブをジャム鍋（もしくは底の厚い大きなステンレスのソースパン）に入れ、リンゴとタマネギを加えます。水大さじ1～4を加え、ルバーブがやわらかくなるまで10分ほど弱火で煮ます。

2 ショウガ、カレー粉、オニオンシード、海塩を入れ、ビネガーを半量注ぎ入れ、弱火で30～40分ほど煮ます。

3 砂糖を残り半分のビネガーに混ぜて溶かし、鍋に加えます。弱火にかけ、全体が重くなりはじめるまで10～15分ほど煮ます。鍋底に焦げつかないように絶えずかき混ぜます。

4 空気の隙間ができないように注意しながら、殺菌した温かい瓶に入れます。非金属の蓋、もしくは耐酸性の蓋を選びます。丸いワックスペーパーの蓋を乗せ、密封し、ラベルを貼ります。冷暗所に保管し、熟成して味がなじんでから使います。開封後は冷蔵庫で保存します。

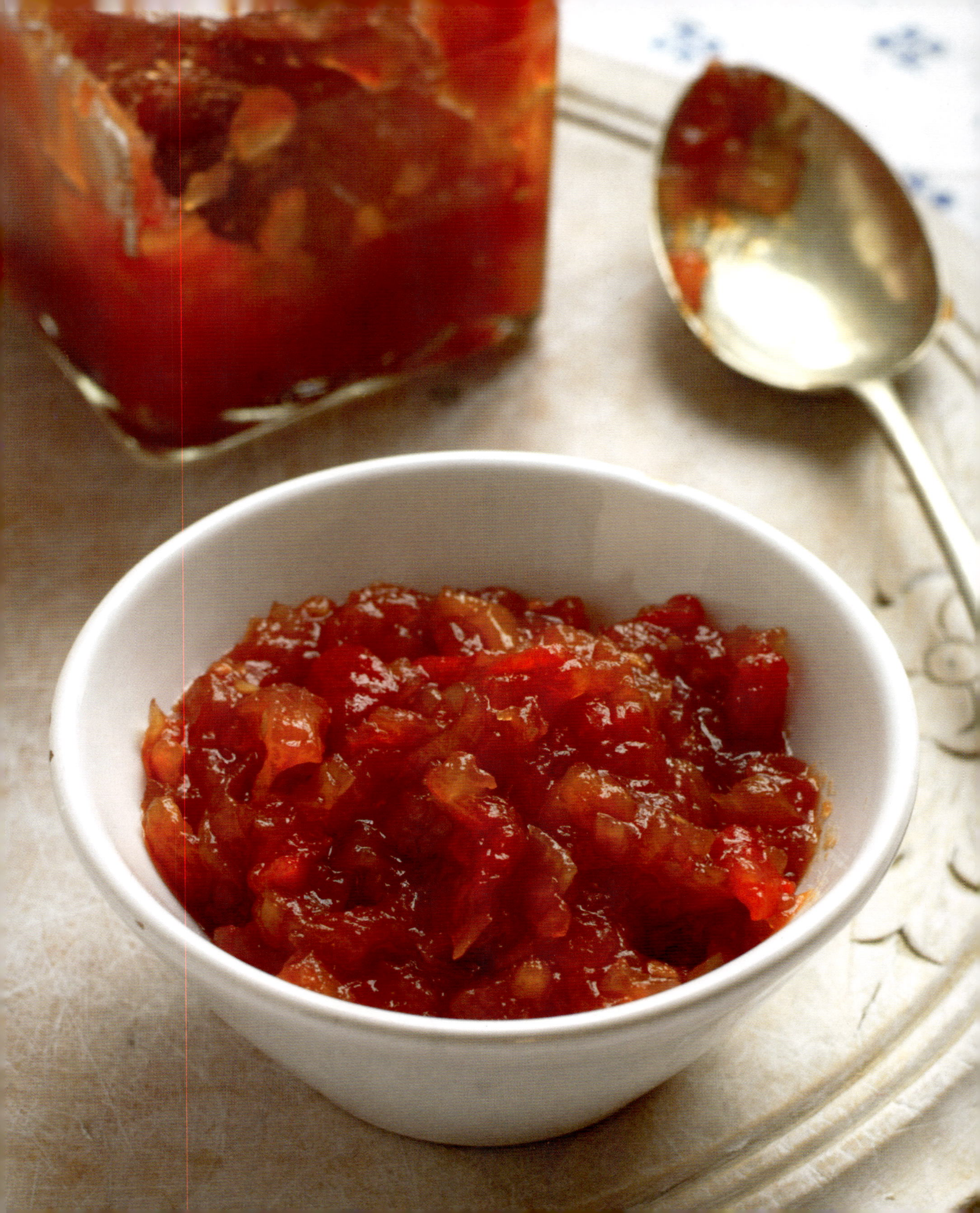

トマトとロースト・パプリカのチャツネ

　この甘く、ジャムにも似たまろやかなチャツネは、ブルーチーズや山羊チーズなどのソフトチーズに合います。スパイシーさを加えたい場合、最後に唐辛子フレークを小さじ1か2ほど加えてください。

出来上がり	約1.35kg（中瓶3個）
所要時間	2時間20分
保存期間	9か月

材料

- 赤パプリカ：1個
- オレンジ・パプリカ：1個
- 黄パプリカ：1個
- 完熟トマト：1.35kg（熱湯に1分くぐらせ湯むきしたもの）
- タマネギ：2個（粗みじん切りにしたもの）
- グラニュー糖：450 g
- 白ワインビネガー：600mL

1 オーブンを200℃に予熱します。パプリカを天板に並べ、少し焦げ色がつくまで25〜30分ほど焼きます、オーブンから取り出し、ビニール袋に入れ、冷まします（こうすると皮をむきやすくなります）。

2 パプリカのヘタ、皮、種を取り、粗く刻みます。湯むきしたトマトと、ローストしたパプリカ、タマネギをフードプロセッサーに入れてみじん切りにします。どろどろにならないように注意します。手でみじん切りにしてもよいでしょう。

3 みじん切りにした野菜をジャム鍋（もしくは底の厚い大きなステンレスのソースパン）に入れ、砂糖とワイン・ビネガーを加えます。弱火にかけ、砂糖が溶けるまで絶えずかき混ぜます。一度沸騰させたら再び弱火にし、かき混ぜながら1時間〜1時間30分ほど煮ます。重たくなり、ジャムのようになるのが目安です。最後の方は火を強めてもよいですが、鍋底に焦げつかないように絶えずかき混ぜます。

4 空気の隙間ができないように注意しながら、殺菌した温かい瓶に入れます。非金属の蓋、もしくは耐酸性の蓋を選びます。丸いワックスペーパーの蓋を乗せ、密封し、ラベルを貼ります。冷暗所に保管し、1か月ほど熟成させてから使います。開封後は冷蔵庫で保存します。

「まさに秋！」といったチャツネです。プラム、リンゴ、スクワッシュという組み合わせが見事で、美しく調和しています。プラムとリンゴは果実味を、スクワッシュは深みとどっしりとした食感を与えます。唐辛子がポイントです。

プラムとスクワッシュのチャツネ

出来上がり	約1.5kg（中瓶4個）
所要時間	2時間45分〜3時間15分
保存期間	12か月

材料

【スパイスバッグ用】

- メース：2枚
- コリアンダー・シード：小さじ山盛り1
- 黒胡椒：12粒
- クローブ：12個
- 生のショウガ：2cm（粗くみじん切りにしたもの）
- 粉末ショウガ：小さじ1

- スクワッシュ：500g（皮をむき、さいの目切りにしたもの）
- プラム：500g（種を取り、粗く刻んだもの）
- 調理用リンゴ：500g（皮をむいて、芯を取り、角切りにしたもの）
- タマネギ：250g（さいの目切りにしたもの）
- レーズン（もしくはサルタナレーズン）：250g
- ブラウンシュガー：250g
- リンゴ酢もしくは白ワインビネガー：400mL
- 乾燥唐辛子フレーク：小さじ1.5
- 海塩：小さじ1／2

1 スパイスバッグ*の材料をモスリン布もしくは使い捨てできる新品のふきんに包み、ジャム鍋（もしくは底の厚い大きなステンレスのソースパン）に入れます。ほかの材料も鍋に加え、砂糖が溶けるまでかき混ぜながら、弱火で煮ます。

2 一度沸騰させたら再び弱火にし、ときどきかき混ぜながら2時間〜2時間30分ほど煮ます。水分がなくなり、チャツネに重みが出て、べたつき、木べらでかき混ぜたときに鍋底が見える跡が残るのが目安です。最後の方は、チャツネが鍋底に焦げつかないように絶えずかき混ぜます。

3 空気の隙間ができないように注意しながら、殺菌した温かい瓶に入れます。非金属の蓋、もしくは耐酸性の蓋を選びます。丸いワックスペーパーの蓋を乗せ、密封し、ラベルを貼ります。冷暗所に保管し、1〜2か月ほど熟成させてから使います。開封後は冷蔵庫で保存します。

*スパイスバッグ
　ハーブやスパイスを、モスリンの袋に入れたもの。

風で落ちたセイヨウナシや未熟のセイヨウナシは、チーズやハムなどおかず用のタルトと相性ぴったりの素晴らしいチャツネに生まれ変わります。スパイスと甘さのバランスがとれたまろやかなチャツネを目指すなら、3か月は熟成させてください。

セイヨウナシのチャツネ

出来上がり：約1.35kg（中瓶4個）
所要時間：2時間30分〜2時間45分
保存期間：12か月

材料

セイヨウナシ：750g（皮をむき、芯を取り、2cm角に切ったもの）	
タマネギ：350g（みじん切りにしたもの）	
青もしくは赤いトマト：350g（薄切りにしたもの）	
レーズン：125g（粗く刻んだもの）	
黒胡椒：3粒（挽いたもの）	
デメララ・シュガー：350g	
カイエンヌペッパー：小さじ1／2	
粉末ショウガ：小さじ1／2	
海塩：小さじ1	
リンゴ酢（シードルビネガー）：450mL	

1 すべての材料をジャム鍋（もしくは底の厚い大きなステンレスのソースパン）に入れ、砂糖が溶けるまでかき混ぜながら、弱火で沸騰させます。

2 火を弱め、蓋をせず2時間ほど煮ます。全体に重みが出て、濃いキャラメル色になり、木べらでかき混ぜたときに鍋底が見える跡が残るのが目安です。最後の方は、チャツネが鍋底に焦げつかないように絶えずかき混ぜます。

3 空気の隙間ができないように注意しながら、殺菌した温かい瓶に入れます。非金属の蓋、もしくは耐酸性の蓋を選びます。丸いワックスペーパーの蓋を乗せ、密封し、ラベルを貼ります。冷暗所に保管し、最低1か月熟成させてから使います。開封後は冷蔵庫で保存します。

赤ワインで煮込み、甘くねっとりとしたタマネギのチャツネは、チーズや肉のパテ、テリーヌとともにいただきます。より複雑な味わいを楽しみたい場合、手順2で生のタイムやローズマリーの葉のみじん切りを小さじ2杯分、あるいは唐辛子フレークひとつまみを加えます。

紫タマネギのマーマレード

出来上がり	約700g（中瓶2個）
所要時間	1時間30分
保存期間	冷蔵で3か月

材料

オリーブオイル	大さじ2
紫タマネギ	1kg（約6個）（皮をむき、半分に切って、薄切りにしたもの）
海塩	1つまみ
黒胡椒	1つまみ（挽きたて）
赤ワイン	150mL
バルサミコ酢	大さじ3
白ワインビネガー	大さじ3
ブラウンシュガー	大さじ6

1 オリーブオイルをジャム鍋（もしくは底の厚い大きなステンレスのソースパン）に引き、タマネギ、海塩、挽きたての黒胡椒を入れます。タマネギがやわらかくなり、透き通るまで、中弱火で30分ほど炒めます。焦げないようにかき混ぜます。ここでキャラメルのような甘さが引き出されるので、じっくり炒めるのが重要なポイントです。

2 火を少し強め、ワインとビネガー類を混ぜ入れます。沸騰させたら火を弱め、砂糖を加え、ときどきかき混ぜながら、水分がほとんどなくなるまで弱火で30〜40分煮ます。

3 鍋を火から下ろし、味見をし、必要であれば味を調えます（熟成とともに風味は増します）。空気の隙間ができないように注意しながら、殺菌した温かい瓶に入れます。非金属の蓋、もしくは耐酸性の蓋を選びます。丸いワックスペーパーの蓋を乗せ、密封し、ラベルを貼ります。冷暗所に保管し、1か月熟成させてから使います。開封後は冷蔵庫で保存します。

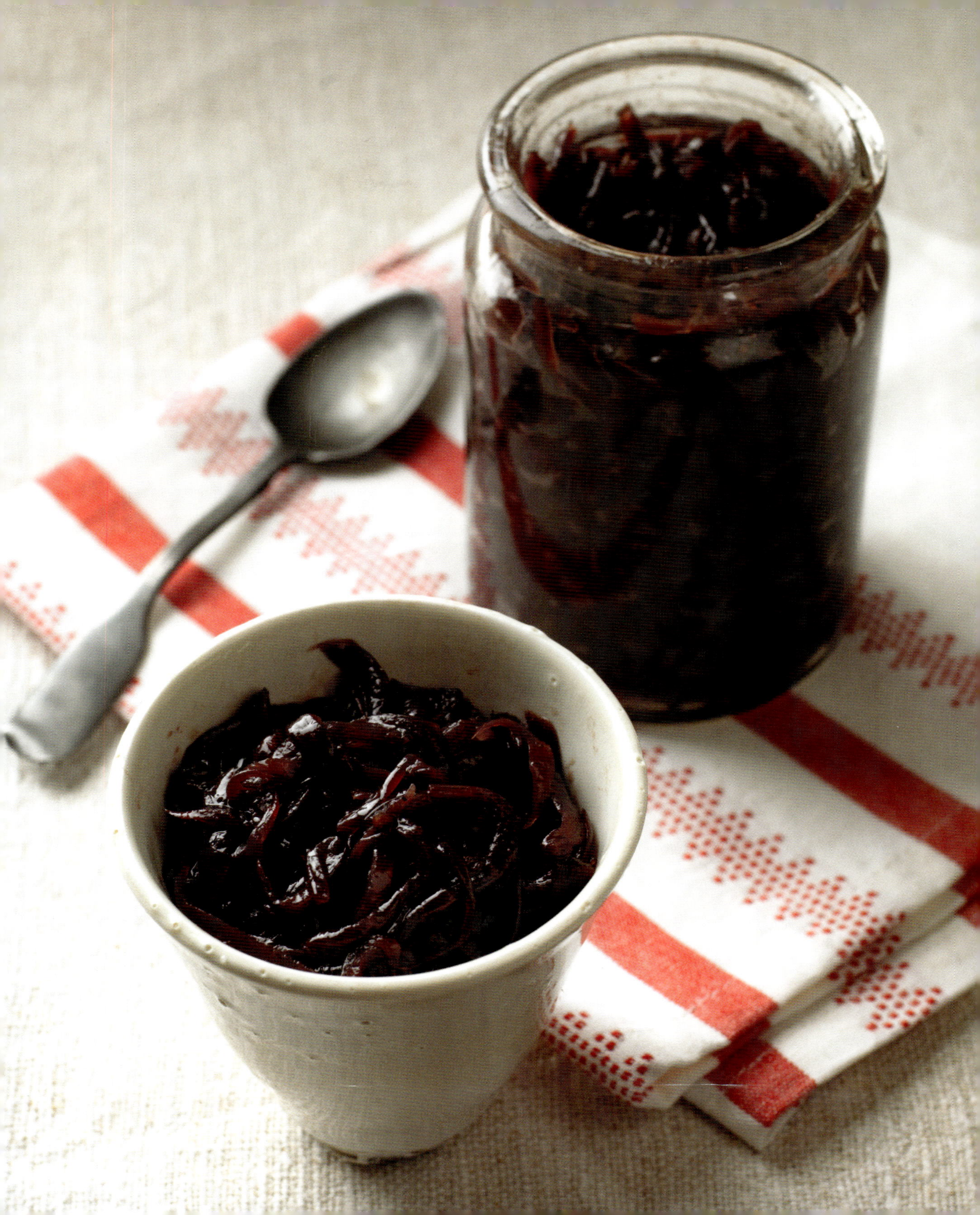

とろけるようなナスと合わさったオニオンシードとショウガの風味が本格的です。さらに辛くしたい場合は、ショウガとともにカイエンヌ・ペッパーを振り入れます。ラム料理やインド料理と相性抜群です。

辛いスパイスのナス・チャツネ

出来上がり	約1.5kg（大瓶3個）
所要時間	1時間30～40分
保存期間	12か月

材料

ナス	900g（さいの目切りにしたもの）
紫タマネギ	2個（ざっくり刻んだもの）
海塩	1つまみ
トマトピュレ	大さじ1
リンゴ酢（シードルビネガー）	500mL
ブラウンシュガー	450g
サルタナレーズン	175g
乾燥唐辛子フレーク	1つまみ
シナモンスティック	1本
オニオンシード（ニゲラシード）	小さじ2
生のショウガ	5cm（皮をむき、みじん切りまたはすりおろしたもの）

1 ナスをジャム鍋（もしくは底の厚い大きなステンレスのソースパン）に入れ、紫タマネギと塩1つまみを入れます。かき混ぜたら、トマトピュレを加えます。

2 ビネガーと砂糖を混ぜ入れ、サルタナレーズン、唐辛子フレーク、シナモン・スティック、オニオンシード、ショウガを加えます。弱火にかけ、砂糖が溶けるまでかき混ぜます。火を強め、沸騰させます。

3 再び火を弱め、焦げつかないようにときどきかき混ぜながら、1時間煮込みます。全体が重たくなり、粘りが出て、ビネガーがなくなるのが目安です。最後の方は、チャツネが鍋底に焦げつかないように絶えずかき混ぜます。シナモンスティックを取り除きます。

4 空気の隙間ができないように注意しながら、殺菌した温かい瓶に入れます。非金属の蓋、もしくは耐酸性の蓋を選びます。丸いワックスペーパーの蓋を乗せ、密封し、ラベルを貼ります。冷暗所に保管します。1か月熟成させ、開封後は冷蔵庫で保存します。

インド風スパイスの野菜チャツネ

インド系のスパイスとビネガーで野菜を煮込めば、色鮮やかで具の多い、懐かしい味わいのチャツネができます。デーツによって、食感豊かな甘さも加わります。より辛いチャツネにしたい場合は、生の青唐辛子を1〜2本みじん切りにして加えてください。

出来上がり	約1.5kg（大瓶3個）
所要時間	2時間30分〜3時間
保存期間	12か月

材料

- バターナット・スクワッシュ：900g（半分に切り、皮をむき、一口大に切ったもの）
- タマネギ：2個（みじん切りにしたもの）
- 調理用リンゴ：225g（皮をむき、芯を取り、ざっくり刻んだもの）
- ズッキーニ：3本（縦半分に切り、切ったもの）
- 種ぬきドライデーツ：50g（刻んだもの）
- リンゴ酢（シードルビネガー）：450mL
- 中辛のカレー粉：大さじ2（辛さはお好みで）
- クミン（粉状）：小さじ1
- 生のショウガ：2.5cm（皮をむき、みじん切りまたはすりおろしたもの）
- ブラウンシュガー：450g

1. スクワッシュ、タマネギ、調理用リンゴ、ズッキーニ、デーツをジャム鍋（もしくは底の厚い大きなステンレスのソースパン）に入れます。リンゴ酢を注ぎ入れ、各種スパイスとショウガを加え、よく混ぜます。

2. 沸騰させたら弱火にし、野菜がやわらかくなるまで、ときどきかき混ぜながら40〜45分煮ます。

3. 砂糖を加え、溶けるまでかき混ぜ、弱火でさらに1時間〜1時間30分煮ます。全体が重たくなり、水分がなくなるのが目安です。最後の方は、チャツネが鍋底に焦げつかないように絶えずかき混ぜます。

4. 空気の隙間ができないように注意しながら、殺菌した温かい瓶に入れます。非金属の蓋、もしくは耐酸性の蓋を選びます。丸いワックスペーパーの蓋を乗せ、密封し、ラベルを貼ります。冷暗所に保管します。1か月熟成させ、開封後は冷蔵庫で保存します。

どっしりとした万能のチャツネで、時間とともに味わいが増します。ドライクランベリー、ドライイチジク、ドライアプリコットならどれもリンゴと相性が良いので、お好みでドライデーツの代わりに使ってもよいでしょう。色を濃くしたい場合は、グラニュー糖ではなくブラウンシュガーを使います。

リンゴとサルタナレーズンとデーツのチャツネ

出来上がり：約1.8kg（中瓶5個）

所要時間：2時間15分

保存期間：9か月

材料

調理用リンゴ：2kg（8〜10個）（皮をむき、芯を取り、ざっくり刻んだもの）	
タマネギ：3個（皮をむき、みじん切りにしたもの）	
生のショウガ：2.5cm（皮をむき、みじん切りまたはすりおろしたもの）	
サルタナレーズン：115g	
種ぬきドライデーツ：125g（刻んだもの）	
マスタードシード：小さじ1	
リンゴ酢（シードルビネガー）：1L	
グラニュー糖：500g	

1 リンゴ、タマネギ、ショウガ、サルタナレーズン、デーツ、マスタードシードをジャム鍋（もしくは底の厚い大きなステンレスのソースパン）に入れ、全体を混ぜ合わせます。ビネガーを注ぎ入れ、砂糖を加えます。

2 弱火にかけ、砂糖が溶けるまでかき混ぜたら、沸騰させ、再び弱火にし、1時間30分ほど煮ます。最後の方は、チャツネが鍋底に焦げつかないように絶えずかき混ぜます。全体が重たくなり、粘りが出てくるのが目安です。

3 空気の隙間ができないように注意しながら、殺菌した温かい瓶に入れます。非金属の蓋、もしくは耐酸性の蓋を選びます。丸いワックスペーパーの蓋を乗せ、密封し、ラベルを貼ります。冷暗所に保管します。1か月熟成させ、開封後は冷蔵庫で保存します。

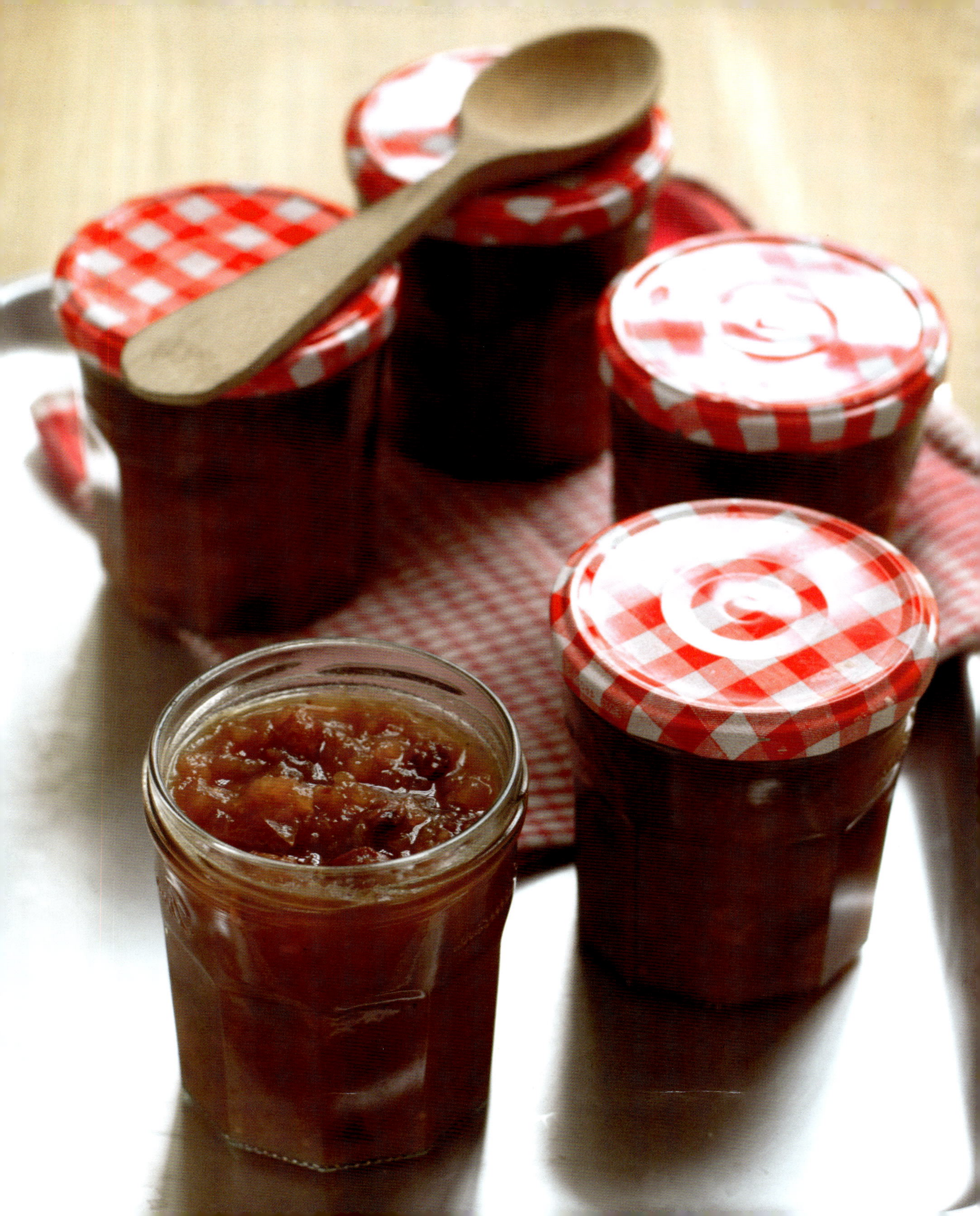

ピクルスに最適な食材

　ピクルスは、いつもの食材を独特の風味を持つ薬味に変えます。実が硬い野菜やしっかりしたフルーツならどれもピクルスになりますが、特に向いているものをここに挙げました。必ず食材が完全に漬け液に浸かった状態で保管してください。

ガーキンきゅうり
この、小さくザラザラした品種は、伝統的なきゅうりのピクルスづくりに欠かせません(p202〜203)。歯ごたえを残す方法(コールド・メソッド)とやわらかくする方法(ソフト・メソッド)の両方があります。

シャロット
風味がやわらかく、甘い味のする食材。ピクルス用タマネギの代用としてあらゆるピクルス料理に使えます。

サヤインゲン
しっかりとした食感、食欲をそそる歯ごたえ、フレッシュな風味を持つサヤインゲンは、それだけでも、ほかの食材と合わせても、おいしいピクルスになります。

ピクルス用タマネギ
小さく、薄い皮(シルバースキン)を持つこのタマネギは、ピクルス用に特別に栽培されています。そのまま使っても、ベイリーフや唐辛子、マスタードシードと漬けても、ミックスピクルスにしても美味です。

唐辛子
生の唐辛子は、どの品種もそのままピクルスにすることができます。実をフォークで刺して、漬け液を浸透させます。ほかのピクルスにとっても欠かせない味となる食材です。

ビーツ
夏もしくは冬に採れる品種を使います(大きさは小〜中)。ビネガーは、スパイスの効いたものか、風味のあるものを使います。タラゴン、ホースラディッシュ、ニンニクなどと好相性です。

カブ
カブは、中東ではピクルスの材料として有名な食材です。そのままでも美味ですし、ビーツと漬けると淡いピンク色に染まるのを楽しめます。まるごとガーリックも使いましょう。

ピクルスに最適な食材　195

クルミ
準備に時間がかかりますが、ピクルスにすると類のない味がします。秋口に、収穫したての青いクルミでつくります。

ダムソン
ダムソンのピクルスは、甘酸っぱい、豊かな味がし、時間がたつほどおいしくなります。チャツネや、肉料理、パテ、ハードタイプのチーズに添えます。

ライム
熟した香りの良い有機栽培ライムを選べば、辛く、酸っぱく、風味のあるピクルスになります。ショウガやクミン、クローブ、カルダモン、フェヌグリーク、スターアニスなどで香りをつけます。

セイヨウナシ
硬く、香りの良いセイヨウナシを選んでください（p196～197）。柑橘類の皮やバニラ、体の温まるスパイス、あるいはカフィールライムやレモングラスなど異国の香りで風味づけをします。

ニンニク
きゅうりのピクルスには欠かせない材料です。スパイスの効いたものでも甘いものでも、そのままで素晴らしいピクルスになります。

フェンネル
アニス風味のする、さわやかで歯ごたえの良いこの野菜は、秋のピクルスにぴったりの材料です。ニンジンやセロリアックの千切りや、赤パプリカのスライス、唐辛子と合います。

カリフラワー
ミルクのように白く、花の開いていないしっかりしたカリフラワーを選びます。マスタードピクルスに使われる食材ですが、東南アジアやインドのピクルスにしても好相性です。

紫キャベツ
キャベツは色鮮やかで歯ごたえのあるピクルスになります。小さい、あるいは中くらいの大きさで実の詰まったものを選び、外葉や傷ついた葉は取り除きます。キャラウェイやクミンシードなどで味付けします。

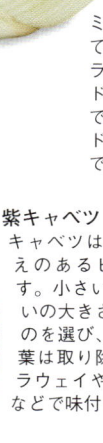

ほかにおすすめの食材

フルーツ
- アプリコット
- ブラックベリー
- アメリカンチェリー
- 柑橘類
- イチジク
- グースベリー
- セイヨウスモモ
- メロン
- ネクタリン
- モモ
- プラム
- マルメロ
- ルバーブ
- スイカの皮

野菜
- ナス
- ニンジン
- セロリアック
- ズッキーニ
- キュウリ
- サヤインゲン
- ホースラディッシュ（根）
- マッシュルーム
- パプリカ
- ラディッシュ
- ロマネスコ
- 白キャベツ

ホットピクルスのつくり方

　ピクルスは、味がはっきりとして塩辛い、もしくは甘酸っぱい保存食です。ハムやハンバーガー、チーズ、米料理や、スパイスの効いた料理のつけ合わせにされることが多い食品です。フルーツのホットピクルスもつくり方は同じです。フルーツの保存食として新しい一面を見せてくれます。

スパイス入りの セイヨウナシ・ピクルス

出来上がり：約900mL（中瓶2個）
所要時間：40分
保存期間：9か月

材料

実が硬く、形の良いセイヨウナシ…1kg
（「ウィリアムス」種や「コンファレンス」種など）

【シロップ】
グラニュー糖：350g
リンゴ酢（シードルビネガー）：175mL
有機栽培レモンの皮すりおろし：1／2
生のショウガ：2.5cm（みじん切り）
カルダモン鞘の種：6鞘分

1 最初にシロップをつくります。シロップの材料をすべてジャム鍋（もしくは底の厚い大きなステンレスのソースパン）に入れ、弱火でゆっくり沸騰させます。砂糖が溶けるようにかき混ぜます。5分煮たら火から下ろします。

2 セイヨウナシは皮をむき、芯を取り、半分か1／4に切ります（1／4に切った方が瓶に詰めやすいです）。

3 セイヨウナシをシロップ液に入れます。全体が液に浸るようにしてください。弱火で5～10分、ちょうどやわらかくなるくらいまで煮ます。竹串を刺したときにすっと通るのが目安です。出来上がったら、すぐにナシを取り出します。

ホットピクルスのつくり方　197

4 殺菌した温かい瓶にセイヨウナシを詰めます。スパイス入りのシロップを再び火にかけ、沸騰させて5分以上煮ます。

5 シロップの量が1／3ほど減ったら、セイヨウナシの上からかけて瓶に詰めていきます。瓶のふちまで入れ、ナシが完全に浸るようにしてください。

6 ナシが漬け液に完全に漬かるように、丸いワックスペーパーの蓋を乗せます。耐酸性の蓋をして密閉し、ラベルを貼り、冷暗所に保管して、1か月ほど寝かせます。開封後は冷蔵保存してください。

このピクルスは、美しい濃紫色をしています。シロップで煮込まれたビーツは、もともとの土っぽい味に、スターアニスとシナモンの香りが見事に調和しています。時間とともに甘味と酸味のバランスが取れていきます。

スパイス入りビーツのピクルス

出来上がり：約1kg（小瓶2個）	
所要時間：1時間～2時間15分	
保存期間：6か月	

材料

生のビーツ：1kg（皮はむかない状態で。大きさはそろえる）	
赤ワインビネガー：1L	
グラニュー糖：225g	
ベイリーフ：小1枚	
シナモンスティック：1本	
スターアニス：1つ	
黒胡椒：4粒	
海塩：小さじ1	

1 ビーツは洗い、茎の部分を切り落とします。このとき、ビーツの実そのものを傷つけないように注意します（でないと、手順2で調理する際に赤い汁が出てきてしまいます）。根は落とさず、そのままにしておきます。

2 ほかの材料をすべてジャム鍋（もしくは底の厚い大きなステンレスのソースパン）に入れます。砂糖が溶けるまでかき混ぜながら、弱火でゆっくり煮ます。その後、沸騰させたら、ビーツを加え、再び沸騰させたら弱火にし、蓋をしっかりして1～2時間煮込みます。竹串でさしたときにスッと通るのが目安です。ビーツを煮汁の中で冷まします。

3 穴あきスプーンでビーツを取り出します。冷めていたら、根と上端を切り落とし、皮をむいて、角切りにします。ビーツを扱うときは、手が真っ赤になるので、ゴム手袋をしましょう。殺菌した温かい瓶にビーツを詰めます。このとき、蓋は非金属もしくは耐酸性のものを用意してください。

4 シロップ液を濾してから、再びジャム鍋に入れます。また沸騰させたら、ビーツ入りの瓶に詰めていきます。このとき、ビーツが完全に浸かるようにしてください。密閉し、ラベルを貼り、冷暗所に保管します。使う前に1か月ほど寝かせ、開封後は冷蔵保存してください。

ビーツ
育てるのが簡単なだけでなく、成長も早い野菜です。春に種をまき、夏に採れるやわらかい品種は、6月～7月が旬です。

フレッシュなライム・ピクルス

　唐辛子とライムは、ピクルスに刺激を加えます。塩と酢をあまり使わないこのレシピは柑橘類の芳香が強く、スパイスが合わさることによってアジアンテイストになります。カレーなど辛い料理と好相性です。

出来上がり：約1kg(小瓶2個)	
所要時間：40〜50分(漬け時間は除く)	
保存期間：3か月	

材料

有機栽培ライム：15個(洗い、皮ごと1cm角に切ったもの)
青唐辛子：小10本(縦にスライスしたもの。辛いのがお好みであれば量を増やすか、種を使う)
ターメリック：小さじ1
海塩：大さじ1
ひまわり油(サンフラワーオイル)：大さじ2
フェヌグリークシード：小さじ1
アニシード：小さじ1(あるいはクミン、フェンネルシード、スターアニス2個でも代用可)
オニオンシード(ニゲラシード)：小さじ1
辛いチリパウダー：小さじ1
生のショウガ：5cm(皮をむき、すりおろしたもの)
グラニュー糖：大さじ2
白ワインビネガー：大さじ1

1 ライム、唐辛子、ターメリック、塩を、大きなボウル(ガラス製か陶製)で、しっかりと混ぜ合わせ、室温で一晩おきます。

2 油をジャム鍋(もしくは底の厚い大きなステンレスのソースパン)にひき、フェヌグリーク、アニシード、オニオンシード、チリパウダー、ショウガを加え、絶えずかき混ぜながら弱火で2〜3分炒めます。ライムと唐辛子類を加え、よく混ぜます。

3 全体が重くやわらかくなるまで20分ほど弱火で煮込みます。

4 砂糖を混ぜ入れ、溶けるまでかき混ぜます。ビネガーを加え、さらに5分ほど煮ます。

5 少し冷ましてから、殺菌した温かい瓶に詰めます。このとき、蓋は非金属もしくは耐酸性のものを用意してください。ライムを瓶の下の方に押し込み、空気を抜き、ライムが漬け汁に完全に漬かっていることを確認します。密閉し、ラベルを貼り、冷暗所に保管します。使う前に1か月ほど寝かせ、開封後は冷蔵保存してください。

このレシピに使われる若くて青いクルミは、ピクルス液に漬けて瓶詰めする前に、完全に乾燥させなければなりません。この重要な作業は「サニング」と呼ばれていて、クルミを黒く変色させます。その工程を経て出来上がるこのピクルスは、ブルーチーズとの相性も最高です。

クルミのピクルス

出来上がり：約1.1kg（小瓶2個）
所要時間：30〜30分（漬け時間と乾かす時間は除く）
保存期間：12か月

材料

若く青いクルミ：15個
海塩：400g

【ピクルス液】

白ワインビネガー：1L
生のショウガ：2.5cm（皮をむき、すりおろしたもの）
ブラウンシュガー：75g
シナモンスティック：2本

1 針か鉄串を使い、クルミにたくさん穴をあけます。大きなボウルに湯1Lを入れ、塩を半量加え、よく混ぜて塩水をつくります。そこにクルミを入れます。クルミが完全に塩水に浸るようにしてください。そのまま涼しい場所に5日間おきます。ときどきかき混ぜます。

2 クルミの水気を切り、湯と塩を新しいものに替えて同じ作業を繰り返し、さらに5日間おきます。

3 クルミの水気を切り、清潔なふきんもしくはキッチンペーパーに並べ、乾かします。最低でも1〜2日かかり、場合によっては1週間ほどかかるかもしれません。この間に、クルミは黒く変色します。

4 ピクルス液の材料をすべてステンレスのソースパンに入れ、砂糖が溶けるまで15〜10分ほど弱火にかけます。乾燥したクルミを、殺菌した温かい瓶に詰めます。このとき、蓋は非金属もしくは耐酸性のものを用意してください。瓶にピクルス液を流し込み、クルミが完全に液体に漬かるように確認します。密閉し、ラベルを貼り、冷暗所に保管します。使う前に6週間ほど熟成させ、開封後は冷蔵保存してください。

豊かなバルサミコ酢の香りがからみ、ほんのりキャラメリゼされたタマネギは、あらゆるおかずの味を引き出します。沸騰した湯をシャロットの上からかけ、数分おきに水気を切れば、皮は簡単にむけます。

甘いシャロットのピクルス

出来上がり	：約500g（小瓶1個）
所要時間	：35～40分
保存期間	：6か月

材料

シャロット	：550g（皮をむいたもの）
タイム（枝）	：数本
オリーブオイル	：大さじ1
バルサミコ酢	：175mL（必要に応じて追加）

1 オーブンを200℃に予熱します。シャロットとタイムを天板に乗せ、シャロット全体にオリーブオイルがかかるように、手でオイルをコーティングします。シャロットがやわらかくなり始めるまで20～25分ほどローストします（固さがなくなるまで）。

2 バルサミコ酢をステンレスの鍋に入れ、量が減るまで数分間沸騰させます。粘り気を出したくないので、あまり長時間火にかけないでください。鍋にシャロットとタイムを入れ、濃くなったバルサミコ酢が全体にからむように混ぜます。

3 シャロットを、バルサミコ酢とタイムの枝ごと、殺菌した温かい瓶に詰めます。このとき、蓋は非金属もしくは耐酸性のものを用意してください。シャロットをぎゅうぎゅうに詰め、全体が漬け液に浸るように、最後にバルサミコ酢をまわしかけます。密閉し、ラベルを貼り、全体が均一になるように、瓶を逆さにします。冷暗所に保管し、2週間ほど熟成させます。開封後は冷蔵保存してください。

コールド・ピクルスのつくり方

　コールド・ピクルスのつくり方は簡単です。まず野菜を塩に漬けて水分を出し、その後、冷たい漬け液に漬け込むだけです。はじめに塩に漬けるのは、後で漬ける漬け液を薄めないためと、野菜の食感を保つためです。このレシピには、ピクルス用キュウリかコルニション種を使います。

ガーキン・ピクルス

出来上がり：約1kg（小瓶2個）

所要時間：20分（塩に漬ける時間は除く）

保存期間：6か月以上

材料

小さいピクルス用キュウリ（長さ5～6cmのもの）：500g（皮をしっかり洗い、乾いたふきんで拭いて産毛を取ったもの）。

海塩：125g

シャロット：3～4個（皮をむいたもの）

お好みで、ニンニク：1～2片（皮をむいたもの）

お好みで乾燥唐辛子：2～3本

お好みでクローブ：2～3個

コリアンダーシード：小さじ1／2

黒胡椒：小さじ1／2

ディルシード：小さじ1／2（もしくは乾燥ベイリーフを砕いたもの1枚）

タラゴン枝：2本（もしくはディル枝か、タイム枝）

お好みでヴァインリーフ：1枚

白ワインビネガー：約750mL

1 キュウリの端に柄や花が残っていたら、切り取ります。瓶が十分に大きければ、キュウリはそのまま使いますが、小さい場合は縦1／4にするか、3mmの薄切りにします。

2 ボウルに塩を振り、キュウリを並べ、再び塩をかけ……をくり返し、すべてのキュウリを塩に漬けます。一番上の層は塩を振って終わらせてください。室温で24時間おきます。

3 塩を除くためにキュウリを洗い、殺菌した瓶に詰めます。上に1cmの余裕を持たせてください。そこにシャロット、ニンニク、スパイスやハーブを詰めます。昔ながらの味を楽しみたい場合は、ディルを、ピクルスの歯ざわりをシャキシャキに保ちたい場合は、ヴァインリーフを加えます。キュウリが完全に浸かるように、酢を注ぎ入れます。

4 非金属もしくは耐酸性の蓋で密閉し、ラベルを貼ります。冷暗所に3〜4週間ほど置き、熟成させてから食べます。ピクルスを取り出すときは、木製のトングを使用してください。

この甘いキュウリのピクルスは、昔からアメリカで大人気です。熱したビネガーで漬けるので、シャキシャキではなく、やわらかい歯ごたえになります。風味の強いチーズ、ミートサンドイッチ、ハンバーガー、バーベキューのつけ合わせに最適です。

キュウリのピクルス

出来上がり：約1.25kg（中瓶1個と小瓶1個）
所要時間：1時間15分（塩に漬ける時間は除く）
保存期間：6か月以上

材料

- 大きいキュウリ：1本（角切りもしくはスライスしたもの）
- タマネギ：大1個（皮をむき、みじん切りもしくはスライスしたもの）
- 緑色のパプリカ：小1個（薄切りにしたもの）
- 海塩：小さじ1
- シードルビネガー：300mL
- ブラウンシュガー：225g
- セロリシード：小さじ1／4程度
- マスタードシード：小さじ1／4程度
- クローブ（粉）：小さじ1／4程度
- ディル：小さじ1／4程度

1 キュウリ、タマネギ、パプリカを大きなボウルに入れ、塩を加え、よく混ぜます。ボウルを覆い、2時間ほどおきます。

2 冷水で野菜を洗い、水気を切り、ジャム鍋（もしくは底の厚いステンレスのソースパン）に入れます。ビネガーを注ぎ入れ、沸騰させたら、火を止めます。

3 残りの材料を加え、砂糖が溶けるようにかき混ぜ、冷まします。殺菌をした瓶に注ぎ入れます。非金属もしくは耐酸性の蓋で密閉し、ラベルを貼ります。冷暗所に保管します。熟成するまで最低1か月はおきます。開封後は冷蔵保存してください。

キュウリ
このレシピのキュウリは、角切りにするかスライスにします。屋外で育てたキュウリや、表面のなめらかなスライス・キュウリ（写真）が向いています。

ミックス・ベジタブルのピクルス

冷たく、歯ごたえ抜群の酸っぱいピクルスです。火を使わないので、これ以上簡単なレシピはありません。オードブルの一部にしても、チーズサンドにはさんでも、ベジタリアン・メニューに添えても美味です。ピクルスに向く材料さえ使えば、野菜はお好みで変えられます（p194〜195参照）。

出来上がり：約500g（小瓶1個）
所要時間：30分（塩水に漬ける時間は除く）
保存期間：冷蔵庫で3か月

材料

- 海塩：60g
- カリフラワー：小1個（房ごとに分けたもの）
- タマネギ：大1個（粗くみじん切りにしたもの）
- ニンジン：2本（皮をむきスライスしたもの）
- ミニトマト：10個
- ハラペーニョ：5本（まるごと使用します。お好みで）
- スパイス入りピクルスビネガー：600mL
- コリアンダーシード：小さじ1
- マスタードシード：小さじ1

1. ボウルに塩を入れ、水600mLを加え、よく混ぜます。そこに野菜をすべて入れ、ボウルを覆い、一晩おきます。用意した野菜が500gを超える場合、漬け液を増やします。塩60gに対し、水600mLの割合を、常に守ってください。

2. 別の容器にビネガーを入れ、コリアンダーシードとマスタードシードを混ぜておきます。

3. 野菜を冷水で洗い、水気を切り、清潔なふきんかキッチンペーパーで水気をよく拭き取ります。殺菌をした瓶に詰めます。蓋は、非金属もしくは耐酸性のものを用意します。野菜の上からスパイスを入れたビネガーを注ぎ入れます。スパイス入りビネガーが足りない場合は、ピクルスビネガーを足し、野菜が完全に漬かるようにします。密閉し、ラベルを貼り、室温に2日おいたら、冷蔵庫に入れ、最低1週間は漬けておきます。開封後も冷蔵保存してください。

「インドのピクルス」と呼ばれる、昔ながらのおいしい漬けもので、不動の人気を誇ります。独特の黄色と風味は、ターメリックとマスタードによるものです。ハムやチーズが一層おいしくなります。

ピカリリ

出来上がり：約2.25kg（中瓶3個）
所要時間：35分（塩水につける時間を除く）
保存期間：6か月

材料

- カリフラワー：大1個（房ごとに分けたもの）
- タマネギ：大2個（皮をむき、4等分してから極薄切りにしたもの。ピクルス用タマネギでも可）
- 野菜各種：計900g（ズッキーニ、サヤインゲン、ニンジンなどを一口大に切ったもの）
- 海塩：60g
- 薄力粉：大さじ2
- グラニュー糖：225g（あまり酸っぱいのが好みでない場合、量を少し増やしてください）
- ターメリック：大さじ1
- イングリッシュ・マスタードパウダー：60g
- スパイス入りピクルスビネガー：900mL

1 大きな非金属製のボウルに野菜を入れます。塩を水1.2Lに溶かし、野菜の上からかけます。野菜の上に皿などの重しを置き、すべてが塩水に漬かるようにしてください。そのまま24時間おきます。

2 翌日になったら、塩水を流し、野菜を冷水で洗います。大きな鍋に湯を沸かし、野菜を2分程度、さっとゆでます。歯ごたえを残したいので、煮すぎに注意してください。鍋から引き上げ、冷水で締めて加熱が進むのを防ぎます（p58～59）。

3 薄力粉、砂糖、ターメリックとマスタードパウダーを小さなボウルに入れ、ビネガーを少量加えて練ります。それを大きなステンレスのソースパンに入れ、残りのビネガーを混ぜ入れ、ダマがなくなるように絶えずかき混ぜながら、沸騰させます。沸騰したら火を弱め、15分間ことこと煮ます。

4 野菜を手順3のソースに入れ、全体に行き渡るようにします。殺菌した温かい瓶に入れます。蓋は、非金属もしくは耐酸性のものを用意します。空気の隙間ができていないか確認し、密閉してラベルを貼ります。冷暗所に保管し、1か月寝かせてから使用します。開封後は冷蔵庫で保存してください。

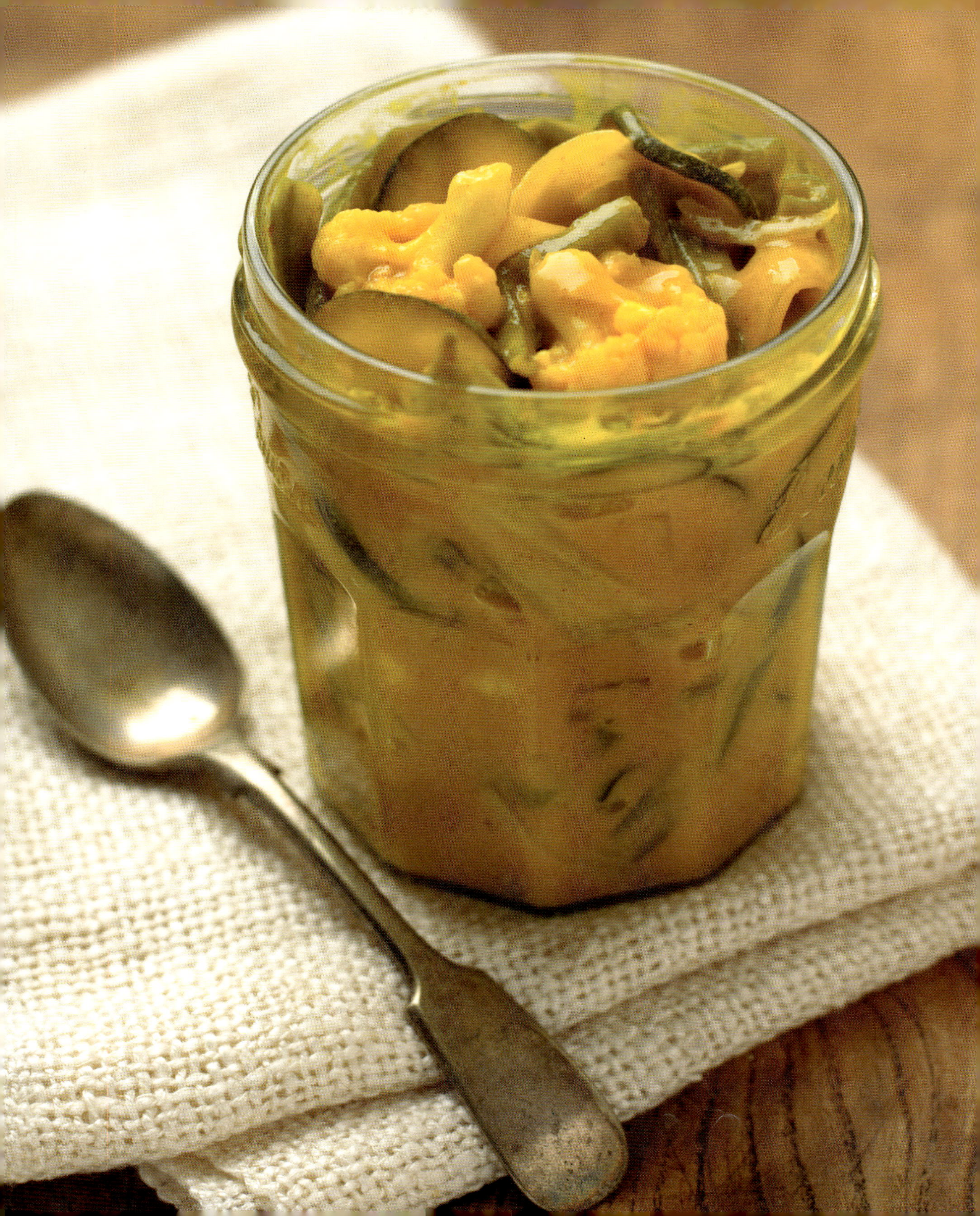

色鮮やかで、ほんのり甘いこのピクルスは、歯ごたえがよく、スパイスもほどよく効いています。口の広いメイソンジャーを使うと簡単に野菜を詰めることができるので理想的です。イギリスの伝統料理"ランカシャー・ホットポット"や、ハム、サラダに添えると美味です。

紫キャベツのピクルス

出来上がり：1.1kg（小瓶2個）
所要時間：30分（塩に漬ける時間を除く）
保存期間：冷蔵で3か月

材料

紫キャベツ：675g（芯を取り、千切りにしたもの）
紫タマネギ：1個（スライスしたもの）
海塩：大さじ3
白ワインビネガー：600mL
マスコバド糖（もしくは粉砂糖）：125g
マスタードシード：小さじ1
コリアンダーシード：小さじ1

1 キャベツとタマネギを大きなボウルに入れます。塩を振りかけ、全体を混ぜて塩が行き渡るようにします。ボウルと重ねたざるにすべてを入れ、上から皿を乗せて重しにし、一晩おきます。キャベツからはなるべく多くの水分を出すようにします。ビネガーを別の容器に入れ、砂糖と各種スパイスを混ぜ、砂糖を溶かします。蓋をしたら、これも一晩おきます。

2 キャベツとタマネギを冷水で洗い、塩を取り除き、清潔なふきんかキッチンペーパーで水気をふきとります。

3 野菜を殺菌した温かい瓶に入れます。蓋は、非金属もしくは耐酸性のものを用意します。ビネガー液をひと混ぜし、野菜の上からかけ、全体が完全に浸かるようにします。密閉し、ラベルを貼り、冷暗所で1週間保存します。その後、冷蔵庫で1か月寝かせ、風味を熟成させます。開封後は冷蔵庫で保存してください。

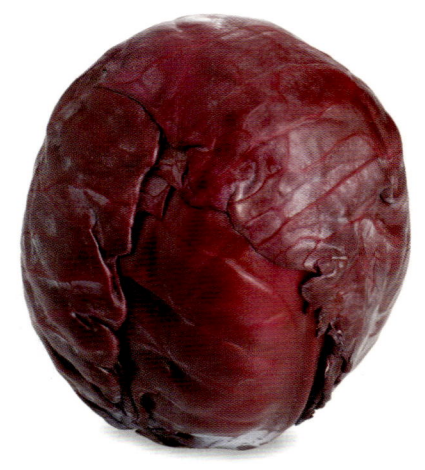

紫キャベツ
葉が詰まった赤いオランダ・キャベツは、胡椒のような味がします。5月以降に植えられ、秋に収穫されます。

ビーツの使い道として、この簡単でキレイな色のピクルスをつくるのをおすすめします。ビーツはオーブンで焼くと風味が増しますが、好みによっては塩水に浸して40分、やわらかくなるまで煮てもよいでしょう。使用前に最低1か月寝かせます。

ビーツのピクルス

出来上がり：1kg（小瓶2個）
所要時間：1時間～1時間30分
保存期間：6か月

材料

生のビーツ：1kg（洗ったもの）
ピクルスビネガー（もしくはスパイス入りピクルスビネガー）：600mL
粉砂糖：50g（お好みで）
唐辛子フレーク：1つまみ

1 オーブンを200℃に予熱します。ビーツを天板に乗せ、オーブンで50分～1時間30分ほど焼きます。ナイフを入れてやわらかくなっていることを確認します。オーブンから出し、冷まします。

2 手で持てる熱さにまで冷めたら、ビーツの皮をむきます。4等分にするか、スライスにします。殺菌した温かい瓶に入れ、上からビネガーを注ぎ、ビーツが完全に漬かるようにします（もし甘めのピクルスがお好みでしたら、ビネガーに砂糖を混ぜて注ぎます）。唐辛子フレークを加え、密閉し、ラベルを貼ります。

3 瓶をかるく揺すって全体が混ざるようにし、冷暗所で保存します。1か月寝かせ、開封後は冷蔵庫で保存してください。

レリッシュのつくり方

　レリッシュとは刺激的な風味の詰め合わせです。フルーツや野菜をさいの目に切って甘酢で煮たもので、ピクルスとチャツネをかけ合わせたような料理です。チャツネより短い時間で調理します。バーベキューやハンバーガーのつけ合わせの定番です。

スイートコーンとパプリカのレリッシュ

出来上がり：約1kg（小瓶2個）
所要時間：35〜40分
保存期間：3か月

材料

生のトウモロコシ：4本
赤パプリカ：2個（緑パプリカと赤パプリカ1個ずつでも可、種を取り、細かくさいの目に切ったもの）
セロリの茎：2本（細かくさいの目に切ったもの）
お好みで、赤唐辛子：1本（種を取り、薄切りにしたもの）
タマネギ：中1個（皮をむき、薄切りにしたもの）
白ワインビネガー：450mL
グラニュー糖：225g
海塩：小さじ2
マスタードパウダー：小さじ2
ターメリック（粉）：小さじ1/2

1 トウモロコシは縦に持ち、上から下に向かって、包丁で実を切り取ります。熱湯で2分ほど湯がき、よく水気を切ります。

2 トウモロコシと、ほかの材料すべてを大きな鍋に入れ、砂糖が溶けるようにかき混ぜながら沸騰させます。その後、弱火でかき混ぜながら15〜20分ほど煮ます。全体的に少し重くなり、木べらで混ぜると鍋底に残る液体が少量になるのが目安です。

3 味見をし、殺菌をした温かい瓶に移します。チャツネより水分が残りつつ、スプーンですくえる固さが理想です。

4 非金属もしくは耐酸性の蓋で密閉し、冷まし、ラベルを貼ります。冷暗所で保管します。どのレリッシュでもそうですが、すぐに食べることも、貯蔵することもできます。開封後は冷蔵庫で保管します。

甘いトマトと野菜が、辛いスパイスと合わさった風味豊かなレリッシュです。トッピングとして使っても、ミートソースなどに混ぜても美味です。野菜のつぶつぶを残したい場合は、包丁で切るのがベストです。

野菜とトマトのレリッシュ

出来上がり：約750kg（中瓶1個）	
所要時間：1時間30〜40分	
保存期間：6か月	

材料

完熟トマト：1kg（好みで、皮をむく）
タマネギ：2個（粗く刻んだもの）
ズッキーニ：3本（粗く刻んだもの）
黄パプリカ：1個（種を取り、粗く刻んだもの）
ニンニク：2片
赤唐辛子：2本（柄を取ったもの。辛いのが好みであれば量を増やす）
トマトピュレ：大さじ2
イングリッシュ・マスタードパウダー：小さじ1
モルトビネガー：300mL（もしくはリンゴ酢）
グラニュー糖：150g

1 トマト、タマネギ、ズッキーニ、パプリカ、ニンニク、唐辛子を刻みます。包丁を使うか、個別にフードプロセッサーにかけます。フードプロセッサーの場合は、細かく刻みすぎないようにしましょう。

2 切った野菜をジャム鍋（もしくは底の厚い大きなステンレスのソースパン）に入れます。そこにトマトピュレ、マスタードパウダー、ビネガー、砂糖を加えます。砂糖が溶けるまで、弱火でかき混ぜます。そのあと火を強め、ときどきかき混ぜながら、全体的に重くなるまで40分〜1時間煮込みます。

3 殺菌をした温かい瓶に移します。非金属もしくは耐酸性の蓋で密閉し、ラベルを貼ります。冷暗所で保管します。1か月熟成させ、開封後は冷蔵庫で保管します。

ニンジンとコリアンダーの レリッシュ

甘くもったりとしてスパイシーなレリッシュです。ほんのりオレンジが香り、カレーのつけ合わせにぴったりです。ただし、使う前に瓶の中で1か月熟成させるのが重要です。

出来上がり：約450g（小瓶1個）	
所要時間：50分～1時間	
保存期間：3か月	

材料

ニンジン：500g（すりおろす）
マスタードシード：小さじ1
コリアンダーシード：小さじ2（つぶしたもの）
カルダモンシード：小さじ1（鞘から出す）
生のショウガ：2.5cm（皮をむき、すりおろす）
有機栽培オレンジの果汁：1個分
有機栽培オレンジの皮：1個分（すりおろす）
シードルビネガー：120mL
グラニュー糖：125g（もしくはブラウンシュガー）

1 ニンジンをジャム鍋（もしくは底の厚い大きなステンレスのソースパン）に入れ、マスタードシード、コリアンダーシード、カルダモンシードを入れ、混ぜます。

2 鍋にショウガ、オレンジ果汁、オレンジの皮を加え、ビネガーと砂糖を入れて混ぜます。砂糖が溶けるまで弱火でかき混ぜ、その後ニンジンがやわらかくなるまで、ときどきかき混ぜながら弱火で10分程度煮ます。火を強め、さらに15～20分程度煮込み、水分を飛ばします。鍋底に焦げつかないように、ときどきかき混ぜます。

3 殺菌をした温かい瓶に入れます。非金属もしくは耐酸性の蓋で密閉し、ラベルを貼ります。冷暗所で保管します。1か月熟成させ、開封後は冷蔵庫で保管します。

ニンジン
自宅でニンジンを栽培する場合、早採れの品種も含め3月から6月にかけて種を植えると、6月から10月末まで収穫できます。

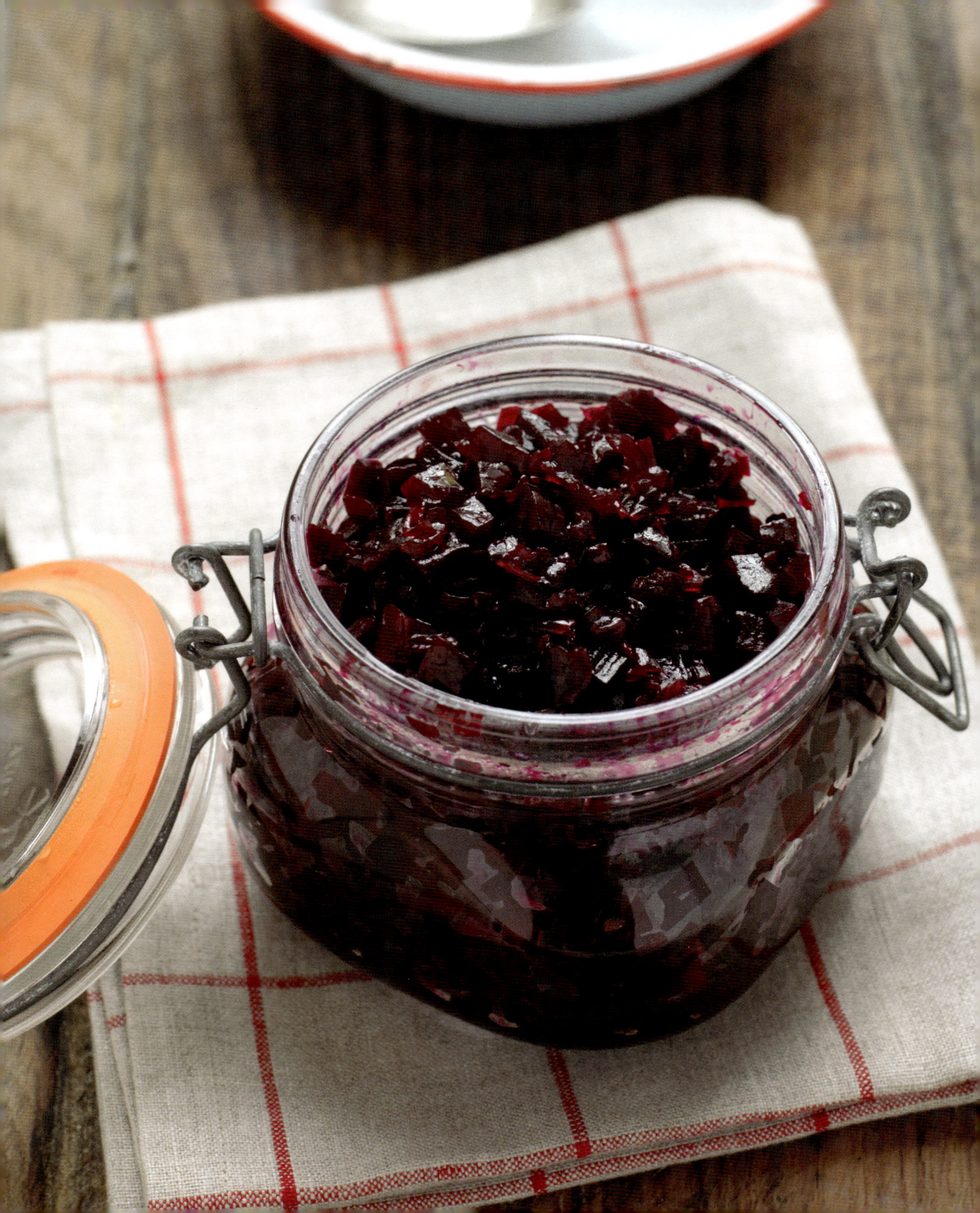

スパイスが香る甘いこのレリッシュは、チーズや牛肉料理にぴったりです。調理時間を短縮したい場合、ビーツを前日に煮ておきます。お好みで、シャロットと一緒にコリアンダーシードや、刻んだ生の唐辛子を入れてもよいでしょう。

ビーツのレリッシュ

出来上がり：約450g（小瓶1個）	
所要時間：50分～1時間	
保存期間：3か月	

材料

生のビーツ：1.35kg	
粉砂糖：小さじ1	
シャロット：450g（みじん切り）	
リンゴ酢（シードルビネガー）：600mL（もしくは白ワインビネガー）	
ピクリングスパイス：大さじ1（モスリンの袋に入れたもの）	
グラニュー糖：450g	

1 ビーツをジャム鍋（もしくは底の厚い大きなステンレスのソースパン）に入れ、かぶるくらいの水を注ぎ、粉砂糖を加えます。沸騰させたら弱火で1時間ほど、ビーツに火が通るまで煮ます。お湯から引き上げ、冷まします。冷めたら皮をむき、丁寧に小さく、さいの目切りにします。

2 洗ったジャム鍋の中に、シャロットとビネガーを入れ、弱火で10分煮ます。そこに切ったビーツとピクリングスパイス入りのモスリン袋を入れます。全体をかき混ぜ、グラニュー糖を加え、砂糖が溶けるまで弱火で煮ます。その後、火を強め、ぐつぐつと5分ほど煮立てたら、再び弱火に戻し、40分ほど煮ます。レリッシュに重さが出るのが目安です。

3 スパイス入りの袋を取り出し、レリッシュを殺菌した温かい瓶に入れます。このとき空気の隙間ができないように気をつけます。蓋は非金属もしくは耐酸性のものにしてください。密閉し、ラベルを貼り、冷暗所で保管します。1か月熟成させ、開封後は冷蔵庫で保管します。

酸味の効いたこのレリッシュは、フレッシュなフルーツと、温かいスパイスの香りでいっぱいです。クランベリーによって歯ごたえが、ネクタリンによってやわらかさが、タマネギによってザクザクとした食感が生まれます。好みに応じて、クランベリーの代わりにレーズンやサルタナレーズンを使用します。

甘酸っぱいネクタリンとクランベリーのレリッシュ

出来上がり：約800g（小瓶2個）
所要時間：1時間15～30分
保存期間：3か月

材料

- オリーブオイル：大さじ1
- 紫タマネギ：2個（みじん切り）
- 海塩：1つまみ
- 唐辛子フレーク：小さじ1
- ネクタリン：450g（種を取って刻んだもの）
- ドライクランベリー：125g（サワーチェリーでも可）
- コリアンダーシード：小さじ1
- シナモン（粉）：1つまみ
- オールスパイス：1つまみ
- ブラウンシュガー：300g
- 白ワインビネガー：150mL

1 ジャム鍋（もしくは底の厚い大きなステンレスのソースパン）にオリーブオイルを引き、タマネギと塩を入れ、やわらかくなるまで炒めます。

2 唐辛子フレーク、ネクタリン、クランベリー、スパイス、砂糖、ビネガーを入れ、砂糖が溶けるまでかき混ぜます。ときどきかき混ぜながら沸騰させたら、弱火にし、40分～1時間全体が重たくなり始めるまで煮ます。最後の方は、絶えずかき混ぜ、レリッシュが鍋底に焦げつかないようにします。水気がなくなりすぎたら、お湯を足してください。

3 殺菌をした温かい瓶に注ぎ、非金属もしくは耐酸性の蓋をして密閉し、ラベルを貼ります。冷暗所で保管します。1か月熟成させ、開封後は冷蔵庫で保管します。

甘いズッキーニのレリッシュ

スパイスが少なく、パンチのあるこのレリッシュは、ラム肉のハンバーグなどと好相性です。つくりたては酸味が強いので、1か月熟成させ、材料同士の味をなじませ甘さが出てくるのを待ちましょう。

出来上がり	約1.5kg（中瓶4個）
所要時間	1時間25分
保存期間	6か月

材料

- ズッキーニ：900g（包丁もしくはフードプロセッサーでみじん切りにしたもの）
- タマネギ：大1個（包丁もしくはフードプロセッサーでみじん切りにしたもの）
- リンゴ酢（シードルビネガー）：500mL
- グラニュー糖：350g
- イングリッシュ・マスタードパウダー：小さじ2
- ターメリック：小さじ1
- 唐辛子フレーク：小さじ1〜2
- コーンフラワー：小さじ2
- コリアンダーシード：小さじ2

1 ズッキーニとタマネギをジャム鍋（もしくは底の厚い大きなステンレスのソースパン）に入れ、ビネガーを注ぎ入れ、全体をかき混ぜます。

2 砂糖、マスタードパウダー、ターメリック、唐辛子フレーク、コーンフラワー、コリアンダーシードを加え、砂糖が溶けるまでかき混ぜながら弱火にかけます。その後沸騰させたら再び弱火にし、全体が重たくなるまで、40分〜1時間煮ます。ハンバーガー用のレリッシュ（p210〜211）と同じくらいの重さになれば完成です。

3 殺菌をした温かい瓶に注ぎ、非金属もしくは耐酸性の蓋をして密閉し、ラベルを貼ります。冷暗所で保管します。1か月熟成させ、開封後は冷蔵庫で保管します。

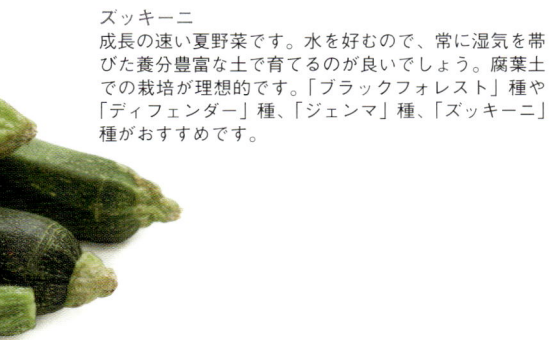

ズッキーニ
成長の速い夏野菜です。水を好むので、常に湿気を帯びた養分豊富な土で育てるのが良いでしょう。腐葉土での栽培が理想的です。「ブラックフォレスト」種や「ディフェンダー」種、「ジェンマ」種、「ズッキーニ」種がおすすめです。

ボトルいっぱいの幸せ。それはシロップ漬けのフルーツであり、コーディアルであり、シロップ、ケチャップ、ソースなど……。その中でも最もおいしく簡単につくれるのは、アルコール漬けのフルーツでしょう。自家製のボトル保存食は、添加物がなく、安心して食べることができ、味わいも豊かであり、あらゆる点で市販品より優れています。長期保存には加熱が大切です。長期保存と瓶詰めに関する基本的な知識は、p18〜19を参考にしてください。

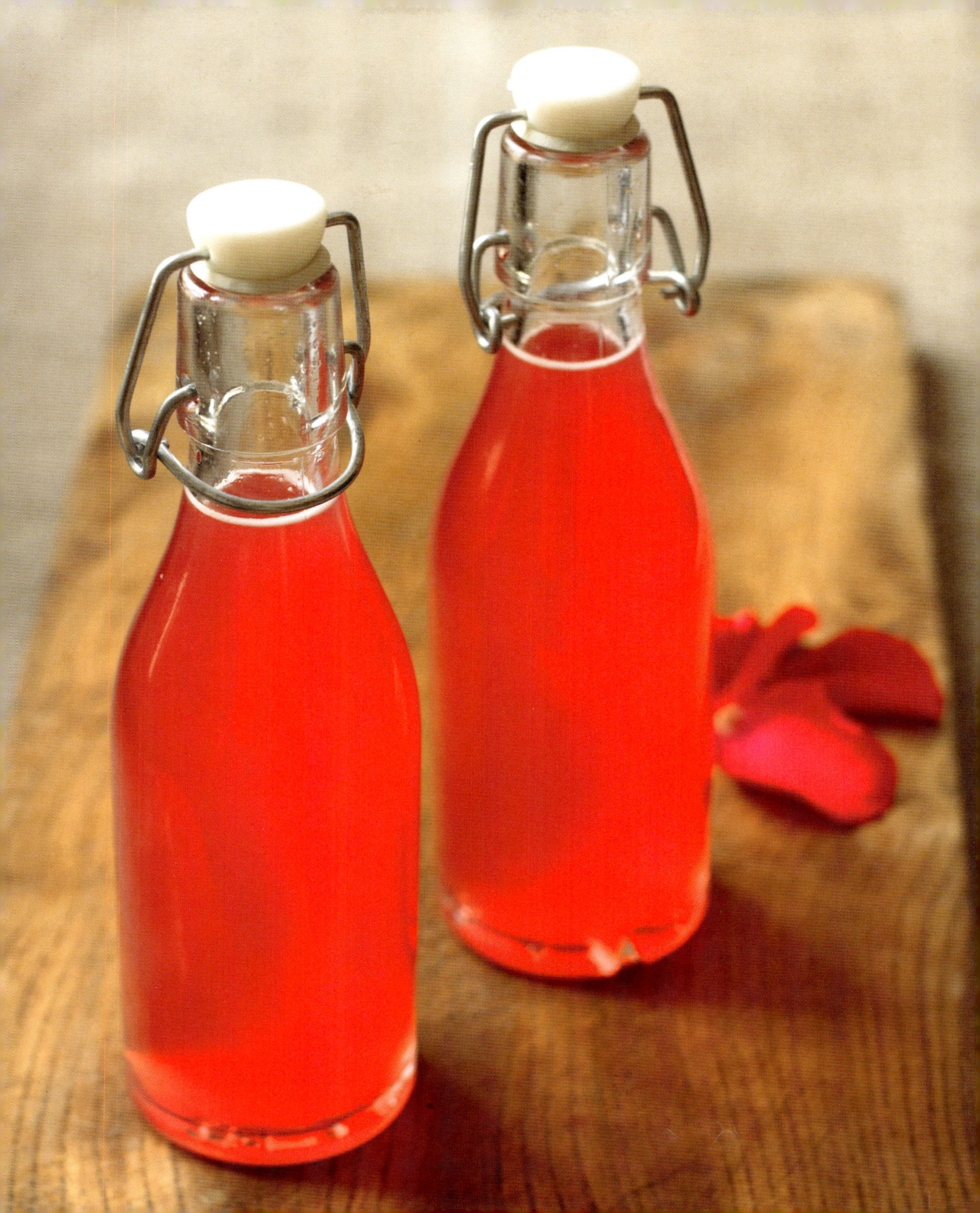

瓶詰め保存食に最適な食材

シロップ漬けであれアルコール漬けであれ、シロップやジュースやコーディアルをつくるのであれ、ほとんどのフルーツが瓶詰めに向いています。どのフルーツにするか、選択肢がありすぎて困ってしまうことでしょう。

イチジク
香り豊かに熟したもののなかでも、水っぽくなく、青くもなく、皮が黒くなっていないものを選びます（酸度が低いので、レモン果汁を足します）。あるいは、ラムトプフ（ラム酒漬け、p236）に加えることもあります。バニラやショウガで風味づけをします。旬は夏から秋です。

セイヨウスモモ
至高の味と食感と言われるプラムです。セイヨウスモモの旬は短く、8月です。この素晴らしいフルーツを最高の状態で保つには、シロップ漬けにするのが一番です。

ブルーベリー
ほかのベリー同様、ブルーベリーもシロップに漬けるとおいしいフルーツです。ラムトプフ（p236）に加えたり、抗酸化成分とビタミンが豊富な、健康的なコーディアルにするとよいでしょう。

アメリカンチェリー
「モレロ」種など、生で食べるために改良された品種を採れたての状態で使うとよいでしょう。シロップに漬けたり、ラムトプフ（p236）に加えたり、あるいはブランデーに3か月ほど漬けるとおいしいです。

ネクタリン
モモやアプリコット同様、ネクタリンも、コーディアルやシロップ漬け、アルコール漬けに向いているフルーツです。太陽の下で熟した、摘みたてのネクタリンを選んでください。

セイヨウナシ
マルメロ同様、セイヨウナシもショウガやスターアニス、シナモン、カルダモンを効かせたシロップや、ブランデーなどに漬けてリキュールにするとおいしいフルーツです。

ラズベリー
昔からラムトプフ（p236）に使われるフルーツです。シロップ漬けにするよりリキュールやコーディアルにする方がフルーティで味わい豊かになります。

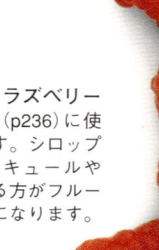

瓶詰め保存食に最適な食材

プラム
調理用でも生食用でも、すべてシロップ漬けに向きます。核果はどれもそうですが、種を取ってから果肉を切り、ボトルに詰めると楽です。

クレメンタイン
甘い柑橘類です。皮はむきやすく、果肉を覆う白いわたも取りやすいため、シロップやアルコールに漬けたり、コーディアルにもぴったりです。

キンカン
冬のフルーツです。皮が薄く、酸っぱいため、生食よりアルコールに漬けると絶品です。

瓶詰め保存の方法

熱いシロップに漬ける場合、以下の時間を守って加熱密閉してください。各フルーツが、コーディアルやシロップ漬けに向くか、アルコール漬けに向くかも列記します。

材料	熱いシロップに漬ける場合 オーブン 150℃で加熱すべき時間(分)	熱いシロップに漬ける場合 煮沸する時間(分) ぬるま湯(38℃)から沸騰直前(88℃)まで25〜30分かかるものとする	コーディアル シロップ漬け	アルコール漬け
リンゴ	30〜40	2	向	不向
アプリコット	40〜50	10	向	向
ブラックベリー	30〜40	2	向	向
ブラックカラント	30〜40	2	向	向
ブルーベリー	30〜40	2	向	向
ボイセンベリー	30〜40	2	向	向
アメリカンチェリー	40〜50	10	向	向
栗	50〜60		不向	不向
柑橘類	30〜40	10	向	向
クランベリー	30〜40	2	向	向
イチジク(レモン果汁入り)	40	60〜70	不向	向
グースベリー	40〜50	10	向	向
キンカン	30〜40	10	向	向
ローガンベリー	30〜40	2	向	向
メロン(レモン果汁入り)	40〜50		不向	不向
桑の実	30〜40	2	向	向
ネクタリン・モモ	50〜60(半分に切ったものの場合)	20	向	向
セイヨウナシ	60(半分に切ったものの場合)	40	向	向
プラム(全種)	50〜60(半分に切ったものの場合)	20	不向	向
マルメロ	40〜50	30	向	向
ラズベリー	30〜40	2	向	向
アカスグリ・シロスグリ	30〜40	2	向	向
ルバーブ	40〜50	10	向	不向
イチゴ	30〜40	2	向	向
タイベリー	30〜40	2	向	向
スイカ(レモン果汁入り)	40〜50		不向	不向

ホールトマトの瓶詰め

ほかの野菜と異なり、トマトは瓶詰めにしても風味がすべて保たれます。小さい完熟トマト1kgを柄を取り除いてボウルに入れ、レモン果汁大さじ2、塩小さじ2、グラニュー糖小さじ1と和えます。殺菌した温かい中瓶2個にトマトをぎっしり詰め、傷つけないように押しつぶします。ボウルに残るレモン果汁を均等に2瓶に分け、密閉します。中温(150℃)で予熱したオーブンに1時間〜1時間10分入れるか、88℃のお湯で40分煮沸します。冷ましてから密閉状態を確かめ、冷暗所に保存。12か月保管できます。

フルーツのシロップ漬けのつくり方

　瓶詰めされたフルーツには、特別なかわいらしさと魅力があります。フルーツはどれも瓶詰めに向いていますし、むしろ冷凍より向いているフルーツが多いです。砂糖を加えるだけではなく、フルーツと瓶を熱処理することで保存期間が長くなります(p19)。

シロップ漬けのモモ

出来上がり：約450mL(小瓶2個)
所要時間：15分(熱処理の時間を除く)
保存期間：熱処理した場合12か月

材料

グラニュー糖：約115g	
完熟モモ：4〜5個	
お好みで、モモの仁	

砂糖シロップ

　フルーツの酸味と、シロップの好みの甘さによって、ライト・シロップ、ミディアム・シロップ、ヘビー・シロップを使い分けます。
- **ライト・シロップ**：水600mLに対して砂糖115g
- **ミディアム・シロップ**：水600mLに対して砂糖175g
- **ヘビー・シロップ**：水600mLに対して砂糖250g

　スターアニスやシナモン、クローブなどスパイスや、ゼラニウムの葉、バニラビーンズなどで香りをつけることもできます。
　砂糖と水を鍋に入れ、砂糖が溶けるようにかき混ぜながら、弱火で沸騰させます。1〜2分煮立てます。

1 シロップをつくります。水600mLと砂糖(左枠参照)を鍋に入れ、ゆっくり沸騰させ、1〜2分煮立てます。

2 モモの皮をむき(うまくむけない場合は、熱湯に30秒ほどつけて湯むきする)、半分に切り、種を取り除きます。仁を使う場合は、種をいくつか取っておきます。

3 天板に殺菌をした温かい瓶を並べ、上に1cmの余裕ができるようにフルーツを詰めます。使う場合は、仁も入れ、上から熱々のシロップを注ぎます。

4 瓶を軽く打ちつけたり、回したりし、気泡を抜きます。シロップを追加し、ゴムパッキンつきの蓋やねじ式の蓋(閉めた後、1／4回転だけ開ける)をし、熱処理します(p19)。

5 熱処理後、すぐにクリップあるいは蓋（プラスチックのスクリュー式の外蓋）を完全に閉めます。そのまま24時間おき、密閉を確認後、冷暗所に保管します。

抗酸化物質の宝庫であるこれらのベリーで、免疫力が一気に高まることでしょう。バニラ風味の生クレームに添えたり、クランベリーソースの代わりに七面鳥やハムなどの肉料理にかけてもよいでしょう。開封したら冷蔵保存し、1週間で使いきってください。

ベリーのライム・シロップ漬け

出来上がり：約1L（小瓶2個）
所要時間：1時間5分
保存期間：熱処理した場合12か月

材料

ヘビー・シロップ（p222参照）：450mL
有機栽培ライムの皮：1／4個（薄くはいだものか、細かくすり下ろしたもの）
クランベリー：225g
ブルーベリー：225g

1 ヘビー・シロップ（p222参照）をつくります。ライムの皮は、最初から鍋に入れます。

2 ベリーの水分をキッチンペーパーで拭き取り、2種を混ぜます。ふきんか、木の板の上に殺菌した瓶を置き、ベリーをつぶさないように、瓶いっぱいに詰めていきます。上部に1cmの余裕を残します。

3 沸騰したシロップをライムの皮ごと瓶に注ぎ、フルーツが完全にシロップに漬かるようにします。瓶の底を軽く打ちつけ、気泡を抜きます。表面に浮かんでくるベリーは、殺菌したスプーンで押し戻し、ゴムパッキンつきの外蓋や密閉できる金属の蓋をかぶせます。スクリュー式の外蓋を使う場合、閉めてから1／4回転だけ開けます。

4 必要時間、熱処理します（p221参照）。方法はp19をご覧ください。処理後ただちに蓋あるいはスクリュー式の外蓋を完全に閉めます。そのまま24時間おき、密閉性を確認します（メイソンジャー使用の場合、蓋が少しへこみ、指で押しても動かないので、密閉状態がすぐに分かります。密閉するときに「ポコ」という音も聞こえるかもしれません）。冷暗所に保管し、開封後は冷蔵保存してください。

栗のバニラ・シロップ漬け

栗の皮をむくのに時間がかかりますが、手間がかかるものほど愛おしいものです。どうしても大変であれば、半量でつくってもよいでしょう。シロップをつくるときにバニラビーンズを割って入れれば、バニラ風味のより強いものになります。

出来上がり：約1L（小瓶2個）
所要時間：1時間55分
保存期間：熱処理した場合12か月

材料

ミディアム・シロップ（p222参照）：400〜600mL（砂糖はブラウンシュガーを使用）
バニラビーンズ：2鞘（割っておく）
生の栗：900g

1. ミディアム・シロップをつくります。お好みで、煮る前の鍋にバニラビーンズ（分量外）を加えます。

2. 栗の皮に傷をつけ、別の鍋に入れます。かぶるくらいの水を入れ、沸騰させ、20分ぐつぐつ煮ます。鍋を火から下ろします。

3. 小さく鋭いナイフを使い、鬼皮と渋皮を取ります。栗が冷めてきたら、再び鍋で温めます。冷めているととてもむきづらいです。

4. 殺菌した温かい瓶に栗を詰め、上部に1cmの余裕を残します。それぞれの瓶にバニラビーンズを入れます。シロップを煮立てて、栗がすっかり浸かるように瓶に注ぎます（必要であればシロップを増量してください）。瓶の底を軽く打ちつけ、気泡を抜きます。表面に浮かんでくるベリーは、殺菌したスプーンで押し戻し、ゴムパッキンつきの外蓋や密閉できる金属の蓋をかぶせます。スクリュー式の外蓋を使う場合、閉めてから1／4回転だけ開けます。

5. 必要時間、熱処理します（p221参照）。方法はp19をご覧ください。その後、蓋や外蓋を完全に閉めます。そのまま24時間おき、密閉性を確認します（メイソンジャー使用の場合、蓋が少しへこみ、指で押しても動かないので、密閉状態がすぐに分かります。密閉するときに「ポコ」という音も聞こえるかもしれません）。冷暗所に保管し、開封後は冷蔵保存してください。

栗
秋の甘い栗（「カスタネア・サルビア」種など）を探すときは、ガーデニング用の手袋をし、いがを取ります。傷ついたものや割れているものは取り除きましょう。

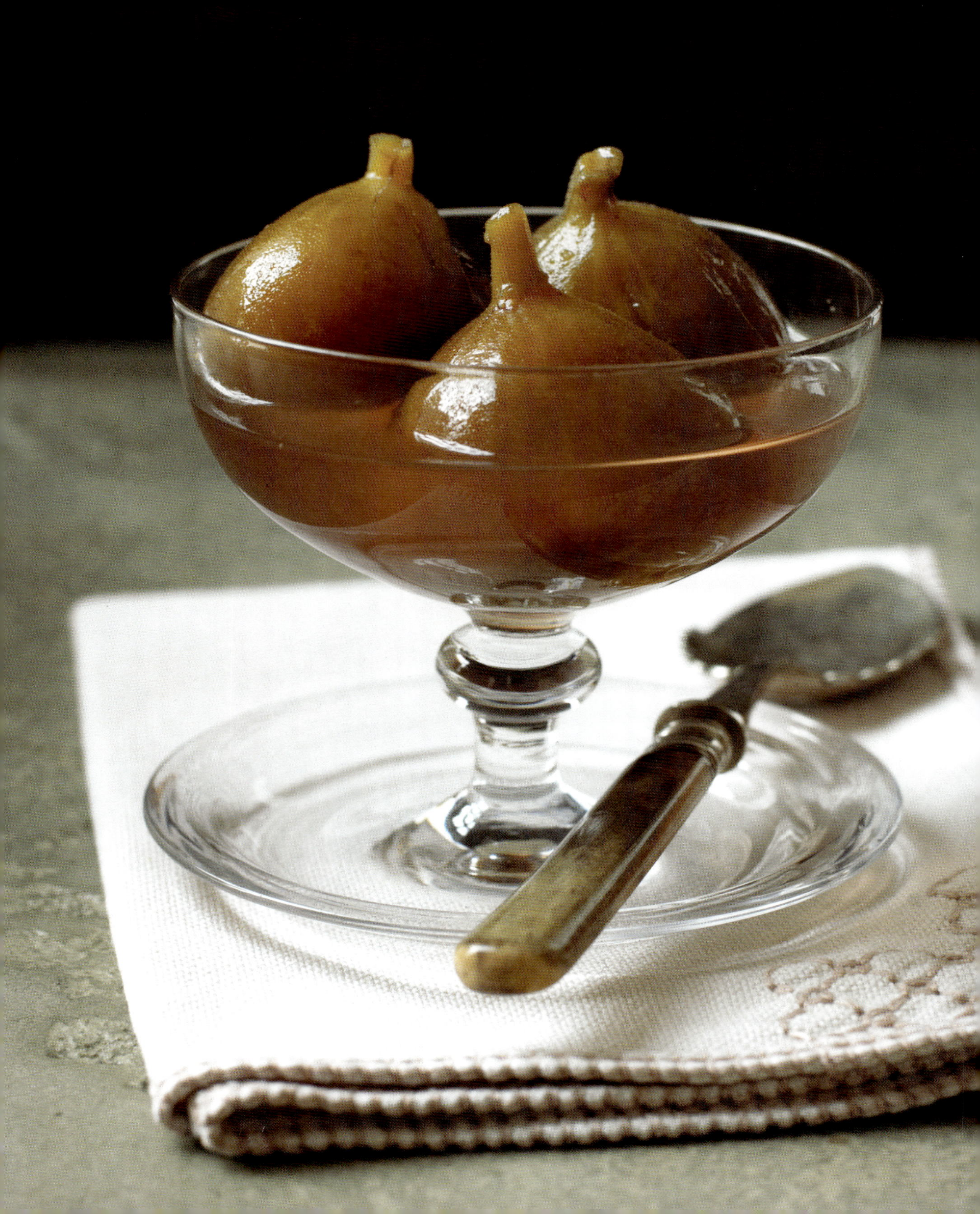

生イチジクの
ハチミツ・シロップ漬け

イチジクは瓶詰めにすると緑色になり、元の鮮やかな色を失ってしまいますが、ハチミツとレモンのシロップに漬けるとやわらかく、風味も増します。ギリシャヨーグルトや生クリームを添えてデザートにしても、冷たく冷やした塩気の強いフェタ・チーズと合わせて前菜にしても美味です。

出来上がり：約1L（小瓶2個）
所要時間：1時間
保存期間：熱処理した場合12か月

材料
透明なハチミツ：250mL
有機栽培レモンの皮：2切れ（洗い、皮をうすくはぎ、1cm幅に切ったもの）
レモン果汁：大さじ2
熟したイチジク：小16個（大12個）

1. ハチミツ、冷水500mL、レモンの皮、レモン果汁を鍋に入れます。弱火にかけ、ハチミツが溶けるまでかき混ぜます。その後沸騰させ、3分間煮立てます。

2. イチジクを洗い、乾かします。シロップに加え、2分間煮立てます。穴あきスプーンでイチジクを取りだし、殺菌をした温かい瓶に隙間なく詰めていきます。なるべくつぶさないようにしましょう。シロップからレモンの皮を取りだし、捨てます。熱いシロップをイチジクの上からかけ、フルーツが完全に漬かるようにします。瓶の底を軽く打ちつけ、気泡を抜きます。

3. ゴムパッキンつきの外蓋や密閉できる金属の蓋をかぶせます。スクリュー式の外蓋を使う場合、閉めてから1／4回転だけ開けます。

4. 必要時間(p221参照)、熱処理します。熱処理は、p19に記載されたいずれかの方法を用います。その後、必要に応じて外蓋を完全に閉めます。そのまま24時間おき、密閉性を確認します（メイソンジャー使用の場合、蓋が少しへこみ、指で押しても動かないので、密閉状態がすぐに分かります。密閉するときに「ポコ」という音も聞こえるかもしれません）。冷暗所に保管し、開封後は冷蔵保存してください。

このレシピではフルーツをお湯で保存するので、好みに応じて甘さを加えてから、パイやクランブル、ムース用のピュレとして使ったり、生クリームと合わせてフルーツフールにします。リンゴのスライスは変色してしまうので、レモン果汁に漬けるのを忘れないでください。

ルバーブとリンゴの瓶詰め

出来上がり：約1L（小瓶2個）
所要時間：1時間
保存期間：熱処理した場合12か月

材料
ルバーブ：450g
調理用もしくは生食用のリンゴ：2個（約350g）
レモン果汁：大さじ4

1 ルバーブの端を切り落とし、小さく切ります。リンゴは皮をむき、芯を取り、スライスしたらすぐにレモン果汁に漬けます。

2 フルーツを殺菌した温かい瓶に詰めます。その後、ベーキングシートを敷いた天板の上に、間隔を空けて瓶を乗せます。予熱した130℃のオーブンに入れ、50分焼きます。

3 瓶を1つずつ取り出し、すぐに沸騰したお湯を注ぎ入れ、フルーツが完全に漬かるようにします。すぐに密閉します。残りの瓶も同じようにします。そのまま24時間おき、密閉性を確認します（p19参照）。冷暗所に保管し、開封後は冷蔵保存してください。

リンゴ
「アン・エリザベス」種や「ブレンハイム・オレンジ」種、「ピピン」種、あるいは調理用のリンゴが大量にあれば、ルバーブを省き、リンゴだけでつくることもできます。

マルメロのスパイス入り
シロップ漬け

マルメロの瓶詰めは、バニラやスパイスの効いたアイスクリームや、クロテッドクリーム、生クリームを添えてみましょう。刻んだり、ピュレにして、豚肉や鴨肉のつけ合わせにしても美味です。

出来上がり：約1L（小瓶2個）
所要時間：1時間15分
保存期間：熱処理した場合12か月

材料

マルメロ：900g（よく洗う）
レモン果汁：大さじ1
粉砂糖：275g
スターアニス：2個（もしくはシナモンスティック1本か、クローブ2個）

マルメロ
セイヨウナシやリンゴの親戚にあたるフルーツで、形も似ています。皮には産毛が生え、香りが良く、硬い果肉をしています。「ジャポニカ」種は小さい鑑賞用のマルメロで、その実もこのレシピに使えます。

1 マルメロを大きな鍋に入れ、水600mLを注ぎ入れ、沸騰させ、果肉がやわらかくなるまで2分煮立てます。マルメロを穴あきスプーンで鍋から取り出し、冷水に浸します。鍋の水は取っておきます。マルメロの皮をむき、芯を取り、4等分したら、すぐにレモン果汁を加えた冷水入りのボウルに入れます（変色を防ぐためです）。

2 水を残した鍋に、砂糖を加えます。砂糖が溶けるまで弱火にかけ、よくかき混ぜます。4等分したマルメロの水気を切り、スターアニスとともに鍋に加えます。沸騰したら火を弱め、蓋をし、沸騰直前の温度で12〜15分、マルメロがちょうどやわらかくなるまで煮ます。

3 殺菌をした温かい瓶に詰め、上部に1cmの余裕を残します。シロップを再び沸騰させ、フルーツが完全に漬かるように瓶に注ぎます。瓶の底を軽く打ちつけ、気泡を抜きます。ゴムパッキンつきの外蓋や密閉できる金属の蓋をかぶせます。スクリュー式の外蓋を使う場合、閉めてから1／4回転だけ開けます。

4 必要時間、熱処理します（p221参照）。熱処理は、p19に記載されたいずれかの方法を用います。その後、必要に応じて外蓋を完全に閉めます。そのまま24時間おき、密閉性を確認します（メイソンジャー使用の場合、蓋が少しへこみ、指で押しても動かないので、密閉状態がすぐに分かります。密閉するときに「ポコ」という音も聞こえるかもしれません）。冷暗所に保管し、開封後は冷蔵保存してください。

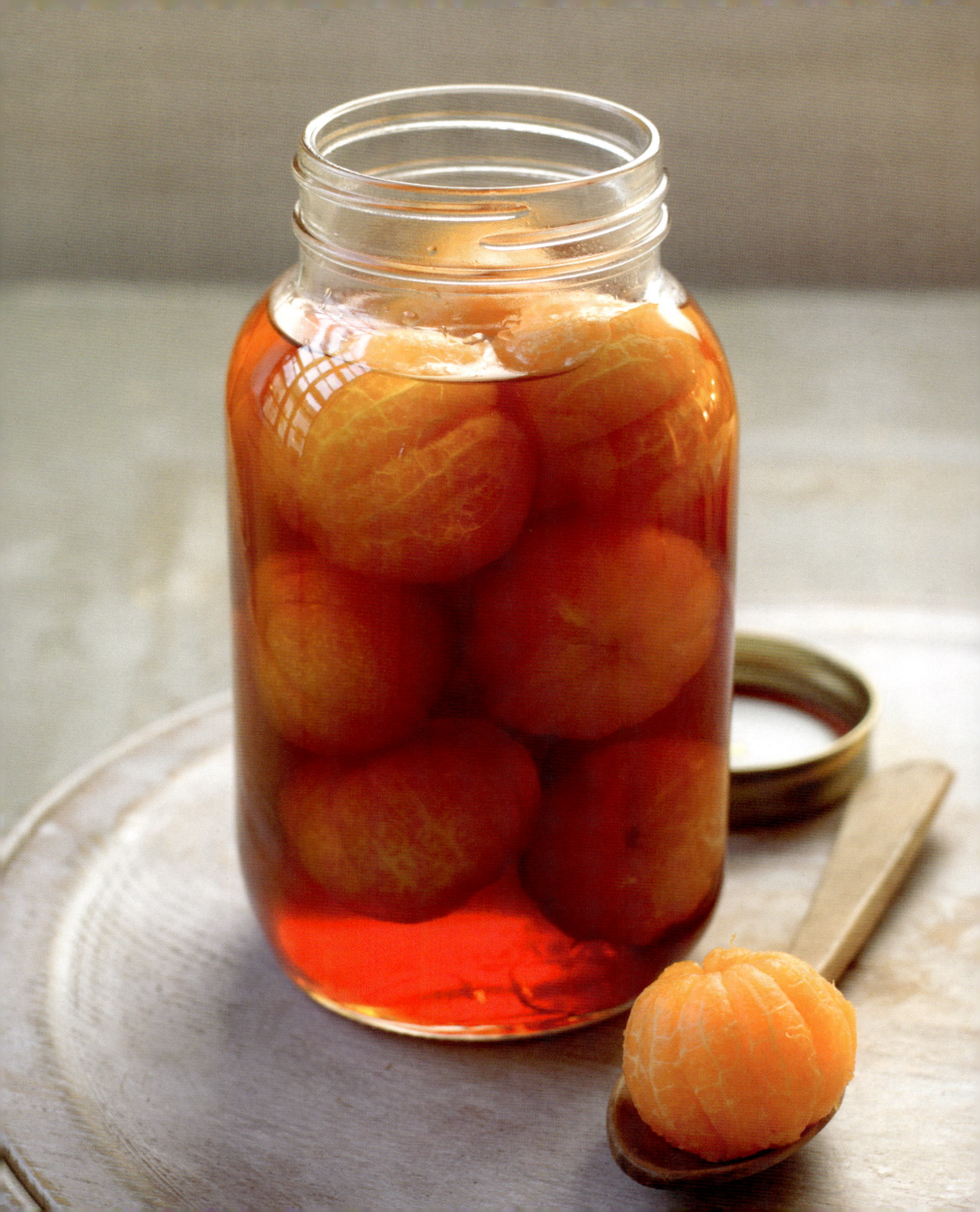

やわらかい柑橘類であれば、どれでもこのレシピに使うことができます。クレメンタインではなくオレンジを使う場合、オレンジ6個の皮をむき、白いわたを取り除き、スライスしてからレシピ通りにつくります。生クリームを添えればあっと言う間にデザートの完成です。

クレメンタインの
キャラメル・シロップ漬け

出来上がり：約1L（小瓶2個）
所要時間：25分
保存期間：熱処理した場合12か月

材料
グラニュー糖：175g
クレメンタイン：小10個（皮をむき、ナイフで白いわたをとったもの）

1 砂糖と冷水100mLを中くらいの鍋に入れます。よくかき混ぜます。火にかけたら、砂糖が溶けるまでは、かき混ぜず、沸騰もさせないでください。そこから沸騰させ、飴色のキャラメルになるまで5〜10分煮立てます。

2 キャラメルがはねるので、手を布で覆うか手袋をして、お湯200mLを注ぎます。キャラメルが溶けるまでよくかき混ぜ、再び沸騰させます。

3 殺菌をした温かい瓶につぶさないように詰め、上部に1cmの余裕を残します。

4 熱いキャラメルシロップで瓶を満たします。瓶の底を軽く打ちつけたり、軽く揺すったりして、気泡を抜きます。必要であればシロップを足し、フルーツが完全に漬かるようにしてください。ゴムパッキンつきの外蓋や密閉できる金属の蓋をかぶせます。スクリュー式の外蓋を使う場合、閉めてから1／4回転だけ開けます。

5 必要時間、熱処理します（p221参照）。熱処理は、p19に記載されたいずれかの方法を用います。その後、必要に応じて外蓋を完全に閉めます。そのまま24時間おき、密閉性を確認します（メイソンジャー使用の場合、蓋が少しへこみ、指で押しても動かないので、密閉状態がすぐに分かります。密閉するときに「ポコ」という音も聞こえるかもしれません）。冷暗所に保管し、開封後は冷蔵保存してください。

リンゴジュースに漬けるので、砂糖は加えません（ライト・シロップを使うほかのレシピでも、リンゴジュースに代替可能です）。お好みでp222に記載されたライト・シロップを使ってもよいでしょう。熟したフルーツを使うことで風味を最大に生かすことができます。

夏の赤い果実のリンゴジュース漬け

出来上がり：約1L（小瓶2個）
所要時間：1時間15分
保存期間：熱処理した場合12か月

材料
ベリー各種：450g（アメリカンチェリー、イチゴ、ラズベリー、アカスグリなど）
100％リンゴジュース：450mL

1. アメリカンチェリーは、半分にして種を取ります。ホールで使う場合も、種を取ります。イチゴを使う場合はへたを取り、小さいものはそのまま、大きいものは半分か4等分にします。アカスグリはフォークの先を使い枝から外します。

2. リンゴジュースは鍋に入れ、沸騰させたら2分煮立てます。

3. ベリー類を混ぜ合わせます。ふきんか、木の板の上に殺菌した瓶を置き、ベリー類をつぶさないように、瓶いっぱいに詰めていきます。上部に1cmの余裕を残します。

4. 沸騰したジュースを上から注ぎ、ベリーが完全に漬かるようにします（表面に浮かんでくるベリーは、殺菌したスプーンで押し戻します）。瓶の底を軽く打ちつけ、気泡を抜きます。ゴムパッキンつきの外蓋や密閉できる金属の蓋をかぶせます。スクリュー式の外蓋を使う場合、閉めてから1／4回転だけ開けます。

5. 必要時間、熱処理します（p221参照）。方法はp19をご覧ください。処理後ただちに蓋あるいはスクリュー式の外蓋を完全に閉めます。そのまま24時間おき、密閉性を確認します（メイソンジャー使用の場合、蓋が少しへこみ、指で押しても動かないので、密閉状態がすぐに分かります。密閉するときに「ポコ」という音も聞こえるかもしれません）。冷暗所に保管し、開封後は冷蔵保存してください。

スイカを瓶詰めにするにはレモン果汁が必須なので、くれぐれも省略しないでください。風味を加えるならば、シロップをつくる際にオレンジのスライスを数枚入れ、シロップを入れる前に、スイカを詰めた瓶に均等に分け入れてもよいでしょう。

スイカとショウガの
シロップ漬け

出来上がり：約1L（小瓶2個）
所要時間：1時間10分
保存期間：熱処理した場合12か月

材料

スイカ：小1個
生のショウガ：2.5cm
グラニュー糖：140g
レモン果汁：大さじ2

1 スイカを半分に切り、種を取り、くり抜き器を使って果肉を丸くくり抜くか、皮を切り落として一口大の角切りにします。

2 ショウガは皮をむき、スライサーや鋭い包丁で薄切りにします。

3 水300mLでシロップをつくります（p222参照）。このときショウガ、砂糖、レモン果汁を使います。スイカを加え、2分煮立てます。ふきんか、木の板の上に殺菌した瓶を置き、穴あきスプーンを使いながら、スイカを詰めていきます。つぶさないようにし、上部に1cmの余裕を残します。

4 熱いシロップを上から注ぎ、瓶の底を軽く打ちつけ、気泡を抜きます。必要であればシロップを足し、スイカが完全に浸かるようにします。ゴムパッキンつきの外蓋や密閉できる金属の蓋をかぶせます。スクリュー式の外蓋を使う場合、閉めてから1／4回転だけ開けます。

5 必要時間、熱処理します（p221参照）。方法はp19をご覧ください。処理後ただちに蓋あるいはスクリュー式の外蓋を完全に閉めます。そのまま24時間おき、密閉性を確認します（メイソンジャー使用の場合、蓋が少しへこみ、指で押しても動かないので、密閉状態がすぐに分かります。密閉するときに「ポコ」という音も聞こえるかもしれません）。冷暗所に保管し、開封後は冷蔵保存してください。

フルーツのアルコール漬け

　ブランデー、ラム、ウィスキー、ウォッカ、ジンなど、アルコールに漬けたフルーツには、おいしいお酒の味が染みこみます。コーヒーと一緒に食べるのもおいしいし、フルーツを漬けた後のお酒をアイスクリームやデザートにかけるのも美味です。皮の薄くみずみずしいベリーやプラム、アメリカンチェリーに向いた手法です。

ブランデー漬けチェリー

出来上がり	750mL（小瓶3個）
所要時間	10分
保存期間	12か月以上

材料

熟したチェリー：500g（甘いものや「モレロ」種など。完全な状態のものを洗い、柄を取る）

粉砂糖：約175g

ブランデー：350mL

1 殺菌をした口の広い瓶を用意し、洗ったチェリーを丁寧に詰めていきます。傷つけたりつぶさないように注意します。

2 瓶の1／3が砂糖で満たされるようにし、アルコールを注ぎます。（フルーツに対して砂糖は1／3～1／4量、アルコールは3／4～2／3量使うのが目安です。）

3 瓶の底を軽く打ちつけたり、左右に振って気泡を抜きます。時間がたつにつれて溶けていく砂糖を、ときどき揺すったり、上下をひっくり返して全体に行き渡らせます。

4 冷暗所に保管し、2〜3か月寝かせてから開封します。

ラムトプフ

ラムトプフは「ラム・ポット」を意味する言葉で、季節ごとに好みのフルーツを、瓶がいっぱいになるまで加えていく保存食です。ラムトプフ瓶がなければ、殺菌をした蓋つきの陶器瓶を使ってください。

出来上がり：ラムトプフ瓶（もしくは陶器瓶）1つ
所要時間：各作業10分
保存期間：12か月以内で食べるのがベスト

材料
熟したやわらかい生のフルーツ（ベリー類、スグリ類［アカスグリやブラックカラント］、ブドウ、セイヨウナシ、核果など）
グラニュー糖：手順参照
ラム：手順参照

1 フルーツは、必要があれば皮をむき、半分に切り、種や芯を取り除きます。果肉が大きければスライスします。チェリーやアプリコット、プラムなど小さいフルーツは半分に切ります。ベリー類やブドウ、スグリ類はそのままにします。

2 用意したフルーツの重さを測り、その半分の重さの砂糖を用意します。フルーツと砂糖を、殺菌したラムトプフ瓶に入れ、よく混ぜ、1時間おきます。

3 フルーツが漬かるまでラムを注ぎます。フルーツが漬かるように、重しとなる殺菌済みの皿や受け皿などを乗せます（瓶の口が細い場合、小さいコーヒーカップの受け皿を3、4枚重ねて乗せます）。

4 瓶にラップをしてから蓋をし、冷暗所に保管します。

5 さらにフルーツを買ったり収穫したら、その重さの半量の砂糖を用意し、一緒に瓶に加え、ラムを注ぎ、上記のように重しをします。好きなだけフルーツを加えたら（瓶をいっぱいにする必要はありません）、冷暗所に最低1か月は置いておいてください。味わいが最高になるのは熟成3か月です。

セイヨウナシ
ラムトプフに使うフルーツは風味豊かで、熟しているものが適していますが、熟し過ぎはいけません。セイヨウナシの場合、「コミス」種や「コンファレンス」種などが風味豊かでおすすめです。

甘いスパイスが好きであれば、瓶に詰めるときシナモンスティックやスターアニスを1つ入れるとよいでしょう。ダムソンやセイヨウスモモでつくるときも同じ方法が使えます。開封したら冷蔵庫で保存し、2週間で食べきってください。

プラムのブランデー漬け

出来上がり：約1L（小瓶2個）	
所要時間：10分	
保存期間：12か月	

材料

プラム：約500g
グラニュー糖：約175g
ブランデー：約350mL

1 フォークや縫い針を使って、プラムに穴を開けていきます。プラムがとても大きい場合は、穴を開けず半分に切って種を取り除きます。殺菌をした瓶を用意し、プラムを傷つけたりつぶさないように気をつけながら、できるだけ多く詰めていきます。

2 瓶の1／3が砂糖で満たされるようにし、ブランデーを瓶がいっぱいになるまで注ぎます。瓶の底を軽く打ちつけたり、左右に振って気泡を抜きます。上下を数回ひっくり返し、砂糖を行き渡らせます。

3 冷暗所に保管し、2～3か月寝かせてから開封します。開封後は冷蔵保存してください。

プラム
プラムは、大きさ、色、甘さが品種によって大きく異なります。このレシピには、生で食べるタイプの「オパール」種、「ケンブリッジ・ゲイジ」種、「ヴィクトリア」種や、調理用の「マージョリーズ・シードリング」種が向いています。

カルダモンの鞘を割って入れると、キンカンに素晴らしい風味が加わります。果実はビターチョコレートアイスクリームと抜群の相性ですし、お酒は素晴らしいオレンジリキュールになります。お好みで、ウォッカの代わりにブランデーを使ってもよいでしょう。

キンカンのウォッカ漬け

出来上がり：約1L（大瓶1個）
所要時間：10分
保存期間：12か月

材料

キンカン：約500g（よくこすって洗い、乾かしたもの）
カルダモン鞘：6本（割ったもの。お好みで）
粉砂糖：約175g
ウォッカ：約360mlL

1. カクテルスティックを使って、キンカンに穴を開けます。殺菌をした瓶を用意し、実を傷つけたりつぶさないように気をつけながら、できるだけ多く詰めていきます。

2. 使う場合はカルダモン鞘を加え、瓶の1／3を砂糖で満たします。ウォッカで瓶がいっぱいになるまで注ぎます。瓶の底を軽く打ちつけたり、左右に振って気泡を抜きます。密閉できる蓋をします。

3. 上下を数回ひっくり返し、砂糖が混ざるようにします。砂糖はやがて溶けます。つくって最初の数日は瓶をときどき揺すり、砂糖が行き渡るようにします。

4. 冷暗所に保管し、2～3か月寝かせてから開封します。開封後は冷蔵保存し、2週間以内に食べてください。

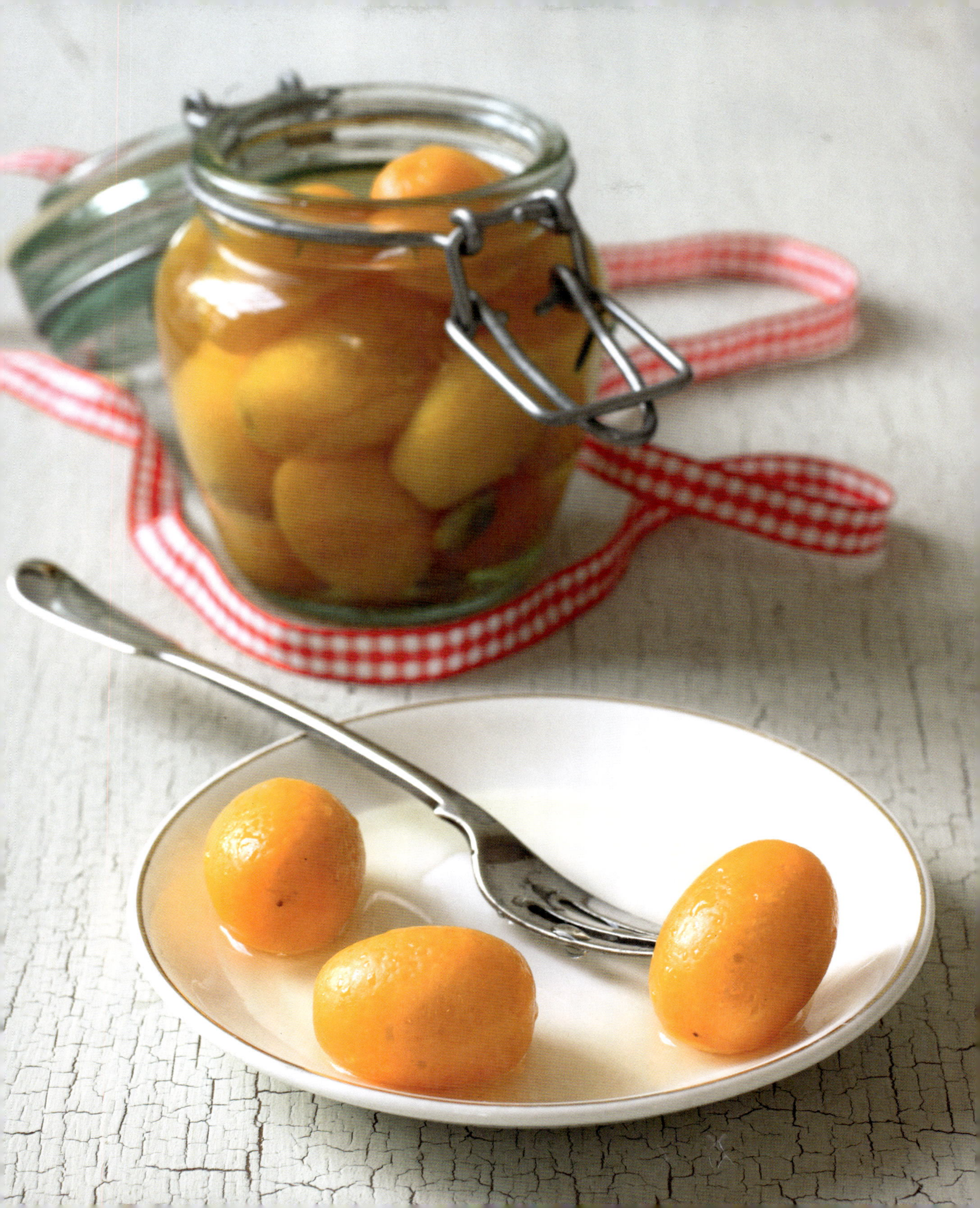

このレシピは砂糖が少なめですが、香りは豊かです。甘いリキュールが好みであれば、砂糖の量を倍にしてください。ダムソンを使う場合は口の広いジャム瓶を使い、香りづけしたジンを濾しながら入れてください。ジンの代わりにウォッカも使えます。

スロー・ジン

出来上がり	約500mL（大ボトル1本）
所要時間	20分
保存期間	12か月

材料

スロー	約225g（生でも冷凍でも可）
粉砂糖	85g
ジュニパー・ベリー	4個（軽くつぶしたもの）
天然アーモンド・エッセンス	数滴
ジン	約350mL

1 縫い針を使って、スローに穴を開けます。冷凍スローを使う場合は穴を開ける必要はなく、室温で解凍すれば大丈夫です。殺菌をしたコーディアル瓶かスロー・ジン用の瓶、あるいは空になったジンのボトルを用意し、スローを詰めていきます。

2 砂糖、ジュニパーベリー、アーモンド・エッセンスを加え、瓶がいっぱいになるまでジンを注ぎます。

3 密閉したらボトルを振ったり、上下をひっくりかえして材料を混ぜます。冷暗所に保管し、3か月寝かせます。その間、ときどき瓶を振ってください。

4 殺菌をした瓶にできたお酒を注ぎ、コルクで栓をし、必要に応じて使ってください。お酒に漬けたスローは、アイスクリームやアップルパイに添えると美味です（ただし種があることを忘れずに）。チョコレートビスケットケーキをつくるときにレーズンの代わりにし、大人のスイーツとして楽しむこともできます。

スロー
スローは昔から、初霜が降りた後に収穫されます。その方が皮がやわらかく、ジンに深い風味を与えるからです。ほかにも、より実際的な方法としては数時間冷凍させる方法があります（p62～63）。

このレシピには、ちょうど熟した頃の、少し硬いくらいのセイヨウナシを使ってください。熟しすぎたセイヨウナシを使った場合、瓶詰めにして保管すると、食べられないほどやわらかくなってしまいます。ワインのアルコールは、熱処理なしの保存には弱すぎるので、必ず熱処理をしてください。

マルド・ペアー

出来上がり：約1L（小瓶2個）
所要時間：1時間15分
保存期間：熱処理した場合12か月

材料
グラニュー糖：115g
レモン果汁：小さじ2
赤ワイン：550mL（必要であれば、それ以上）
シナモンスティック：1本
スターアニス：2個
クローブ：2個
セイヨウナシ：6個（皮をむき、芯を取り、半分に切ったもの）

1 砂糖を大きなジャム鍋（セイヨウナシを重ねずに並べられるくらい大きいもの）に入れ、レモン果汁、赤ワイン250mL、スパイスを入れます。砂糖が溶けるようにかき混ぜながら、中火で沸騰させ、その後はかき混ぜずに2分煮立てます。セイヨウナシを加え、2分間優しく煮ます。1度だけひっくり返します。

2 ふきんか、木の板の上に殺菌した瓶を置き、穴あきスプーンを使いながら、セイヨウナシを鍋からすくって瓶に詰めていきます。つぶさないようにし、上部に1cmの余裕を残します。

3 シロップに、残りの赤ワインを注ぎ入れます。再び沸騰させたら数秒煮立てます。耐熱の水差しにシロップを入れてから、瓶に注ぎ入れます（シナモンスティックは取り除いてください）。必要であれば赤ワインを足し、フルーツが完全に漬かるようにします。ゴムパッキン付きの外蓋や密閉できる金属の蓋をかぶせます。スクリュー式の外蓋を使う場合、閉めてから1／4回転だけ開けます。

4 必要時間、熱処理します（p221参照）。方法はp19をご覧ください。処理後ただちに蓋あるいはスクリュー式の外蓋を完全に閉めます。そのまま24時間おき、密閉性を確認します（メイソンジャー使用の場合、蓋が少しへこみ、指で押しても動かないので、密閉状態がすぐに分かります。密閉するときに「ポコ」という音も聞こえるかもしれません）。冷暗所に保管し、開封後は冷蔵保存してください。

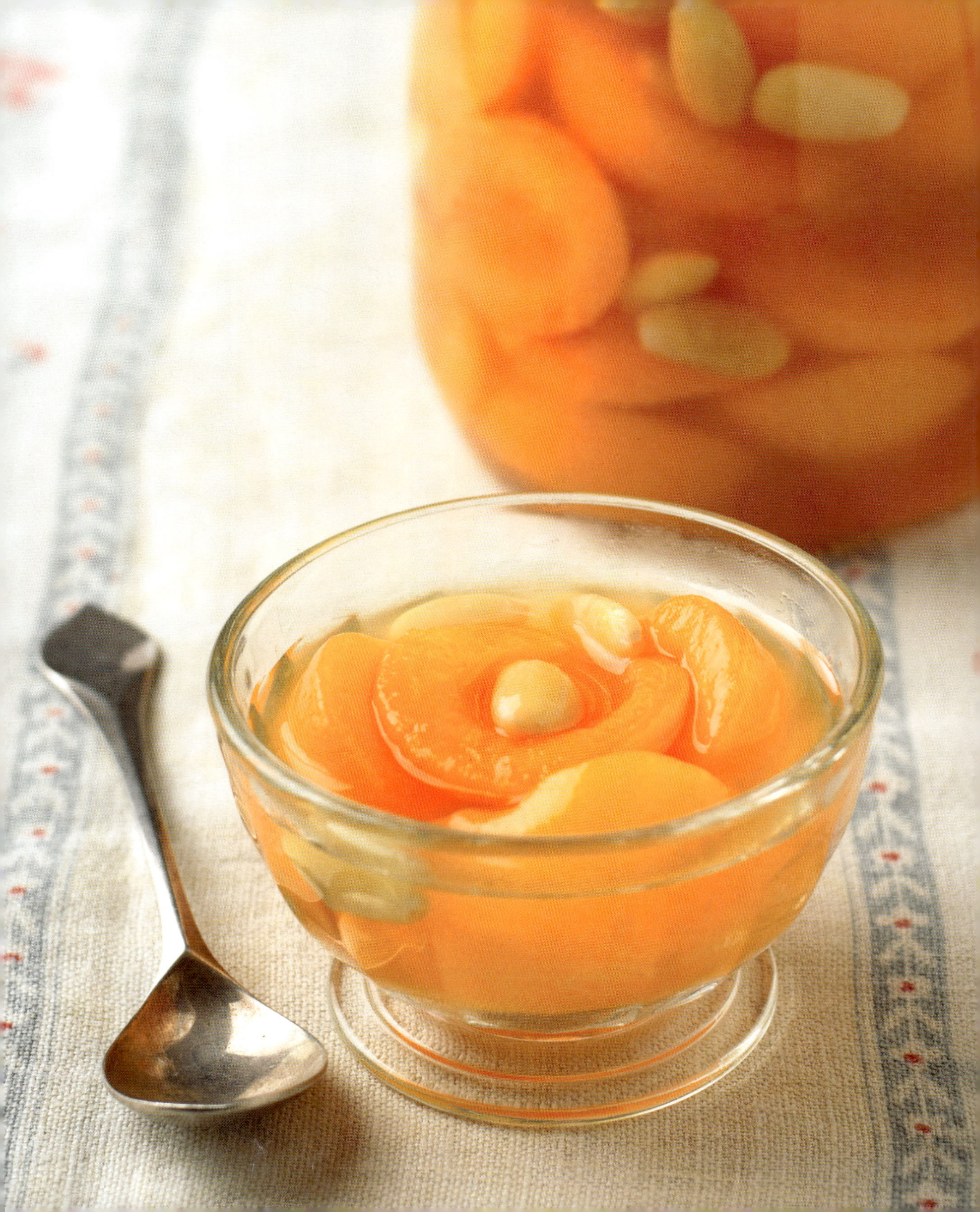

アーモンドリキュールに漬けたアプリコットは、夢のような組み合わせです。丸ごと漬けたい場合は、縫い針で表面に穴を開け、重ねずに、沸騰寸前のシロップの中で1～2分煮ます。フルーツをひっくり返すときは、鍋を揺するようにしましょう。生クリームやアイスクリームを添えると美味です。

アプリコットとアーモンドのアマレット漬け

出来上がり：約1L（大瓶1個）

所要時間：20分

保存期間：12か月

材料

グラニュー糖：85g

アプリコット：約450g（半分に切り、種を取り除いたもの）

アーモンド：60g

アマレット：約250mL

1 砂糖と冷水150mLを大きな鍋に入れます。砂糖が溶けるまで絶えずかき混ぜながら、ゆっくり沸騰させます。

2 アプリコットを半分取り分け、重ならないよう鍋に入れます。シロップとフルーツを沸騰させ、1分煮立てます。果肉が少しやわらかくなるものの、形を残す程度です。穴あきスプーンですくい出し、殺菌をした温かい瓶に詰め、アーモンドの半量をちらします。残りのアプリコットも同様にします。

3 シロップを再び沸騰させ、フルーツの上からかけます。さらにアマレットをかけて、フルーツが完全に漬かるようにします。冷ましてからしっかり蓋をし、上下を数回ひっくり返してシロップとリキュールが混ざるようにします。冷暗所に保管し、4週間寝かせてから開封します。開封後は冷蔵保存します。

フルーツのソフトドリンクのつくり方

　自家製のシロップやコーディアル、ジュースは、旬のフルーツを最大限に楽しむ方法です。市販のものよりフルーツの味がします。以下のシロップでミルクセーキやスムージー、アイスクリームのソースをつくったり、フルーツサラダにかけると美味です。

ベリー・シロップ

出来上がり：約500mL（小ボトル2本）

所要時間：25分

保存期間：冷蔵で1〜2か月（冷凍で6か月）

材料

熟したブラックベリー：450g
（必要であれば洗う。ローガンベリーでも可）

粉砂糖：約350g（手順参照）

クエン酸：小さじ1

1 鍋の底に浅く水を張り、ベリーを並べ、弱火でなるべく短い時間煮て、果汁を出します（3〜5分ほど）。調理しながら、ポテトマッシャーや、木べらなどでつぶします。

2 ピュレをモスリン布やゼリー袋で濾しながら（透明なシロップにするため）清潔なボウルに移します。濾した残りを軽く押し、水分を出します。

フルーツの栄養を抽出

　フルーツの自然な栄養をなるべく多く保つために、弱火で果汁を抽出します。このときに使う水の量は、フルーツの水分含有量にもよりますが、なるべく少なくとどめます。
- イチゴなどやわらかいベリー系のフルーツは、鍋の下に浅く水を張る程度にします。
- ブラックカラントなど皮が厚いものや、果肉の固いものは、フルーツ450gに対して水150mL使います。

3 果汁を計量カップに注いで計量し、使う砂糖の量を決めます（果汁500mLに対して砂糖350gです）。砂糖とクエン酸を果汁に混ぜます。砂糖が溶けるまでかき混ぜます。

4 砂糖が溶けきったら、すぐに殺菌した温かい瓶に注ぎ入れます。殺菌したじょうごを使います。その後、蓋をしてください。

5 すぐに使う場合は、冷蔵庫で保存します。冷凍する場合は冷凍庫対応のタッパーに入れ、上部2.5cmの余裕を残します。

エルダーフラワーはマスカットのおいしい香りがします。この、フレッシュで夏らしいコーディアルはつくるのも簡単であり、人気が高いのも頷けます。ノンアルコールの食前酒としても、グースベリーフールやフルーツサラダの香りづけにも活躍します。

エルダーフラワー・コーディアル

出来上がり：約600mL（大ボトル1本）
所要時間：25分（漬け時間を除く）
保存期間：冷蔵で3か月

材料
エルダーフラワーの花：12個
有機栽培レモン：大1個（洗う）
グラニュー糖：750g（手順参照）
クエン酸：大さじ2.5

1　虫が付いているかもしれないのでエルダーフラワーをよく振ってから、大きなボウルに入れます。

2　レモンの皮をはぎ取って薄切りにし、果実も薄くスライスします。皮と果肉をエルダーフラワーのボウルに入れます。

3　砂糖と水600mLを大きな鍋に入れ、砂糖が溶けるまで弱火でゆっくり煮ます。その後、沸騰させます。

4　沸騰したシロップをエルダーフラワーの上からかけ、よく混ぜたら、クエン酸を混ぜます。清潔なふきんをかぶせ、24時間おきます。

5　モスリン布をかけたざる（あるいは使い捨てできる清潔なふきん）で濾して、清潔なボウルに移します。殺菌をしたじょうごで、殺菌をした瓶に注ぎます。密閉し、ラベルを貼り、冷蔵庫で保管します。砂糖が多く、クエン酸も含まれているので冷暗所でも十分に保存できますが、冷蔵庫の方が安心です。

エルダーベリーと
ブラックベリーのコーディアル

　エルダーベリーは、それだけだと単調な味になりがちですが、ブラックベリーと混ぜることによって、秋らしい豊かな味わいになり、お湯を足してホット・トディにすると冷え込む夜にぴったりです。開封後は2週間で使いきってください。

特別の道具：	ゼリー袋かモスリン布
出来上がり：	約600mL～800mL（大ボトル1本、もしくは小ボトル2本）
所要時間：	20分（冷却時間を除く）
保存期間：	冷蔵で1～2か月

材料

- エルダーベリー：350g（フォークの先で実を枝から取っておく）
- ブラックベリー：350g
- 粉砂糖：手順参照
- レモン果汁：大さじ1
- シナモンスティック：1本
- クエン酸：大さじ2.5

1 エルダーベリーをジャム鍋（もしくは大きなソースパン）に入れ、ブラックベリーを加え、水150mLを注ぎ入れます。蓋をし、弱火にかけ、果汁が出るまで5～6分煮ます。5分ほど冷ましてから、マッシャーか大きなスプーンの背で果肉をつぶします。

2 ベリー入りのジュースを、つるしたゼリー袋かモスリン布を張ったざるで濾します。水分をなるべく多く出すために、フルーツを押しつぶすか搾ります。ジュースの量を測って同じ量の砂糖を用意します（果汁600mLに対して砂糖600gです）。

3 ジュースと砂糖をジャム鍋に戻し、レモン果汁とシナモンを加えます。かき混ぜて弱火で加熱し、砂糖を溶かしてから、沸騰させて1分煮立てます。

4 シナモンを取り除き、アクを取ったら、クエン酸を混ぜ入れ、すぐに殺菌した温かい瓶に注ぎ入れます。殺菌したじょうごを使います。密閉し、ラベルを貼り、冷ましたら、冷蔵庫で保管します。使用前によく振ります。

エルダーベリー
完熟する初秋に、実の重さで枝先が垂れ始めたものを収穫します。

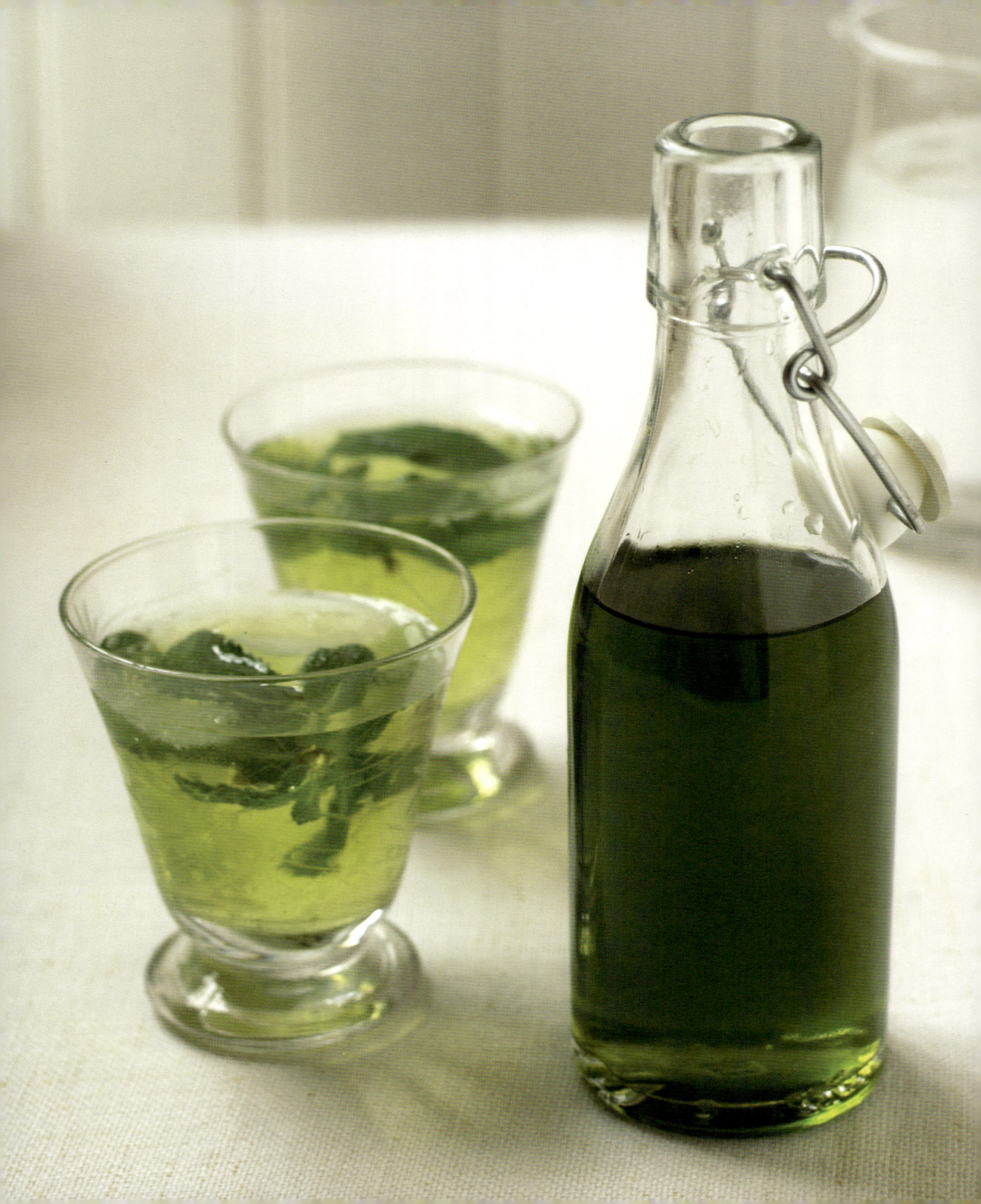

ほんのりメントールの香りのするコーディアルです。もっと強めの味が好みであればミントの葉を倍増させてもよいですが、ほかの材料は変えないようにしましょう。炭酸水や普通の水で割っても、ウォッカと混ぜても、氷で割っても美味です。

フレッシュ・ミント・コーディアル

出来上がり：約400mL（小ボトル1本）
所要時間：20分（漬け時間を除く）
保存期間：冷蔵で1か月

材料

ペパーミント：50g（モロッコミントや、スペアミント、ガーデンミントでも可）
グラニュー糖：300g
天然食用色素（緑）：数滴
天然ペパーミント・エッセンス：数滴
（ただしスペアミントを使うときのみ）

1. ミントの葉を大きなボウルに入れ、砂糖を加え、麺棒の端や乳棒で葉を押しつぶしてペースト状にします。

2. 熱湯300mLを上から注ぎ、かき混ぜ、蓋をし、完全に冷めるまで2時間ほど漬けます。

3. ジュースをざるで濾してジャム鍋に入れます。このとき葉を押したり絞るようにして水分をなるべく出すようにします。砂糖が溶けるまでかき混ぜながら、中火にかけます。その後、沸騰させて2分間煮立てます。緑色の食用色素を数滴混ぜ入れ、使う場合はペパーミント・エッセンスも混ぜ入れます。

4. 殺菌したじょうごを使い、すぐに殺菌した温かい瓶に注ぎ入れます。密閉し、ラベルを貼り、冷ましたら、冷蔵庫で保管します。使用前によく振ります。

ミント
様々な品種があり、広く繁茂する多年生の植物です。最も栽培されているのはスペアミントやガーデンミント（写真）ですが、コーディアルやハーブ茶に使うなら、刺激の強いモロッコミントやペパーミントです。

昔から人気のコーディアルで、甘さとさわやかさのバランスが絶妙です。あまり重たくないので水ともよく混ざります。レモンやオレンジを使っても同様のコーディアルができます（果汁と水を半量にし、砂糖は同量にしてつくります）。

ライム・コーディアル

出来上がり：約500mL（大ボトル1本もしくは小ボトル2本）
所要時間：20分
保存期間：冷蔵で3か月

材料

有機栽培ライム：大6～8個（洗ったもの）
粉砂糖：500g
クエン酸：小さじ1

1 ライムのうち2個の皮を薄くはぎます。すべてのライムを搾り、果肉や種を取り除くために濾します（ライム果汁が250mLほど残るはずです）。

2 水250mLをジャム鍋に注ぎ、ライムの皮と砂糖を加えます。よくかき混ぜたら、弱火にかけてかき混ぜずに沸騰させ、5分ほど煮立てます。ざるで濾して、清潔な鍋に入れます。ライムの皮は取り除きます。

3 濾したライム果汁をかき混ぜ、再び沸騰させます。火から下ろし、クエン酸を混ぜ入れます。

4 殺菌したじょうごを使い、すぐに殺菌した温かい瓶に注ぎ入れます。密閉し、ラベルを貼り、冷ましたら、冷蔵庫で保管します。使用前によく振ります。

このバーリー・ウォーターは濃縮されているので、お湯や冷水、炭酸水で割ることができ、気持ちを落ち着かせたり、リフレッシュさせる飲み物になります。炊いた麦はサラダにしたり、ピラフをつくるときにお米の代わりにできます（フルーツの皮は取り除きます）。

オレンジ・バーリー・ウォーター

出来上がり：約600mL（大ボトル1本もしくは小ボトル2本）

所要時間：20分

保存期間：冷蔵で2週間

材料

有機栽培オレンジ：2個（洗ったもの）

有機栽培レモン：小1個

パール・バーリー（精白丸麦）：85g

粉砂糖：200g

1 レモンと、オレンジのうち1つの皮を、薄くはぎ、ボウルに入れておきます。フルーツの果汁をすべて搾り、濾して、果肉や種を取ります（果汁が250mLほど出るはずです）。

2 パール・バーリーを小鍋に入れ、かぶるくらいの冷水を入れ、沸騰させます。ざるにあけ、お湯を捨てます。パール・バーリーを鍋に戻し、沸騰した湯600mLと、フルーツの皮を加え、沸騰させます。火を弱め、蓋をし、40分ことことと煮立てます。その後、バーリーを濾して（その後使うのであれば取っておきます）、ジュースを鍋に戻します。

3 バーリー・ウォーターに砂糖を加え、一度だけ混ぜ、弱火にかけたら砂糖が溶けるまでかき混ぜずに加熱します。2分間煮立て、1回か2回ほどかき混ぜ、濾したフルーツ果汁を加え、再び沸騰させます。

4 殺菌したじょうごを使い、すぐに殺菌した温かい瓶に注ぎ入れます。密閉し、ラベルを貼り、冷ましたら、冷蔵庫で保管します。使用前によく振ります。

バラが、酔わせるような香りをシロップに与えます。好みの濃さになるまで水や炭酸水で割るか、アイスクリームにかけます。バラの香りがそれほど好きでなければ、花びらとローズウォーターの代わりに薄く切り取ったオレンジの皮のスライスを加えます。

ルバーブとローズ・ペタルのシロップ

道具：ゼリー袋もしくはモスリン布
出来上がり：約500mL（大ボトル1本、もしくは小ボトル2本）
所要時間：40～50分
保存期間：冷蔵で1か月

材料

茎が赤もしくはピンクのルバーブ：450g（短く切ったもの）
グラニュー糖：350g
ピンク色のローズ・ペタル（バラの花びら）：8枚
ローズウォーター：大さじ2
クエン酸：小さじ1

1 底の厚い鍋に、底がちょうど覆われるくらいの量の水を入れます。ルバーブと砂糖、ローズ・ペタルを入れます。沸騰させ、優しくかき混ぜ、蓋をし、火を弱め、弱火で20～30分どろどろになるまで煮ます。途中で1～2回かき混ぜます。

2 どろどろになった鍋の中身を、ゼリー袋かモスリン布を張ったざるで濾しながらボウルに移し、布に押しつけるようにしてなるべく多くの水分を出します。濾されたジュースを鍋に戻し、再び沸騰させます。

3 鍋を火から下ろし、ローズウォーターとクエン酸を加えます。殺菌したじょうごを使い、すぐに殺菌した温かい瓶に注ぎ入れます。密閉し、ラベルを貼り、冷ましたら、冷蔵庫で保管します。使用前によく振ります。

ローズ・ペタル
「ダマスク」種や「ガリシア」種、「アルバ」種、「センティフォリア」種など古風なバラは、食用に最適です。色褪せる前に収穫し、すぐに使います。

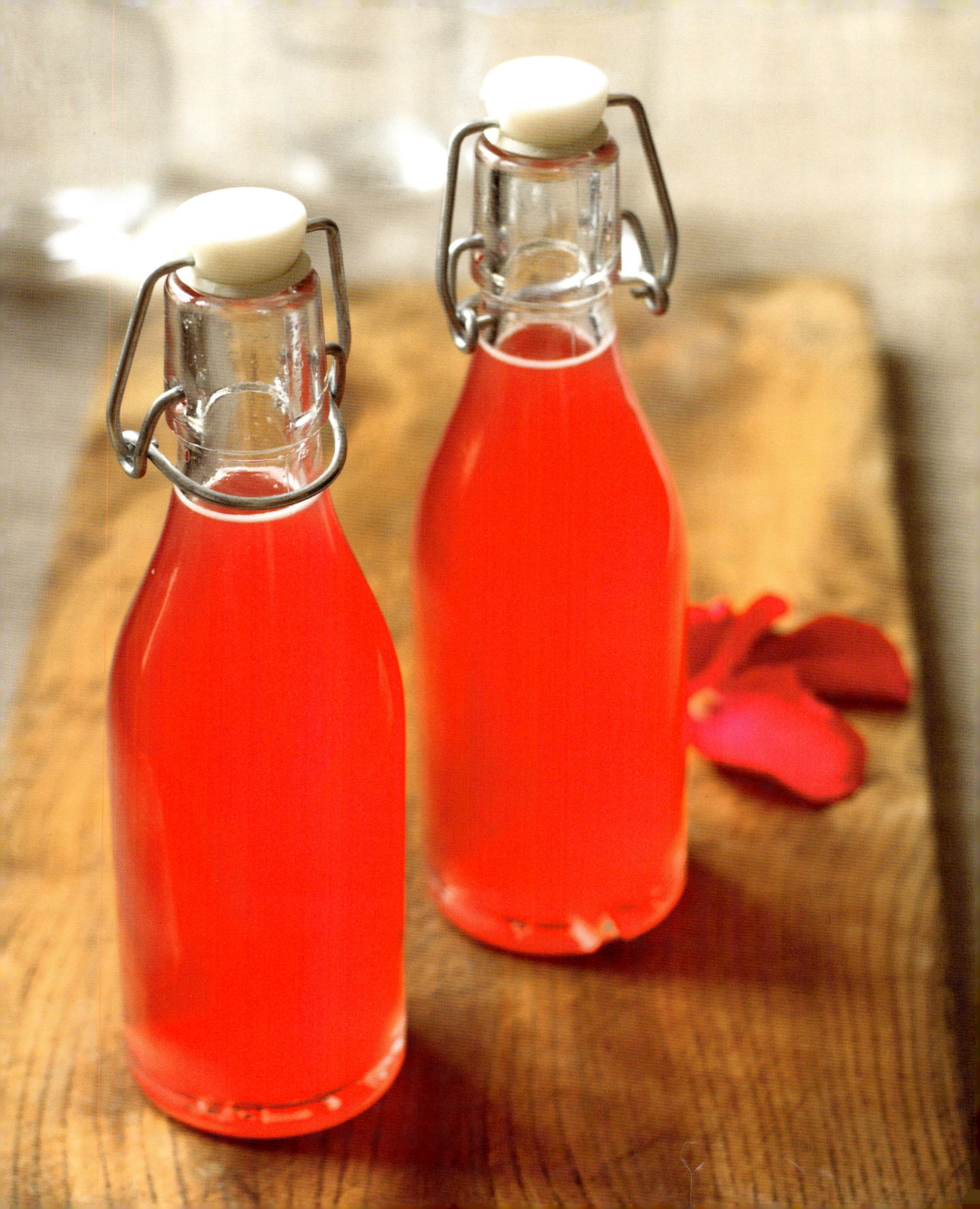

このシロップを水や炭酸水、レモネードで割ると、とてもさわやかな飲み物になります。ミルクセーキにしても美味です。バニラアイスクリームにかけ、皮をむいたモモを添えると、ピーチメルバのバリエーションになります。

ラズベリーとバニラのシロップ

出来上がり：約500mL（大ボトル1本もしくは小ボトル2本）
所要時間：35分
保存期間：冷蔵で1〜2か月

材料
熟したラズベリー：450g
バニラビーンズ：1鞘（割ったもの）
粉砂糖：250g
クエン酸：小さじ1

1 ラズベリーを水200mLとともに鍋に入れます。果汁が出るまで弱火にかけます。マッシャーかスプーンの背でつぶします。

2 ベリーが非常にやわらかくなったら、モスリン布を張ったざる（もしくは使い捨てできる清潔なふきん）で濾しながら清潔なボウルに移します。布に押しつけるか絞るようにしてなるべく多くの水分を出します。鍋を洗い、濾されたジュースを鍋に戻し、バニラビーンズと砂糖を加えます。かき混ぜてから弱火にかけ、その後は砂糖が溶けるまでかき混ぜずに煮ます。沸騰させて5分ほど、あるいはシロップっぽさが出るまで煮立てます。

3 鍋を火から下ろし、バニラビーンズを取り除き、クエン酸を混ぜ入れます。

4 殺菌したじょうごを使い、すぐに殺菌した温かい瓶に注ぎ入れます。密閉し、ラベルを貼り、冷ましたら、冷蔵庫で保管します。使用前によく振ります。

ミルクセーキに入れても、アイスクリームにかけてもおいしく、何にでも使えるシロップです。食前酒として冷やしたスパークリング・ワインやシャンパンに加えても美味ですし、可愛いガラス皿に並べたイチゴにかければ豪華なデザートになります。

イチゴのシロップ

出来上がり：約500mL（大ボトル1本もしくは小ボトル2本）

所要時間：25〜35分

保存期間：冷蔵で1〜2か月

材料

熟したイチゴ：450g

レモン果汁：大さじ1

バニラ：1鞘（鞘を割り、種をこそぎ取って別容器に保存したもの）

粉砂糖：200〜250g

クエン酸：小さじ1

1 イチゴはヘタを取り、スライスし、水200mLとレモン果汁ともに鍋に入れます。果汁が出るまで弱火にかけます。マッシャーか大きなスプーンの背でつぶします。

2 ベリーが非常にやわらかくなったら、モスリン布を張ったざる（もしくは清潔な使い捨てできるふきん）で濾しながら清潔なボウルに移します。布に押しつけるか絞るようにしてなるべく多くの水分を出します。鍋を洗い、濾されたジュースを鍋に戻し、バニラの鞘と種、そして砂糖を加えます。かき混ぜてから種を均一に広げたら、弱火にかけ、その後は砂糖が溶けるまでかき混ぜずに煮ます。沸騰させて5分ほど煮立てます。

3 鍋を火から下ろし、バニラの鞘を取り除き、クエン酸を混ぜ入れます。

4 殺菌したじょうごを使い、すぐに殺菌した温かい瓶に注ぎ入れます。密閉し、ラベルを貼り、冷ましたら、冷蔵庫で保管します。使用前によく振ります。

アガベ（リュウゼツラン）・シロップは天然の甘味料です。砂糖より甘いため、使う量は少なめですみます。好みで、ウスターソースやタバスコ、あるいはセロリソルト少々を加えます。

トマトジュース

出来上がり：約 1 L（大ボトル 1 本もしくは小ボトル 2 本）

所要時間：40 分〜 1 時間 10 分

保存期間：冷蔵で 1 週間（熱処理したものは 12 か月）

材料

熟したトマト：1.35kg

塩：適量

挽きたての粗引き黒胡椒：適量

アガベ・シロップ（もしくは粉砂糖）：小さじ 1 〜 2

1　トマトを大きなジャム鍋（もしくは底の厚い大きなソースパン）に入れます。弱火にかけ、果汁が出るようにつぶしながら煮ます。その後、火を少し強め、30 分煮立てます。トマトがどろどろになるまで、ときどきかき混ぜます。

2　鍋の中身をブレンダーもしくはフードプロセッサーに入れ、ピュレ状にし、ざるで濾して洗った鍋に戻します。塩、胡椒、アガベ・シロップもしくは砂糖で味付けし、再び沸騰させます。

3　殺菌したじょうごを使い、すぐに殺菌した温かい瓶に注ぎ入れます。密閉し、ラベルを貼り、冷ましたら、冷蔵庫で保管します。1 週間以内で使いきってください。

4　長期保存する場合は、p19 に記載された煮沸方法で 20 分熱処理し、蓋をきつく閉めるか、スクリュー式の外蓋をします。そのまま 24 時間おき、密閉性を確認します（金属蓋のあるメイソンジャー使用の場合、蓋が少しへこみ、指で押しても動かないので、密閉状態がすぐに分かります。密閉するときに「ポコ」という音も聞こえるかもしれません）。冷暗所に 1 年まで保管します。開封後は冷蔵保存し、1 週間以内に使ってください

リンゴがたくさんある場合、このレシピの分量を増やし、好きなだけジュースをつくってください。電動のジューサーがある場合は、フルーツの果汁を取った後、手順3以降の方法でジュースをつくりますが、1分間煮立てるのを忘れないでください。

リンゴジュース

道具：ゼリー袋もしくはモスリン布
出来上がり：約1L(大ボトル1本もしくは小ボトル2本)
所要時間：25分〜50分
保存期間：冷蔵で1週間(熱処理したものは12か月)

材料
甘い生食用リンゴ各種：計2kg(「コックス・オレンジ・ピピン」種や「エグレモント・ラセット」種、「ガラ」種などを、8等分に切ったもの)

1 リンゴは水500mLとともに大きなジャム鍋(もしくは底の厚い大きなソースパン)に入れます。沸騰させたらすぐに弱火にし、蓋をして、弱火で20〜30分ほど果肉がやわらかくなるまで煮ます。リンゴの種類と、切ったときの大きさによって、加熱時間が異なります

2 鍋の中身をゼリー袋(もしくは使い捨てできる清潔なふきん2枚)で一晩かけて濾します。そのとき果肉を押しつぶすようにします(そうすると短時間で果汁を濾せますが、曇ります)。

3 濾したジュースをソースパンに入れ、沸騰させます。殺菌したじょうごを使い、すぐに殺菌した温かい瓶に注ぎ入れます。密閉し、ラベルを貼り、冷ましたら、冷蔵庫で保管します。1週間以内で使いきってください。

4 長期保存する場合は、p19に記載された煮沸方法で20分熱処理し、蓋をきつく閉めるか、スクリュー式の外蓋をします。そのまま24時間おき、密閉性を確認します(金属蓋のあるメイソンジャー使用の場合、蓋が少しへこみ、指で押しても動かないので、密閉状態がすぐに分かります。密閉するときに「ポコ」という音も聞こえるかもしれません)。冷暗所に1年まで保管します。開封後は冷蔵保存し、1週間以内に使ってください。

ケチャップやソース
に最適な食材

　最高のケチャップやソースは、入手しやすい数種の果物や野菜によってつくられます。熟した果物や、新鮮な夏のハーブ、収穫したての野菜を使い、旬の時期につくります。

唐辛子
唐辛子は、乾燥でも生でも（あるいは両方でも）ケチャップやソースの味にパンチと深みを与えます。辛いチリソースにすることもできます。ここで紹介している唐辛子は（左から時計回りに）、「スコッチ・ボネット」「ピリ・ピリ」「ドライ・チポーレ」「ポブラノ」です。

バジル
みずみずしくやわらかい葉を持つ一年生植物のバジル（鉢植えで一番生い茂ります）は、真夏が旬です。摘みたての葉はバジル・ペーストにします。

トマト
熟したトマトや、熟しすぎたトマトは、ケチャップにぴったりです。香りの良い品種ならどれでも（「ビーフステーキ」種や「プラム」種は特に）向いています。

ケチャップやソースに最適な食材　259

マッシュルーム
入手できるなら、ポータベロ(写真)や、ワイルド・フィールド・マッシュルームなど、かさの開いた大きな有機栽培のマッシュルームを選びます。調理するとたくさんの煮汁が出ます(p260〜261)。

ニンニク
ケチャップやソースに使うものは、ふっくらとした球根になっているものを選びます。唐辛子やトマト、インド系やアジア系のスパイスなどと合わせると、刺激的なガーリック・ケチャップになります。

プラム
プラムを使うと、甘いケチャップでも辛いケチャップでも素晴らしい味わいになります。プラムがふんだんに採れる晩夏や初秋につくります。実は完全な状態である必要はありませんが、傷ついたりあざになった箇所は切り取ります。

タマネギ
香り良いケチャップやソースに欠かせない材料です。出来上がりがもったりとし、食感も良くなります。ホワイトオニオンや紫タマネギを使ったり、よりまろやかな味にしたければシャロットを使います。

ルッコラ
サラダ用の野菜で、種をまいて4週間ほどで収穫できます。晩春、初夏、晩夏が旬です。葉が小さくやわらかいうちに、ペーストができるだけの量を摘みます。

コリアンダー
やわらかい夏の香草です。晩春から夏の間何度でも種をまくことができます。種をつける前に若葉を摘み取り、香り高いペーストにします。

ほかにおすすめの食材

フルーツ
- リンゴ
- ブラックベリー
- クランベリー
- ダムソン
- エルダーベリー
- グースベリー

野菜
- ホースラディッシュの根
- パプリカ
- シャロット

ハーブ(ペースト用)
- ミント
- パセリ

ケチャップ・ソースづくり

　豊作の作物のもう一つの楽しみ方は、ケチャップやソースづくりです。濃いめのケチャップ（p262）は調味料として、こちらのビネガーの多いケチャップはスープやソース、ほかのおかずの味付けとして使えます。

マッシュルーム・ケチャップ

出来上がり：約300mL（小ボトル1本。ただしマッシュルームの水気による）

所要時間：2時間30分（塩に漬ける時間を除く）

保存期間：9か月

材料

かさの開いた、野生もしくは栽培されたマッシュルーム：2kg（汚れをふき取り、みじん切りにしたもの）

海塩：30g

黒胡椒：小さじ1

オールスパイスの実：小さじ1

クローブ：小さじ1／2

シナモンスティック：1／2本

シャロット：小1個

乾燥セップ茸：数枚

赤もしくは白ワインビネガー：300mL

洗ったアンチョビの塩漬け：6枚（もしくは醤油大さじ2）

メース：2枚

ブランデー：小さじ2（お好みで）

1 みじん切りにしたマッシュルームを大きなボウルに入れ、塩をかけ、手で全体を混ぜ合わせます。ボウルを覆い、ときどきつぶしながら24時間おきます。

2 すり鉢と乳棒で胡椒、オールスパイス、クローブ、シナモンをつぶし、シャロットは皮をむいてみじん切りにします。ビネガーを用意し、使用する乾燥セップ茸を選びます。ここで手順1のマッシュルームの状態を確認します。だいたい1／3の量に減っているはずです。

3 マッシュルームとその水分、砕いたスパイス、シャロットをソースパンに入れ、ビネガー、アンチョビ、乾燥セップ茸、メースを入れます。沸騰させたら蓋をし、弱火で1時間ほど煮ます。

ケチャップ・ソースづくり 261

4 鍋の中身を、目の細かい、ナイロン製のざるで濾して、清潔なボウルに移します。ざるに押しつけるようにして、なるべく水分を出します。

5 ざるに残ったものをモスリン布に集め、角を寄せて袋状にし、絞って最後まで水分を出します。計量し、水分が300〜400mL以上あるようなら鍋に戻して300mLほどになるまで煮詰めます。

6 できたものを殺菌した温かいボトルに移し、好みによってはブランデーを混ぜ入れ、密閉します。冷暗所に保存します。開封後は冷蔵庫で4〜6か月もちます。

自家製のトマトでケチャップをつくると非常に満足のいくものができます。化学添加物がなく、体に良いものしか入っていません。この本格的なケチャップは、甘味と酸味とスパイスの味がバランス良く配合されています。開封後は2週間以内に使いきります。

トマト・ケチャップ

出来上がり：	750mL（小瓶2〜3個）
所要時間：	1時間〜1時間20分
保存期間：	3か月

材料

完熟トマト：	1kg（粗く刻んだもの）
ニンジン：	1本（刻んだもの）
タマネギ：	小1個（刻んだもの）
セロリ：	1本（刻んだもの）
クローブ（粉）：	ひとつまみ強
ベイリーフ：	大1枚
メース：	2つ
海塩：	小さじ1
赤ワインビネガー：	150mL
ブラウンシュガー：	60g

1 砂糖以外の材料すべてをジャム鍋（もしくは底の厚いステンレスの大きなソースパン）に入れます。沸騰させ、火を弱め、蓋をして30分ことこと煮ます。蓋を取って、ときどきかき混ぜながら、さらに15分煮ます。

2 メースとベイリーフを取り除き、ブレンダーもしくはフードプロセッサーを使ってピュレ状にし、ナイロン製のざるを通して、洗った鍋に戻します。

3 砂糖を混ぜ入れ、沸騰させ、絶えずかき混ぜながら5分煮立てます。生クリームのようにもったりとするのが目安です。

4 非金属もしくは耐酸性のスクリュー式の蓋を用意し、殺菌した温かい瓶に入れます。丸いワックスペーパーの蓋を乗せ、冷まして密閉し、ラベルを貼ります。冷暗所に3か月まで保管できます。開封後は冷蔵庫に入れ、2週間以内に使いきります。使用前によく振ります。

この刺激的な食材の組み合わせは、スクランブル・エッグからチーズトースト、ケバブやハム・ソーセージなど、何にでも素晴らしい辛さを加えることができます。タマリンドによってソースにキレが加わりますが、甘めがお好みでしたら省略してください。

ホット・チリ・ソース

出来上がり：600mL（小瓶2個）
所要時間：1時間～1時間20分
保存期間：冷蔵で1か月

材料

- 生の赤唐辛子：4本（枝を取り除いたもの）
- 乾燥チポレ唐辛子：1つ
- 完熟トマト：4個（4等分にしたもの）
- ニンジン：1本（刻んだもの）
- タマネギ：小1個（刻んだもの）
- セロリ：1本（刻んだもの）
- アガベ・シロップ：大さじ2（透明なハチミツでも可）
- トマトピュレ：大さじ1
- 赤ワインビネガー：大さじ2
- タマリンド・ペースト：小さじ1
- 有機栽培リンゴジュース：150mL
- 塩：適量
- 挽きたて黒胡椒：適量

1 塩と黒胡椒以外の材料すべてをジャム鍋（もしくは底の厚いステンレスの大きなソースパン）に入れます。沸騰させ、火を弱め、蓋をして、ときどきかき混ぜながら45分煮ます。どろどろになるのが目安です。

2 水を大さじ5加え、ブレンダーもしくはフードプロセッサーを使ってピュレ状にします。必要に応じて、ときどき作業を止め、側面にこびりついたピュレを底まで落とします。ざるを通して、ボウルに入れ、味付けをします。

3 非金属もしくは耐酸性のスクリュー式の蓋を用意し、殺菌した温かい瓶に入れます。丸いワックスペーパーの蓋を乗せ、密閉し、ラベルを貼ります。冷蔵庫に1か月保存できます。

唐辛子
赤唐辛子は非常に辛いので、扱いには気をつけてください。作業した後は、必ず手と包丁を洗い、決して目を触らないでください（辛さのもとであるカプサイシンによって、肌がヒリヒリします）。チポレ唐辛子は燻製で乾燥させた中くらいの辛さのハラペーニョ唐辛子です。甘いチョコレートのような香りがするので、チリ・ソースに使うと深みを与えます。

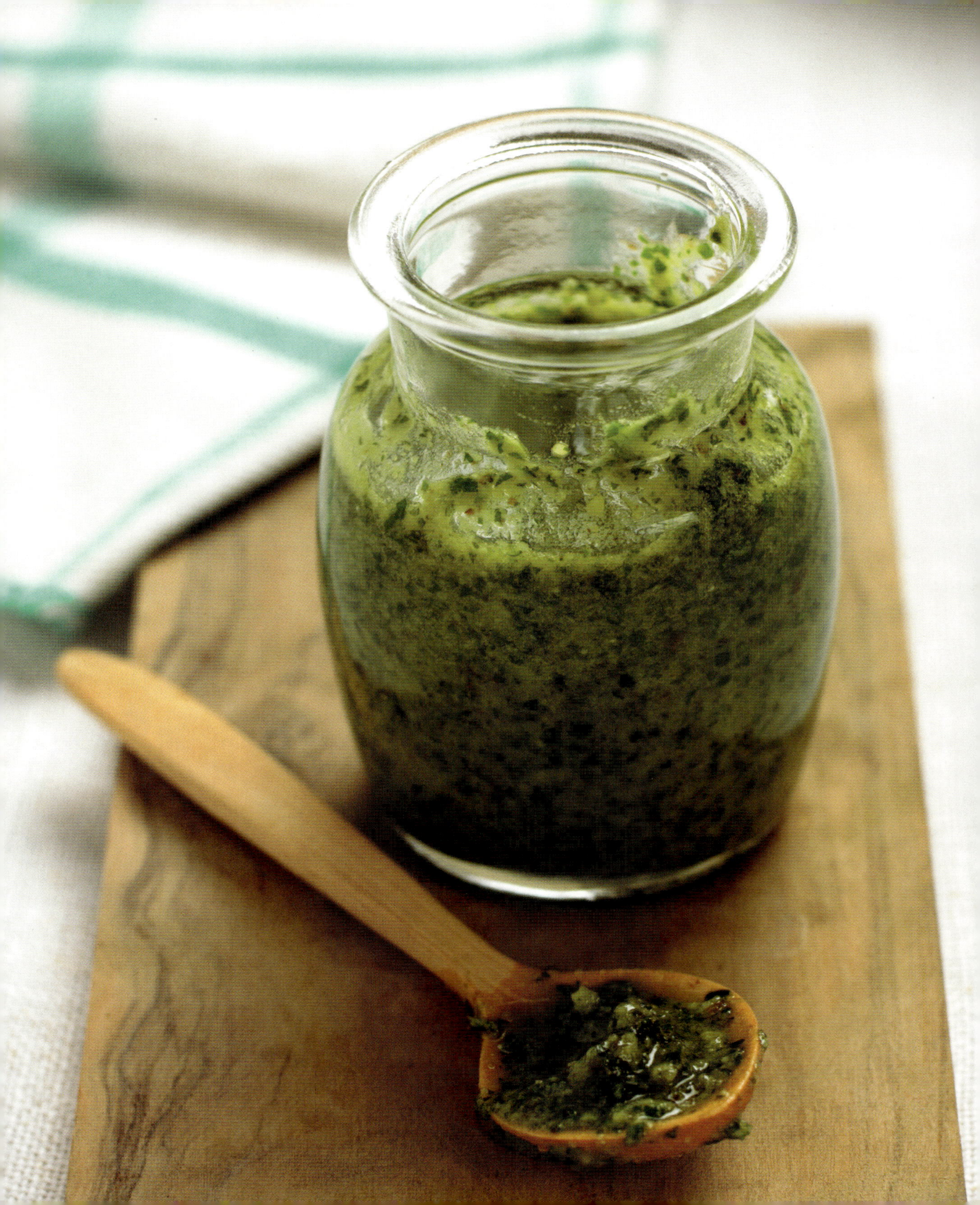

コリアンダーとクルミのペースト

　ペーストは通常、生のバジルと松の実を使ってつくられますが、コリアンダーとクルミを使ったこのレシピも同じくらい美味です。パスタに和えたり、焼く前のチキン・グリルに塗ったり、ディップやドレッシングの味付けに使ったり、クロスティーニに塗ってもよいでしょう。

出来上がり	175g（小瓶1個）
所要時間	10分
保存期間	冷蔵で2週間

材料

コリアンダー	1束（約30g）
ニンニク	大1片（軽くつぶしたもの）
クルミ片	30g
ひきたて黒胡椒	たっぷり
塩	ひとつまみ強
挽きたてパルメザンチーズ	30g
オリーブオイル	大さじ5

1 コリアンダーの茎は切り落とします（あとでスープやカレーに使えます）。

2 コリアンダーの葉をフードプロセッサーに入れ、そこにクルミ、黒胡椒、塩、パルメザンチーズ、オリーブオイル大さじ1を加えます。よく混ぜ、必要に応じて側面についた食材を下まで落とします。

3 プロセッサー作業中に、オリーブオイル大さじ3を少しずつ加え、輝くようにゆるいペーストをつくります（あるいは、ハーブとニンニクをすり鉢と乳棒でつぶし、クルミを加え、塩と胡椒で味付けをし、少しチーズを足します。材料をすべて使い切りペーストができるまで繰り返します）。

4 そこにオイル大さじ1を加え（空気が混じるのを防ぐ役目があります）、スプーンを使って殺菌した瓶に入れ、スクリュー式の蓋をし、冷蔵庫で保管します。ペーストをすぐに使いきらない場合は、さらにオリーブオイル大さじ1を加え、蓋をきつく閉めます。

ルッコラの胡椒っぽい香りが、ブルーチーズの刺激とアーモンドのまろやかさと絶妙に合います。生のリングイネ・パスタや、アルデンテに調理したスパゲッティとの相性が抜群です。

ルッコラとアーモンドとブルーチーズのペースト

出来上がり：185g（小瓶1個）	
所要時間：15分	
保存期間：2週間	

材料

ルッコラ：30g（洗ったもの）
ニンニク：1片（軽くつぶしたもの）
ブルーチーズ：30g（砕いたもの、もしくは角切りにしたもの）
炒った漂白アーモンド：45g
エキストラバージン・オリーブオイル：大さじ7
塩：適量
挽きたて黒胡椒：適量

1 ルッコラをフードプロセッサーに入れ、ニンニク、チーズ、アーモンド、オリーブオイル大さじ2を加え、粗くすりつぶします。途中、必要に応じて側面についた食材を下まで落とします。

2 プロセッサー作業中に、オリーブオイル大さじ4を少しずつ加え、輝くようにゆるいペーストをつくります（あるいは、ルッコラとニンニクをすり鉢と乳棒でつぶし、チーズとナッツを加え、オリーブオイルは大さじ1ずつ加えながら、ペースト状にします）。

3 そこにオイル大さじ1を加え（空気が混じるのを防ぐ役目があります）、スプーンを使って殺菌した瓶に入れ、スクリュー式の蓋をし、冷蔵庫で保管します。一度でペーストをすぐに使い切らない場合は、さらにオリーブオイル大さじ1を加え、蓋をきつく閉めます。

ルッコラ
ルッコラの種を植え育てるのは簡単です。長さ6cmほどになったら葉を摘んでいきましょう。新しい葉が生えやすくなります。

イタリアのジェノバ発祥の伝統的なペーストです。生のミントの葉をひとつかみ入れても美味です。その場合は、材料を混ぜ合わせるときにミントの葉を加えるだけです。

バジルと松の実のペースト

出来上がり：約200g（小瓶1個）	
所要時間：10分	
保存期間：2週間	

材料

バジル：65g
ニンニク：1片（軽くつぶしたもの）
松の実：30g
挽きたて黒胡椒：たっぷり
おろしたてのパルメザンチーズ：30g
エキストラバージン・オリーブオイル：大さじ7
塩：適量

1 バジルの葉を茎からはずし、茎は捨てます。外した葉、ニンニク、松の実、黒胡椒、チーズ、オリーブオイル大さじ2をフードプロセッサーに入れ、粗くみじん切りにします。途中、必要に応じて側面についた食材を下まで落とします。

2 プロセッサー作業中に、オリーブオイル大さじ4を少しずつ加え、輝くようにゆるいペーストをつくります（あるいは、バジルとニンニクをすり鉢と乳棒でつぶし、少しずつ松の実を加え、胡椒と塩をし、チーズとオリーブオイルを交互に少しずつ入れながら、ペースト状にします）。

3 塩で味を調え、スプーンを使って殺菌した瓶に入れ、空気との接触を防ぐために上にオリーブオイル大さじ1を加えます。スクリュー式の蓋をし、冷蔵庫で保管します。

バジル
豊作と連作を保証するためにも、バジルは定期的に収穫し、葉先を摘み取ります。

この辛いソースはビーフや牛タン、ソーセージ、ビーツ、魚の塩漬けや燻製といただきます。ホースラディッシュの根は、火を通すと辛さがなくなるので通常調理はしませんが、こういったソースのベースをつくると品質を保つことができ、まろやかな風味になります。

ホースラディッシュのソース

出来上がり：約360g（小瓶2個）
所要時間：15～20分（冷ます時間は除く）
保存期間：冷蔵で2か月

材料

白ワインビネガー：300mL
ベイリーフ：1枚
胡椒：12粒
粉砂糖：大さじ2
クローブ：2
生クリーム：大さじ8（好みで、食卓に出すものは別）（室温にする）
おろしたてのホースラディッシュ：150g
塩：適量

1 ビネガー、ベイリーフ、胡椒、砂糖とクローブを小さめの鍋に入れ、砂糖が溶けるまでかき混ぜながら沸騰させます。その後、量が半分に減るまで煮立てます。5分ほどです。クリームを混ぜ入れ、1分煮立てます。

2 ざるで濾してボウルに移し、冷ましてから、おろしたホースラディッシュを混ぜ入れ、塩で味を調えます。

3 スプーンを使って殺菌した瓶に入れます。丸いワックスペーパーの蓋を乗せ、非金属の蓋もしくは耐酸性の蓋をし、密封、ラベルを貼り、冷蔵庫で2か月保存します。食卓に出すときは、好みに応じてクリームを足します。

ホースラディッシュ
多年生植物で、さわやかな辛さがあるホースラディッシュは、育てるのも簡単です（繁殖しやすいので、広めの場所を確保します）。根付いたら必要に応じて掘り出し、こすり洗いをし、冷蔵庫で保存します。

中華風プラム・ソース

　この本格的なソースは何通りにも使えます。ディップにしたり、鴨やチキン、ポークのグリルや、ローストするときのたれにしたり、海鮮醤の代わりに北京ダックに使ったり、あるいは炒め物に使うこともできます。開封後は冷蔵庫に保存し、2週間以内に使いきります。

出来上がり	約600g（小瓶2個）
所要時間	15〜20分（冷ます時間は除く）
保存期間	冷蔵で2か月

材料

- わさび（チューブ）：小さじ1／2（もしくはイングリッシュマスタード）
- 米酢：150mL（もしくは白ワインビネガー）
- 熟した紫もしくは青色のプラム：500g（半分に切って種を取ったもの）
- タマネギ：1個（刻んだもの）
- ニンニク：1片（つぶしたもの）
- ブラウンシュガー：60g
- 透明なハチミツ：大さじ5
- 醤油：大さじ2
- 五香粉：小さじ1
- 酒：大さじ2（もしくはドライシェリー）

1 わさび（もしくはマスタード）と酢を大きなソースパンに入れ、よく練り混ぜます。そこのプラム、タマネギ、ニンニクを入れます。沸騰させたら火を弱め、蓋を半分だけし、どろどろになるまで弱火で10〜15分煮ます。

2 ブレンダーもしくはフードプロセッサーでピュレ状にし、鍋に戻して残りの材料も加えます。

3 絶えずかき混ぜながら沸騰させたら、火を弱め、蓋をせずに25分煮ます。もったりと重たくなるまでかき混ぜます。

4 スプーンを使って殺菌した瓶に入れます。丸いワックスペーパーの蓋を乗せ、冷まし、密封、ラベルを貼り、冷暗所で3か月保存します。

オイル漬けは手間をかけただけの見返りがある保存方法で、食材の楽しみ方の新たな一面を発見できるだけではなく、極上のおいしい仕上がりとなるのです。昔から**野菜**や**オリーブ**の保存に使われてきた一般的な方法で(特に地中海沿岸諸国で)、時には**オリーブ油でチーズ**を保存することもありました。最近では、この方法での保存は短期間が望ましいと見なされるようになったため(p10)、冷蔵保存が必要です。

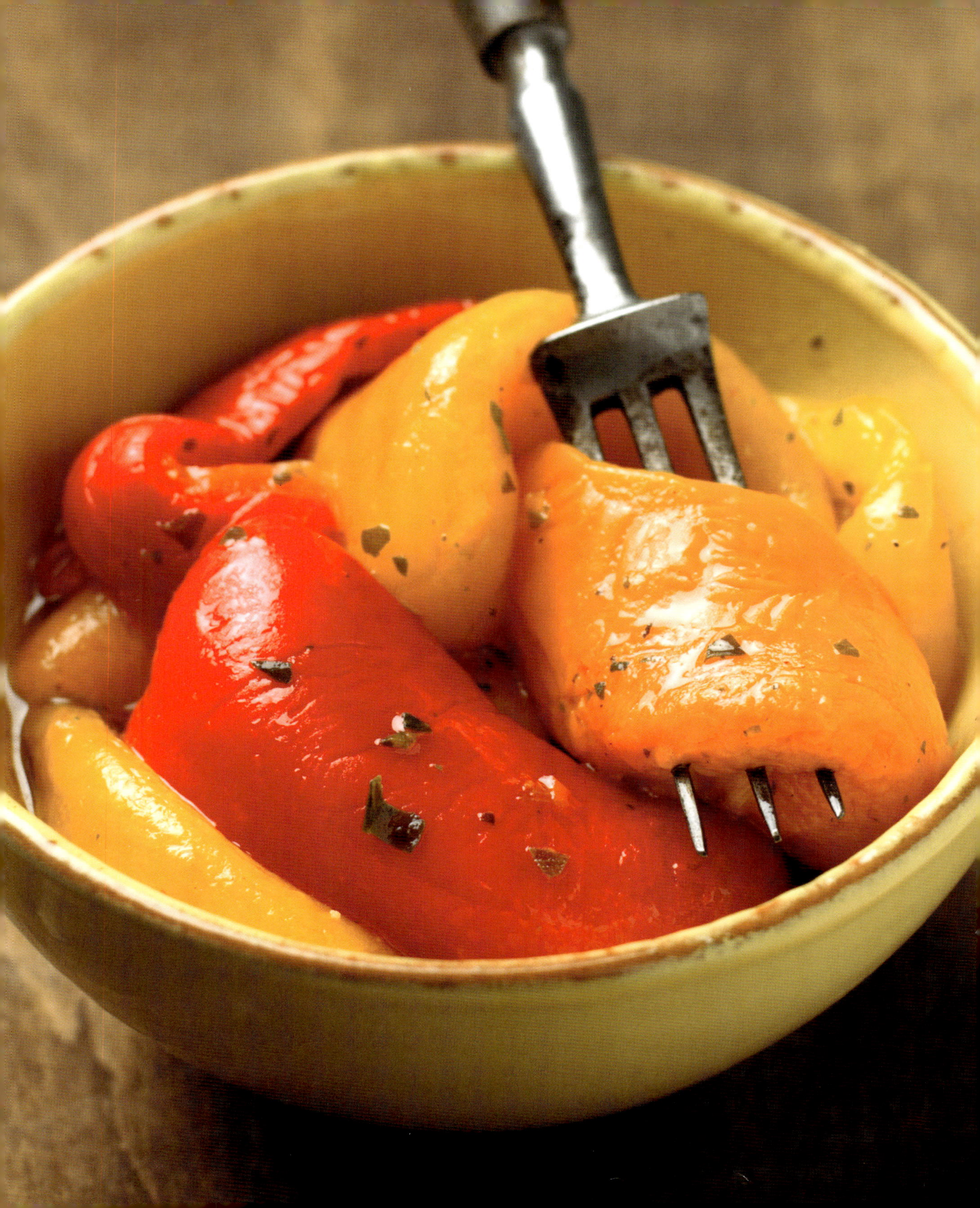

オイル漬けに向く食材

　この保存方法に特に向いているのが、地中海の野菜です。日射しを浴びて十分に熟した野菜の風味を最大限に引き立ててくれます。ほかにも硬い食感やシャキシャキした食感の野菜も向いていますし、オリーブとフェタチーズもオイル漬けにぴったりです。

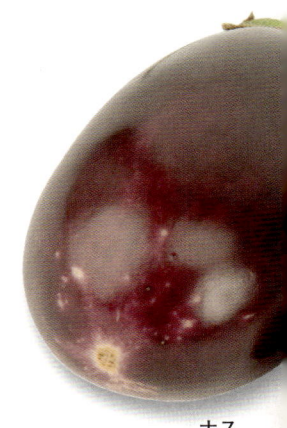

ナス
小さいものか中ぐらいの、硬くて収穫したてのナスを選んで火を通し、オイル漬けにします（スポンジのような果肉なので、やわらかくなりすぎることがあるので注意しましょう）。

トマト
オイル漬けにする前に乾燥させなければなりませんが、ドライトマトとオリーブ油の組み合わせは最高です。

フェタチーズ
この伝統的なギリシャチーズは、羊か山羊のミルクでつくったものです。塩気があってもともと酸味のあるチーズですから、安心してオリーブ油で保存できます。

ニンニク
大きくてふっくらした、収穫したてのニンニクを選んで火を通すか、一片ごとに分けるか、ピュレにしてオリーブ油に漬けて保存します。

パプリカ
熟して硬く、傷のない赤や黄色のパプリカを選びます。「ベルボーイ」、「ロマノ」、「ハンガリアン・ワックス」はどれもぴったりの品種です。パプリカは晩夏から初秋が旬になります。

オリーブ
たくさんの香り高いグリーン（未成熟）とブラック（完熟）の品種があります。すでに塩漬けしてあれば、安心してオイル漬けにできます。

オイル漬けに向く食材　273

アスパラガス
旬は4月〜6月。茎が緑で、穂先が緑か紫になった収穫したてのものがオイル漬けにぴったりです。ホワイト・アスパラガスよりもグリーン・アスパラガスをおすすめします。

ほかにおすすめの食材
野菜
- ニンジン
- カリフラワー
- セロリアック
- セロリ
- 唐辛子
- インゲン
- 小タマネギ
- ロマネスコ
- セイヨウゴボウ
- シャロット

チーズ
- ラブナ（水切りしたヨーグルト・チーズ）

キノコ
栽培か野生かにかかわらず、どの品種もおいしいオイル漬けになります。なによりもまず試したいのは小ぶりの品種や、清潔な野生のキノコです。

アーティチョーク（小型）
背が高く堂々としたこの野菜は素晴らしいごちそうで、オイル漬けにぴったりです。成長には3〜4年かかります。小さくやわらかなヘッドの部分を7月から9月に収穫しましょう。

フェンネル
カリカリした食感とアニスシードの香りがオイル漬けにうってつけ。ふっくらした新鮮な根元の部分を選びましょう（外側の繊維質の皮は取り除きます）。

ズッキーニ
小さく、適度なやわらかさと硬さを持つ、長さ10〜15cmのズッキーニを選びます。できるだけ新鮮なものを選び、時間をおかずに保存します（花はオイル漬けには向きません）。

野菜のオイル漬け

野菜をこの方法で保存するには、まず酢で煮てから(p9)オイル漬けにして、冷蔵保存します。新鮮なオイルを回しかけ、ちぎったバジルの葉かみじん切りのパセリを散らして、おいしいパンと一緒にいただきましょう。

イタリア風野菜

出来上がり：約675g
調理時間：30分
保存期間：冷蔵で1～2か月

材料

季節の野菜の取り合わせ：600g（ナス、フェンネル、ロマネスコ、ズッキーニ、小ぶりのシャロット、セロリ、ニンジン、インゲン、パプリカ、マッシュルームなど）
白ワインビネガー：約500mL
グラニュー糖：小さじ2
海塩：小さじ2
エクストラ・バージン・オリーブ油：約150mL

【調味料は下記から好みで】

ドライフェンネルシード：小さじ1
ドライオレガノ：小さじ1
生か乾燥させたベイリーフ：1枚
ローズマリーの枝：1本
レモンタイムの枝：1本
唐辛子（フレーク）：ひとつまみ

1 野菜を洗って、必要であれば皮をむき、厚さ1cmの同じ大きさで、さいの目切りか薄切りにします。小さなシャロットとマッシュルームは切らずに使います。

2 ステンレスのソースパンに野菜を入れて、酢をひたひたに注ぎます。砂糖と塩を加えて沸騰させます。

3 やわらかい野菜は2～3分で火が通りますが、硬い野菜はアルデンテになるまで約5～10分かかります。野菜はキッチン・ペーパーに並べて乾かし、冷まします。

4 殺菌したジャーに詰め込みすぎないように野菜を入れ、調味料を加えます。オリーブ油をひたひたに注ぎ、軽く野菜を押さえて、中の空気を取り除きます。

5 さらに油を注ぎ、密封して冷蔵保存します。少なくとも1週間はおいてから開けましょう。開けるたびにさらに油を注ぎ、野菜の上を常に1cmのオイルが覆っているようにします。

トマトが旬を迎えたらこのオイル漬けをつくりましょう。イタリアン・プラム・トマトのように種が少なく肉厚の品種を選びます。トマトはオイルを吸収し、やわらかくなめらかになります。サラダやパスタ、タパスに使ったり、モッツァレラチーズと一緒にいただきましょう。

ドライトマトのオイル漬け

出来上がり：約450g（小さな保存ジャー1個分）
調理時間：20分＋乾燥時間
保存期間：冷蔵で2週間

材料

完熟トマト：8kg（約12個）。4等分に切ります（トマトが大きければ6等分）
粉砂糖：大さじ2
ドライオレガノ：小さじ3
海塩と挽きたての黒胡椒：適量
白ワインビネガー：大さじ3
エクストラ・バージン・オリーブ油：200mL＋必要に応じて足します
乾燥唐辛子（フレーク）：小さじ1

1 オーブンを60～80℃に予熱しておきます。大きなボウルにトマトを入れ、砂糖、オレガノ小さじ2、海塩ひとつまみ、胡椒を振りかけます。トマトにまんべんなくからむようにそっと全体を混ぜます。ボウルに出た水分は捨てます。

2 大きなロースト用容器か天板に、トマトが隣と触れ合わないように並べます。オーブンで7～12時間熱し（場合によっては一晩入れておきます）、トマトが少なくとも半分のサイズに縮んで、皮のようになって乾燥したらOK。電子オーブンのドアは串を使って少し開けたままにして、風通しを良くします。それから完全に冷まします。

3 中ぐらいのソースパンに酢とオリーブ油を入れ、弱火で熱して沸騰させます。唐辛子と残りのオレガノを加えたら、火から下ろして冷まします。

4 冷ましたトマトを殺菌したジャーに入れて、思いきり押さえつけてから、オリーブ油のミックスを注ぎます。必要であればさらにオリーブ油を加えて、トマトが完全に覆われるようにしましょう。密封して冷蔵保存します。使うたびに冷蔵庫に戻し、必要であれば油を加えてトマトが完全に覆われるようにして、2週間以内に使いきりましょう。

トマト
一番のおすすめはイタリアン・プラム・トマトです。肉厚で、ほかのトマトほど水分が多くないので、乾燥がより簡単です。

収穫したてのニンニクをすぐ食べるにも、保存するにも、特におすすめの方法のひとつです。簡単に皮から中身を搾り出して、ガーリックトーストやマッシュポテトなどの料理に使ったり、バーベキューやグリルやローストした肉のつけ合わせにいただきましょう。

ニンニクのコンフィ

出来上がり：約225g（小さなジャー1個分）
調理時間：1〜1時間15分
保存期間：冷蔵で3週間〜1か月

材料

ニンニク：丸ごとを大2個。新鮮でふっくらしたものを1片ごとにわけます
エキストラ・バージン・オリーブ油：90〜150mL＋必要に応じて足します
タイム：1枝
ベイリーフ：1枚
海塩：多めにひとつまみ
バルサミコ酢かシェリー酢：大さじ2

1 隙間なく入る程度の小さな耐熱皿に、皮をむかないで1片ごとに分けたニンニクを詰め、ひたひたにオリーブ油を注ぎ、タイムとベイリーフを差し込み、塩を振りかけます。

2 オーブンで、150℃の低温でニンニクがやわらかくなるまで45分〜1時間焼きます（ニンニクの大きさによって時間は異なります）。

3 冷ましたら、殺菌したジャーにニンニクを入れ、酢を加えて、ニンニクに酢がしっかり合わさるまで混ぜます。調理に使った、ニンニクの風味が移っているオリーブ油を入れて、全体が浸るようにします。必要であれば新しく油を足します。冷蔵保存し、常にニンニクが完全に油に覆われているように気をつけて、1か月以内に使いきります。

ニンニク
秋にニンニク片を植えるときは、とがったほうを上にして、先端がほんの少し土から顔を覗かせる程度に押しつけ、10cm間隔にします。翌年の7月には収穫できるでしょう。

ベイビーアーティチョークは非常に便利な野菜で、内側は丸ごと全部使うことができます。オリーブ油漬けにするとおいしくいただけます。アボカドとモッツァレラ・チーズのサラダに入れて前菜としていただいたり、バジルソースのパスタに加えてもいいでしょう。

ベイビーアーティチョークのオイル漬け

出来上がり：約500g（小さな保存ジャー1個分）
調理時間：45分
保存期間：冷蔵で2か月

材料

ベイビーアーティチョーク：10個
白ワインビネガー：300mL
海塩：大さじ1

【マリネ液用】

エクストラ・バージン・オリーブ油：450mL
白ワインビネガー：75mL
黒胡椒：ひとつまみ

1 アーティチョークの茎を切り落とし、色の薄いやわらかな葉が出てくるまで、外側の固い葉はちぎります（5〜6層）。先端から約2.5cmは切り落として捨てます。それから半分に切り、スプーンを使って芯の部分を慎重に取り除いたら捨てます。

2 ジャム鍋か厚底のステンレスのソースパンに酢と塩、水300mLを入れて沸騰させます。準備しておいたアーティチョークを加え、ぐつぐついわせた酢の液で3〜5分煮ます。酢のツンとした風味が飛ばないようにしましょう。水切りして冷ましたら、縦に4等分に切ります。

3 マリネ液の準備をします。ソースパンにオリーブ油、酢、胡椒を入れて沸騰させます。アーティチョークを加えて、再び沸騰したら火から下ろし、アーティチョークをマリネ液に浸したまま冷まします。

4 穴あきおたまを使い、冷めたアーティチョークをすくって、殺菌した非金属の蓋つき容器か耐酸の蓋つき容器に入れます。マリネ液を注ぎ、アーティチョークが完全に浸るようにします（好みによってはマリネ液を濾してもよい）。密封してラベルを貼り、冷蔵保存します。使うたびに冷蔵庫に戻し、必要であれば油を加えてアーティチョークが完全に浸るようにして、2か月以内に使いきりましょう。

塩気があり、強い風味を持つフェタチーズをオリーブ油に漬ければ、保存期間を延ばすことができます。そうすると風味はさらに増して、乾燥を止めることもできます。夏野菜のサラダに加えたり、ビーフとトマトの薄切りの上にほぐして載せ、少量の油を回しかけたりしましょう。あるいは、サラダやオリーブと一緒にピタパンにはさんでもいいでしょう。

フェタチーズのオイル漬け

出来上がり：400mL（小さな保存ジャー1個分）
調理時間：10分
保存期間：冷蔵で4か月

材料

高品質のエクストラ・バージン・オリーブ油：150mL + 必要に応じて追加します

レモン汁：2個分

タイムかオレガノ：ひとつまみ（葉のみ）

グリーンペッパー：小さじ1（ホール、なくても可）

挽きたての黒胡椒：適量

フェタチーズ：200g（一口大にさいの目切りにします）

1 大きなボウルにオリーブ油、レモン汁、タイムかオレガノ、好みに応じてグリーンペッパーを入れ、そっとかき混ぜます。挽きたての黒胡椒少々で調味します（フェタチーズの塩味が濃いので、塩を入れる必要はありません）。

2 殺菌したジャーにフェタチーズを入れ、合わせたオイル液を注ぎます。軽くチーズを押しつけ、入り込んだ空気を取り除き、必要であればチーズが完全に覆われるまでさらに油を足します。密封してラベルを貼り、冷蔵保存します。使うたびに冷蔵庫に戻し、必要であれば油を加えてチーズが完全に覆われるようにして、4か月以内に使いきりましょう。

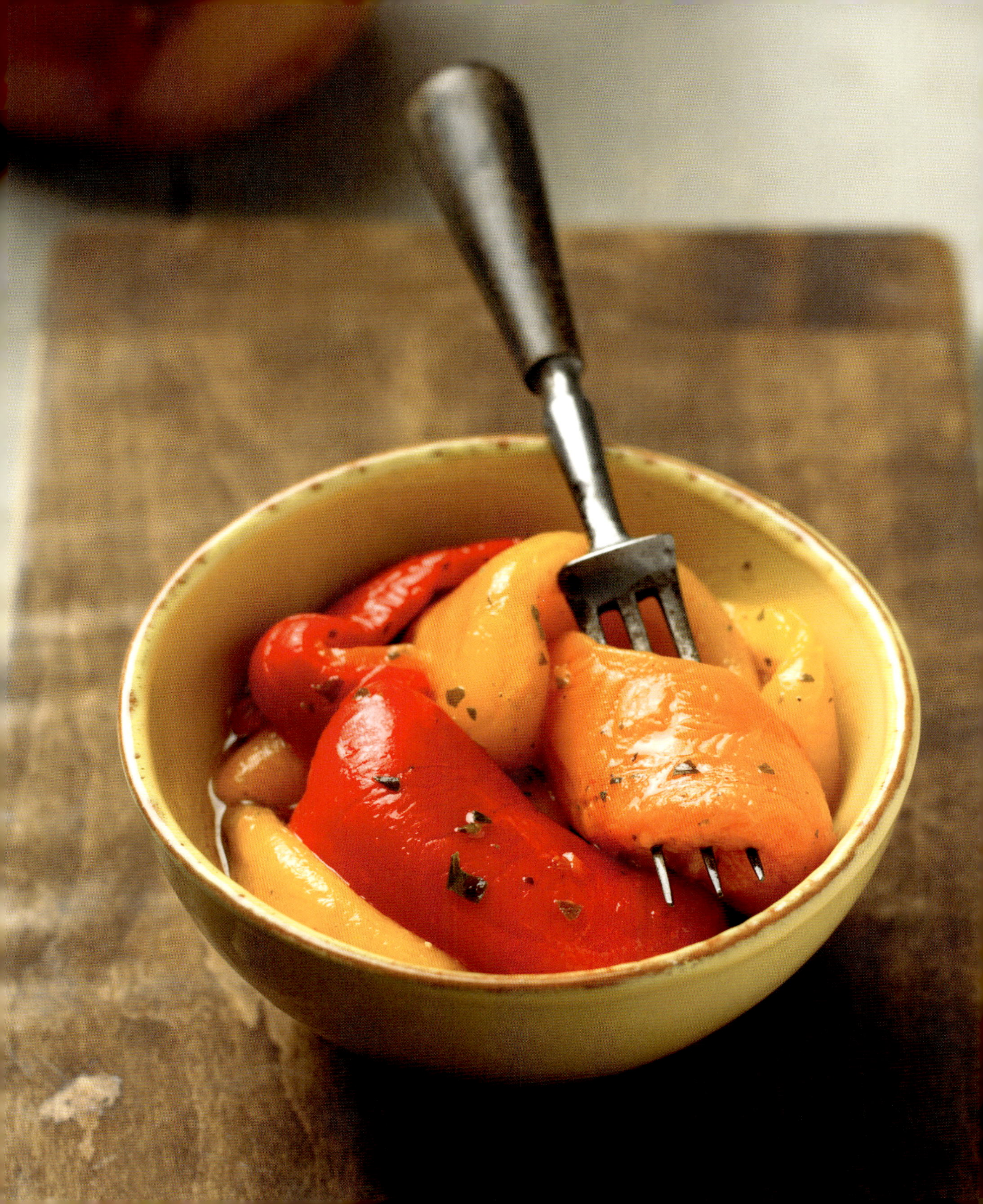

熟したパプリカを楽しむのに、これ以上の方法はありません。ローストすると甘みが一段と引き立って、香りが濃縮され、オリーブ油がなめらかな食感をさらに引き出してくれます。パスタにぴったりですし、ブルスケッタやサラダにもトッピングしたいものです。

パプリカのオイル漬け

出来上がり：約750mL（中ぐらいの保存ジャー2個分）
調理時間：40分
保存期間：冷蔵で3週間～1か月

材料
赤パプリカ：3個
オレンジパプリカ：3個
黄色パプリカ：3個
ドライオレガノ：小さじ1
海塩と挽きたての黒胡椒：適量
エキストラ・バージン・オリーブ油：大さじ2
リンゴ酢（シードルビネガー）：大さじ2

1 オーブンを200℃に予熱しておきます。大きなロースト用容器にパプリカを並べ、薄く焦げ始めるまで25～30分焼きます。オーブンから取り出してビニール袋に入れ、冷まします（こうすると皮がはがれやすくなります）。

2 ヘタを引き抜き、皮と種を取り除いたら、幅広の帯状にちぎるか切ります。ボウルにオレガノと一緒に入れたら海塩と黒胡椒で調味します。油と酢を混ぜたらパプリカに注ぎ、そっと混ぜます。

3 殺菌したジャーに、パプリカをスプーンで移し、汁もすべて加えます。オリーブ油を加えて、パプリカが完全に覆われるようにします。密封してラベルを貼って冷蔵保存します。使うたびに冷蔵庫に戻し、必要であれば油を加えてパプリカが常に完全に覆われるようにして、1か月以内に使いきりましょう。

バーベキューでこんがり焼いて油をかけたズッキーニはおいしいものです。このレシピはそれを再現しています（バーベキューの残り火でじっくりと焼くことができれば、おいしさは一段とアップするでしょう）。生のハーブとみじん切りにした砂糖漬けのレモンをかけて前菜にしましょう。

ズッキーニのグリルのオイル漬け

出来上がり：約500mL（小さな保存ジャー1個分）

調理時間：30分

保存期間：冷蔵で3週間～1か月

材料

ベイビー・ズッキーニ：450g。縦にごく薄く切ります

オリーブ油：大さじ3

海塩と挽きたての黒胡椒：ひとつまみ

エクストラ・バージン・オリーブ油：200mL＋必要に応じて追加します

レモン汁：2個分をボウルに入れておきます

1 大きなボウルにズッキーニを入れ、大さじ3のオリーブ油を海塩、黒胡椒と一緒に加えます。手で材料を混ぜ合わせ、しっかりなじませます。

2 熱くまるまでフライパンを熱し、一度に少しずつズッキーニをそっと入れ、きつね色になるまで両面をそれぞれ約3分焼きます。それからレモン汁のボウルに入れてしっかり混ぜ、レモン汁につけたままで冷まします。

3 レモン汁からズッキーニを取り出し、殺菌したジャーに重ねるように入れたらオリーブ油を注ぎ、完全に覆われるようにします。軽く野菜を押さえて、入り込んだ空気を取り除きます。密封してラベルを貼って冷蔵庫で保存します。使うたびに冷蔵庫に戻し、必要であれば油を加えてズッキーニが常に完全に覆われるようにして、1か月以内に使いきりましょう。

グリルしたナスの肉厚な食感は、冷製の肉やベジタリアン料理にふさわしいつけ合わせになります。酢のおかげでナスのオイリーなコクが引き出され、ぴりっとした風味が加えられています。

ナスのグリルのオイル漬け

出来上がり	約500mL（小さな保存ジャー1個分）
調理時間	40分 + 待ち時間
保存期間	冷蔵で3週間〜1か月

材料

- ナス：中2個。約厚さ5mmで縦にごく薄く切ります
- 海塩：適量
- エクストラ・バージン・オリーブ油：200mL + 必要に応じて追加します
- タイムの葉：小さじ1
- 白ワインビネガー：大さじ2

1 スライスしたナスをざるに敷き、1層ごとに海塩をたっぷりと振りかけます。30分置いて水分を出します。水ですすぎ、清潔なふきんかキッチンペーパーでしっかりと水気を拭きます。

2 ナスの両面にオリーブ油を薄くハケで塗り、熱くなるまで熱したフライパンに数枚ずつそっと入れます。きつね色になるまで両面をそれぞれ約2〜4分焼いて、取り出しておきます。

3 ステンレスのソースパンに油とタイムを入れ、タイムに軽く火が通るまで弱火で約2分熱します。火から下ろし、酢を混ぜ、ナスを加えます。沸騰させたら再び火から下ろし、ソースパンに入れたままで完全に冷まします。

4 冷めたら、そっとナスを取り出して殺菌したジャーに入れます。マリネ液を濾してナスに注ぎ、完全に浸るようにします。必要であればさらに油を足しましょう。ナスは必ず完全に油に浸っているようにします。軽く押さえて、空洞を取り除きます。密封してラベルを貼って冷蔵庫で保存します。使うたびに冷蔵庫に戻し、必要であれば油を加え、ナスが常に完全に覆われるようにして、1か月以内に使いきりましょう。

ナス
プランターでもよく育ち、形もおもしろい野菜ですが、常に暖かな気温でないと育ちません。ふっくらした小さなものか中ぐらいのナスで、皮にツヤがあり、押すとすぐに弾き返すものを選びましょう。

オリーブのオイル漬けは保存期間を長くし、その実をふっくらとジューシーなままに保つことのできる、伝統的でおすすめの方法です。もっとおいしくするために、香味やスパイスを加えましょう。質のいいオリーブを買い求めます（確認のためにまずは味見を）。

ミックス・スパイス入りオリーブのオイル漬け

出来上がり	約500mL（小さな保存ジャー1個分）
調理時間	10分
保存期間	冷蔵で4か月

材料

- エクストラ・バージン・オリーブ油：小さじ2
- 白ワインビネガー：大さじ3
- コリアンダーシード：小さじ1
- フェンネルシード：小さじ1。つぶします
- クミンシード：小さじ1。つぶします
- 有機栽培オレンジの皮のすりおろし：1個分（洗って使います）
- 唐辛子（フレーク）：ひとつまみ
- 海塩と挽きたての黒胡椒：適量
- ブラック・オリーブ：大150g（果汁の多いもの。種を取り除いて使います）
- グリーン・オリーブ：大150g（果汁の多いもの。種を取り除いて使います）

1 オリーブ油、白ワインビネガー、コリアンダーシード、フェンネルシード、クミンシード、オレンジの皮、唐辛子を混ぜます。海塩と黒胡椒でしっかり味付けします。

2 殺菌したジャーにオリーブを入れて、マリネ液を注ぎ、さらにオリーブ油を入れてオリーブが完全に覆われるようにします。密封してラベルを貼り、冷蔵庫で保存します。使うたびに冷蔵庫に戻し、必要であれば油を加えてオリーブが常に完全に覆われるようにします。4か月以内に使いきりましょう。

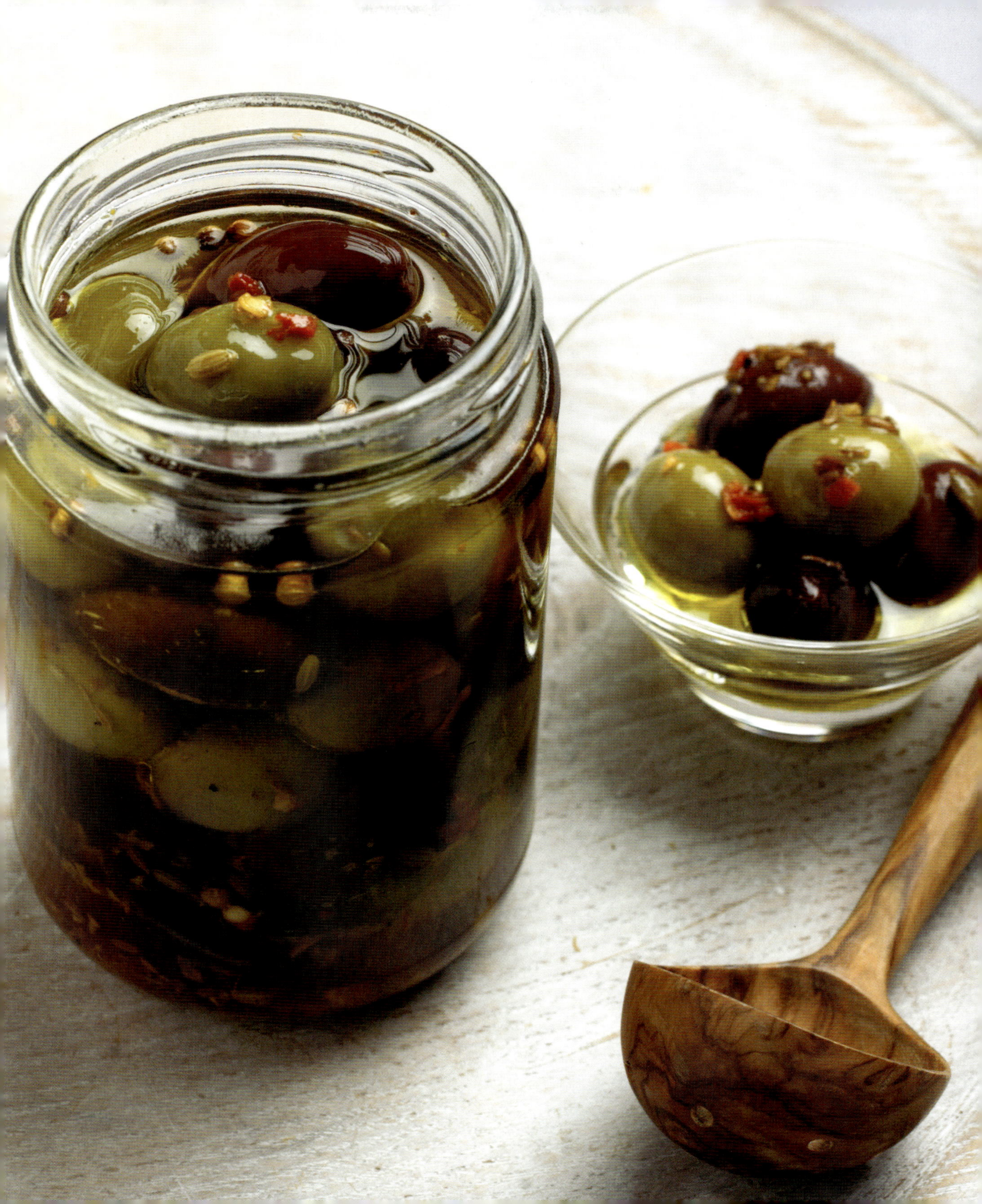

アスパラガスの旬はとても短いので、オイル漬けにして少しでも長く保存するのは理にかなったことです。アスパラガスには独特の風味があり、グリルするとそれが一段と引き立ちます。サラダに入れたり、刻んでパスタやリゾットに入れたり、またはそのままで楽しみましょう。

アスパラガスのオイル漬け

出来上がり	約500mL（小さな保存ジャー1個分）
調理時間	20分
保存期間	冷蔵で3週間

材料

- アスパラガス：中350g（保存ジャーの高さに合わせて切りそろえます）
- エクストラ・バージン・オリーブ油：200mL＋必要に応じて追加します
- 海塩と挽きたての黒胡椒：適量
- レモン汁：2個分を小さなボウルに入れておきます

1 手でアスパラガスに少量のオリーブ油をまぶし、海塩と黒胡椒でしっかり味付けします。

2 フライパンを熱くなるまで熱し、何回かに分けてアスパラガスを入れ、ときどき裏返します。かすかに焦げ、しならない程度にやわらかくなるまで約5分火を通します。

3 グリルしたアスパラガスをレモン汁のボウルに入れてしっかりと混ぜ、レモン汁に漬けたままで冷まします。殺菌したジャーに穂先を上にして立てて入れます。きっちりと詰め、油を注いで完全に覆われるようにします。密封してラベルを貼って冷蔵庫で保存します。使うたびに冷蔵庫に戻し、必要であれば油を加えてパプリカが常に完全に覆われるようにします。3週間以内に使いきりましょう。

アスパラガス
家庭で育てたアスパラガスは最高のごちそうです。栽培も簡単です。苗を春に植えて2年間育てると、その後は毎年、スジが少なくおいしいアスパラガスが収穫できるようになります。

キノコはオイル漬けにする前に、軽くゆでてやわらかくします。違う種類のキノコを混ぜて使ったり、旬の野生のものを使ったりしましょう。ピクニックのお弁当にぴったりですし、パスタや煮込み料理に混ぜたり、あるいはピザのトッピングに使うのもいいでしょう。

キノコのオイル漬け

出来上がり：約500mL（小さな保存ジャー1個分）

調理時間：20分

保存期間：冷蔵で3週間〜1か月

材料

キノコ：450g（薄切りにしますが、小さなものはそのまま使います。泥や汚れは丁寧に拭き取りますが、水洗いはしないこと）

リンゴ酢（シードルビネガー）：大さじ2

タイムの葉：小さじ1

海塩と挽きたての黒胡椒：適量

エクストラ・バージン・オリーブ油：150mL（必要に応じて足します）

1 ソースパンで塩を加えた湯を沸騰させ、キノコを入れて3分ゆでます。その後、しっかり水切りして完全に冷まします。

2 小さなボウルに酢とタイムを混ぜ、海塩と黒胡椒でしっかり味付けをします。この酢にキノコを入れてしっかり和えます。

3 非金属のものか、耐酢の蓋つきのジャー（殺菌済み）に、スプーンでキノコと酢を移します。オリーブ油を注ぎ、密封します。ジャーが完全に埋まらなかったら、何度か逆さまにして、油がキノコを完全に覆うようにします。ラベルを貼って冷蔵庫で保存します。使うたびに冷蔵庫に戻し、必要であれば油を加えてパプリカが常に完全に覆われるようにして、1か月以内に使いきりましょう。

キノコ
このレシピには大きなキノコやカサの開いたものより、小さなキノコがぴったりです。有機栽培のブラウン・マッシュルームが理想的。ホワイト・マッシュルームに比べて水分が少なく香り高いからです。

塩漬け、塩締め、食肉加工の保存方法は世界中で愛される保存食を生みだしています。現代の家には伝統的な**塩漬けや、湿塩法、乾塩法**が行えるような気温の低い地下室はありませんが、冷蔵庫を使えば今でも家庭で塩締めした魚や肉を楽しみ、ソーセージを手づくりすることができます。少し難しい衛生学の話は肉や魚の保存を成功させるためには非常に大切ですが、ここでご紹介する方法を使えば、ストレスになりすぎることもありません。

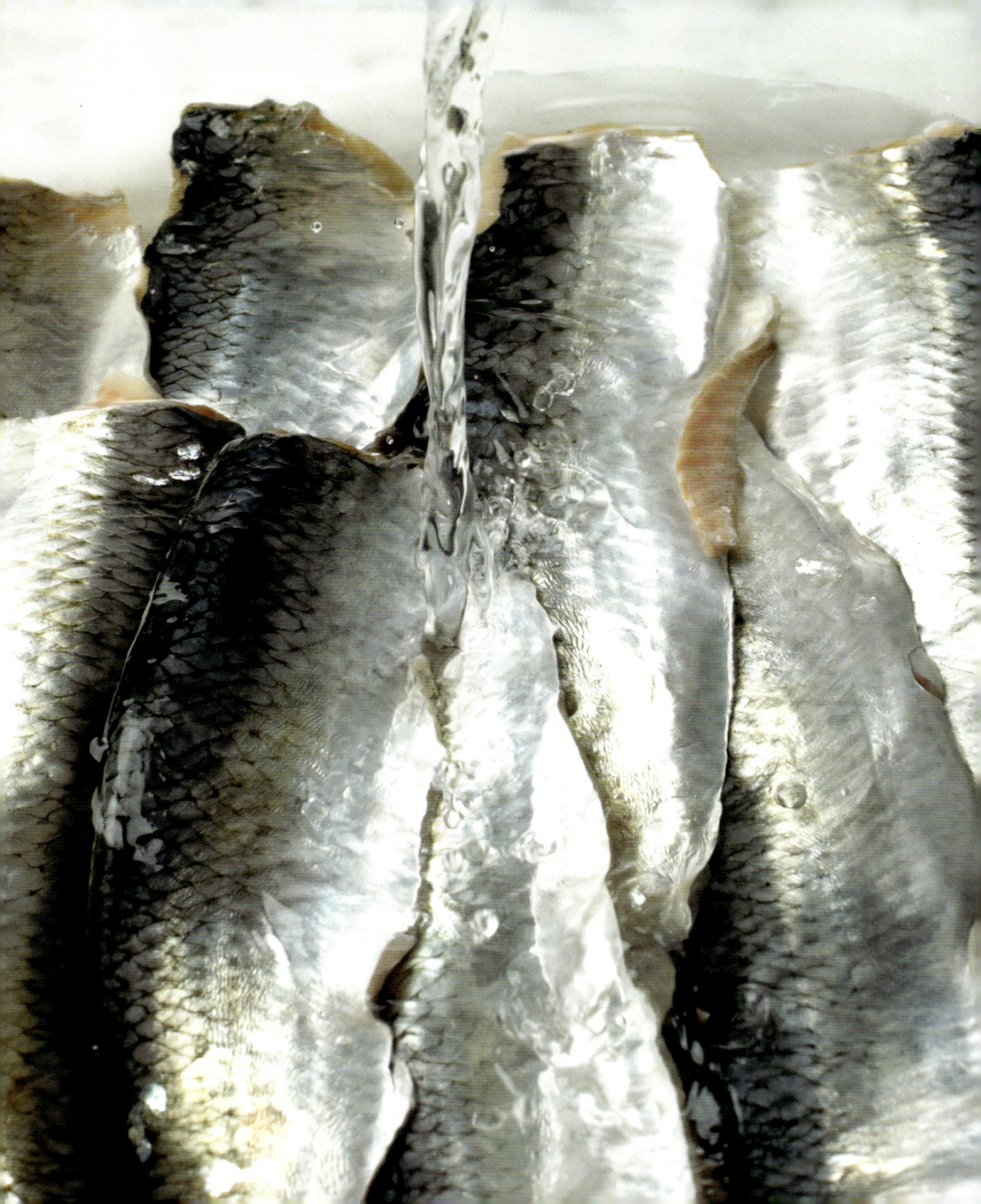

塩漬け、塩締め、食肉加工に向く食材

どんな人の好みにも合うであろう食材を並べました。どの保存方法を選ぶにしても、特に肉と魚については鮮度の高い質のいいものを購入することが必要不可欠です。

牛肉のブリスケ
それほど高くない豊かな風味の肉で、塩漬けにするには理想的です。草を餌にして有機飼育された牛の肉を選びましょう。

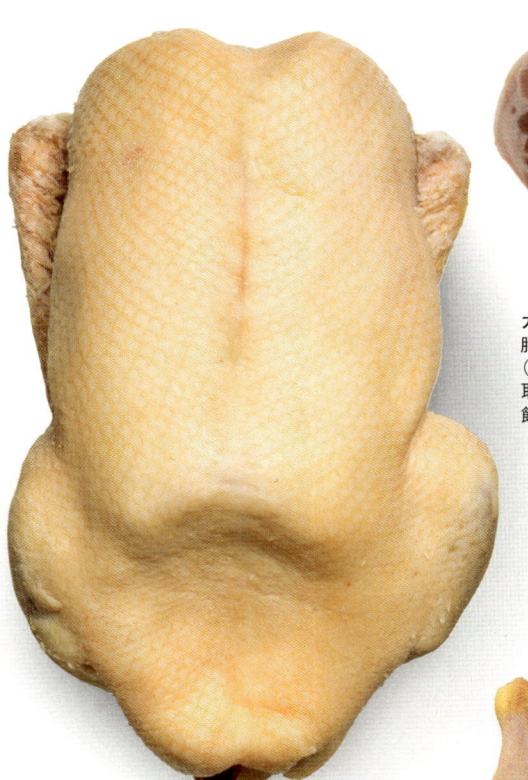

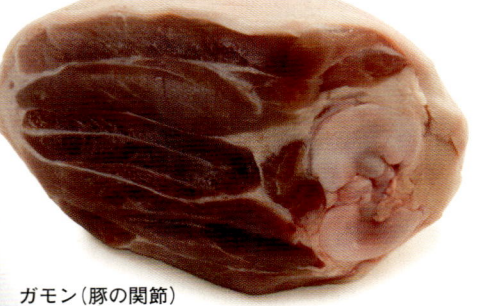

ガモン（豚の関節）
豚モモ肉を塩漬けにしてハムにすることができます（p304〜305）。家庭で塩漬けにするには、まず骨を取り除きます。有機飼育された豚の肉を選び、集中型飼育の水っぽいものは避けましょう。

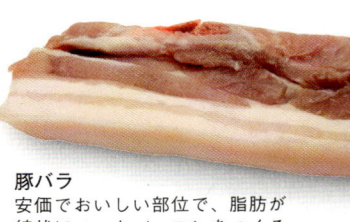

豚バラ
安価でおいしい部位で、脂肪が縞状についたベーコンをつくるのに最適です（p308〜309）。集中型飼育の豚では脂肪が足りず、風味に欠けるので、有機飼育された豚の肉を選びます。

豚ロース
最高の部位で、バックベーコンに使います。有機飼育された豚の肉を選びましょう（集中型飼育の豚では品質が不十分です）。

ガチョウ
伝統的な食用の鳥で、最も豊かな風味と脂肪を持っています（この脂肪がローストするとおいしい旨味になります）。一羽丸ごとか脚の部分を使ってジューシーなコンフィをつくりましょう。

アヒルのモモ
加工を成功させるには、自然な脂がたっぷりとのり、しかも肉の味がおいしいことが求められます。アヒルのモモはそれらの条件を満たしています。集中型飼育のものは避けて、高品質のものを購入しましょう。

ピクルス用キュウリ
ピクルス用キュウリは、表面がなめらかなものでも、いぼのあるものでも、塩漬けにすると乳酸菌の発酵作用によって変化します（乳酸は野菜の保存性を高めると同時に、腸内環境の改善を促してくれます）。

レモン
塩漬けにするとぴりりとした味が引き出され、長持ちします（p296〜297）。キッチンに常備しておきたい一品です。硬くて、熟した有機栽培のものか、シシリー産のものがよいでしょう。

紫キャベツ
キャベツを塩漬けにすると（p292〜293）、乳酸発酵により、免疫力向上、ガン抑制、消化促進の効果を持つと考えられています。葉のぎっしり詰まったものを選びましょう。

魚
現在は多くの魚の量が減っていますから、地元で水揚げされた魚や、サスティナブル・シーフード※、生産情報公表養殖魚を選びましょう。全体にツヤがあって目が澄んでいる魚や、引き締まって甘い香りのする切り身を選びましょう。海塩で塩締めにするか（p298〜299）、塩漬け液か酢液で締めます（p300〜301）。

ニシン

スケトウダラ

タラ

ほかにおすすめの食材

野菜
- インゲン
- ラディッシュ
- モロッコインゲン

魚（サスティナブル・シーフード※推奨）
- コリ（セイス）
- メルルーサ
- オヒョウ
- ピルチャード
- サーディン
- ホワイティング

肉（有機畜産物を推奨）
- ラムのモモ肉
- マトンのモモ肉
- 牛タン
- 豚の頭肉
- 豚レバー
- 鳥類のレバー
- ウサギ
- 豚肩肉
- 牛外モモ
- 牛内モモ

※生態系に配慮し、持続可能性を重視して捕獲または養殖された水産物

野菜を塩漬けにする

一部の野菜の塩漬けは、それぞれの野菜そのものにある乳酸菌による発酵を塩によって利用したものです。この過程は乳酸菌発酵（p11参照）として知られています。手づくりのザワークラウトは市販のものに比べるとずっと風味が良く、おすすめです。

ザワークラウト

出来上がり：約1.35kg（中ぐらいの保存ジャー2個分）
調理時間：30〜45分＋発酵時間
保存期間：冷蔵で1〜2か月

材料

キャベツか紫キャベツ（または半分ずつ）：2.5〜3kg
粗塩か岩塩：約60g（レシピ参照）
キャラウェイシード：大さじ1

---

1 キャベツの外側の葉を取り除き、半分に切り、芯を取り除いて4等分にして、よく切れる包丁を使うかフードプロセッサーで千切りにします。千切りにしたキャベツの重さを計って、使う塩の量を計算します。キャベツ2.5kgにつき塩は約60gです。

2 大きく清潔なボウルにキャベツを入れて、均等に塩を振りかけます。手を使って、塩をしっかりキャベツに揉み込みます。パン生地をこねる要領で、しっとりしてくるまでもみます。塩の効果でキャベツがやわらかくなってきて水分が出てくるまで、数分おきます。

3 殺菌をした大きなかめかジャーにキャベツを詰めます。5cm詰めるたびに、キャラウェイシードを散らします。層をつくるたびに、麺棒やジャム容器など清潔な道具で押し込みます。上部は7.5cm開けておきます。ボウルに残った汁もすべて加え、冷ました塩水（沸騰させた湯1Lに塩大さじ1.5を加えたもの）を注いでキャベツを覆います。

発酵のヒント

理想的な気温は20〜22℃で、ザワークラウトは3〜4週間で出来上がります。もっと暖かければより短期間ですみますし、寒ければ長くかかります（13〜16℃で5〜6週間）。24℃以上と13℃以下では、発酵に適しません。
表面がピンク色になったり、やわらかすぎたり、どろどろになったら、それは適切に発酵していないので食べてはいけません。塩が足りなかったり、容器内に空気が入っていたり、キャベツが完全に水に浸っていなかったか、長く保存しすぎたか、高い気温などが原因です。

4 トレイに保存ジャーを置き、キャベツの上に清潔なモスリンをかけて、ぴったりはまる皿かソーサーを上に載せます。大きな瓶か、密封できる袋に水を詰めた重しをその上に載せます。

5 室温で風通しの良い場所に置きます（左ページのコラム参照）。キャベツが水に浸っているかどうか、毎日確かめます。定期的に浮きかすを取り除き、清潔なモスリンに取り替えます。

6 泡がすべてなくなれば発酵は完成です。殺菌したジャーに移し、密封して冷蔵保存します。

韓国のキムチには様々な種類があり、このレシピは最も簡単なもののひとつです。最高の風味を引き出すには、マリネしてから冷蔵庫に数日入れておくこと。ごはん料理、肉、魚、チーズのつけ合わせに使いましょう。

キムチ

出来上がり：約450～600g

調理時間：25分＋待ち時間とマリネ時間

保存期間：冷蔵で2週間

材料

- 白菜：小1個
- 海塩：大さじ2
- ネギ：4本（ぶつ切りにします）
- 生のショウガ：2.5cm（皮をむいてすりおろします）
- ニンニク：1片（つぶします）
- 米酢：大さじ4
- ナンプラー：大さじ1
- ライム汁：1個分
- ごま油：大さじ2
- 煎りゴマ：大さじ2
- サンバル・オレック（インドネシアの調味料）：大さじ2

1. 白菜を縦に4等分に切ってから、5cmの長さに切り分けます。ざるを重ねたボウルに入れ、塩を加えてよく混ぜ、室温で一晩置いておきます。

2. 白菜をよく洗って塩気を取り除き、手でよく混ぜてすすぎます。水気を切ってキッチンペーパーで拭きます。

3. 蓋のできる冷凍容器に白菜を入れます（白菜600gが楽に入る大きさのもの）。残りの材料を加えてしっかりと混ぜます。

4. 蓋をして室温で一晩置いてマリネにしてから、冷蔵庫のチルドで保存し、2週間以内に使いきります。

ディル入り塩漬けキュウリ

塩漬けのキュウリは、酢漬けのピクルスとは違った味がします。小さな露地物のキュウリか、自分で育てたものをまだ小さなうちに収穫して使いましょう（なめらかなサラダ用のキュウリは水分が多すぎます）。一度開封したら、2週間以内に使いきりましょう

出来上がり：約1kg（保存ジャー大1個分）
調理時間：30分
保存期間：冷蔵で2週間

材料

海塩：30g
ディル：大さじ4（みじん切りにします）
タラゴン：大さじ1（みじん切りにします）
黒胡椒（ホール）：小さじ1
セロリシード：小さじ1
露地物キュウリ：2本（長さ約18cm。縦に4等分に切るか、小型のピクルス用を8本まで丸ごとで使います）
小タマネギかシャロット：4個（皮をむいて厚めにスライスします）

1 ソースパンに水600mLと塩を入れ、弱火にかけ、塩が溶けるまでかき混ぜます。それから沸騰させます。

2 1Lの保存ジャーの底に、生のディルとタラゴンを半量ずつ、黒胡椒（ホール）、セロリシードを入れます。4等分にしたキュウリとタマネギのスライスをきっちりと詰め込み、ディルとタラゴン残りを加えます。

3 十分に沸騰させた塩入りの湯を注ぎ、キュウリを完全に覆います。密封して冷暗所で保存し、4～6週間待ってから使います。一度開けたら、冷蔵保存します。

レモンの塩漬け

　レモンを塩漬けする中東の伝統的な方法です。皮はやわらかくなり、酸味が和らぎ、独特の味が生まれます。シチュー、サラダ、サルサ、ソース、ビネグレット・ソースに少量使ったり、倍の量をつくってプレゼントにしてもよいでしょう。

レモンの塩漬け

出来上がり：約450g（保存ジャー小1個分）

調理時間：10分＋マリネ時間

保存期間：冷蔵で6〜9か月

材料

有機栽培レモン：4個（洗っておきます）

粗海塩：115g

ベイリーフ数枚、黒胡椒（ホール）小さじ1／2、乾燥唐辛子1本、クローヴかコリアンダーかクミンシードを数個（なくても可）

レモン汁：2個分（搾りたてを使います）

1 よく切れる包丁で、それぞれのレモンを縦2／3まで十字に切り込みを入れます。

2 切り込みを少し押し開けて塩を注ぎ、殺菌した保存ジャーにきっちりと詰めます。ハーブを使う場合はここでレモンとレモンの間にはさみます（レモンをプレゼントに使う場合はこうすると見た目もよくなります）。残りの塩をジャーに加えます。

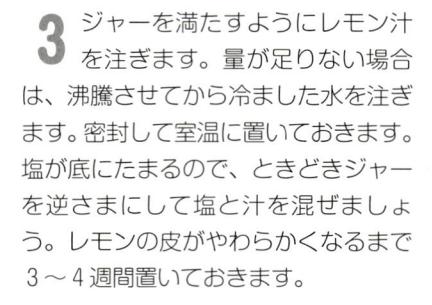

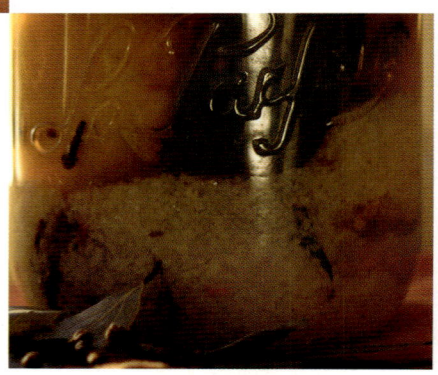

3 ジャーを満たすようにレモン汁を注ぎます。量が足りない場合は、沸騰させてから冷ました水を注ぎます。密封して室温に置いておきます。塩が底にたまるので、ときどきジャーを逆さまにして塩と汁を混ぜましょう。レモンの皮がやわらかくなるまで3〜4週間置いておきます。

塩漬けレモン
一度開けたら冷蔵保存して、レモンが完全に塩水に浸かっているようにします。使うときはレモンを取り出し、果肉をこそげ落として、皮を水ですすぎ、必要に応じて使います。

魚を塩締めする

「グラブラックス」はサケを保存するスカンジナビアの伝統的な方法で、とてもおいしい前菜になります。天然サケを使う場合はまず一晩冷凍してから、冷蔵庫で解凍します。こうすると寄生虫がついていても殺生することができるのです。

グラブラックス

出来上がり：1kg
調理時間：20分＋塩締めの時間
保存期間：冷蔵で3〜4日、冷凍で2か月

材料

粉砂糖：85g
ディル：30g。みじん切りにします
レモン汁：大さじ1
細かな海塩：75g
挽きたての黒胡椒：小さじ1
サケ：厚い切り身500gを2枚（ごく新鮮な天然物かサスティナブル・シーフード*）

*p291参照

魚の簡単な塩締め

魚の塩漬けは、調理の前に、白身や脂ののった魚を冷蔵庫で1〜2日保存しておく簡単な方法です。塩が魚の水分を引き出すので、風味が強くなり食感は引き締まります。

魚の切り身に海塩を均一にまぶし、余分な塩は払っておきます。薄い切り身は5〜10分、中くらいの切り身は10〜15分、厚い切り身は16〜30分、冷蔵庫に入れます。それから水ですすぎ、キッチンペーパーで拭いて、ラップで包み、2日間まで冷蔵保存します。

1 小さなボウルに、砂糖、ディル、レモン汁、塩、胡椒を入れてしっかりと混ぜます。

2 サケの切り身の皮を下にして清潔なトレイに置きます。1を切り身全体に均等に散らします。

3 もう1枚の切り身を、身を下にして重ねます。これをラップでしっかりと包み、皿を重ね、そこに缶詰を1〜2個置いて重しにします。冷蔵庫で48時間締めます。

4 12時間ごとに魚を裏返し、どちらの切り身も均等に重しをかけて、固く引き締まるようにします。トレイから取り出し、ラップを取り除き、キッチンペーパーで拭きます。

グラブラックスのスライス
よく切れる包丁を使って薄く斜め切りします。冷蔵庫に入れて3～4日以内に食べ切るか、2か月まで冷凍保存します。くさび形に切ったレモンやホースラディッシュ・ソース(p268)と一緒にいただきます。

魚を酢漬けにする

小魚を酢に浸すと、魚が"料理"されて小骨をすべて溶かす効果があります。風味はマイルドでもシャープでもお好みで(マイルドにするならば、酢は半量にします)。ロールモップはおいしい冷製の前菜になります。

ロールモップ

出来上がり：約750mL(保存ジャー中1個分)

調理時間：20〜25分＋塩漬けの時間

保存期間：冷蔵で1か月

材料

ニシンの切り身：ごく新鮮なものを6〜8切れ(うろこを取り除き、さばいて、目に見える骨はすべて取り除きます)

【塩漬け液用】
水450mLにつき海塩60g

【酢漬け調味料】
リンゴ酢(シードルビネガー)か白ワインビネガー：450mL
ブラウンシュガー：大さじ1
黒胡椒(ホール)：6粒
オールスパイス(ホール)：6粒
メース：1個
ベイリーフ：3枚
乾燥唐辛子：1本

【ロールモップ用】
紫タマネギ：1個(皮をむいて半分に切り、薄切りにします)
ピクルス用キュウリ：6〜8個(p202〜203)

1 ガラス皿に切り身を入れます。水に塩を溶かし、この液を魚に注ぎ、染みこむまで2〜3時間置きます。それから水切りしてキッチンペーパーで拭きます。

2 ステンレスのソースパンに酢、砂糖、スパイスを入れ、ゆっくりと沸騰させて1〜2分煮たら、冷まします。

3 清潔なまな板に、切り身の皮を下にしておきます。切り身の尾にタマネギの薄切りとキュウリを置いて、丸めます。それぞれのロールモップをカクテル・スティックで留めます。

4 殺菌したジャーかかめにぎっしりと詰めます。冷ました酢をスパイスごと注ぎ、ロールモップが完全に浸るようにします。

5 必要であれば、さらに酢を入れます。密封して冷蔵庫で3〜4日保存して熟成させます。魚が常に酢に覆われているようにします。

塩締めするだけでも、マリネしてさらにコクと風味を足してもOK。このお手軽な塩締めニシンは、ビーツやエンダイブとサラダにしたり、サワークリームやホースラディッシュ・ソース(p268)をかけたり、細切りにして手軽な前菜にすることができます。

ニシンの塩締め

出来上がり：2〜4人分(保存ジャー小1個分)
調理時間：30分＋塩締めの時間
保存期間：マリネなしで1週間、マリネすると2週間

材料

ニシンの切り身：2枚(ごく新鮮なものの骨を取り除いて、頭は落としたもの)
有機栽培レモンの皮の千切り(なくても可)
オリーブ油：ニシンを覆う量

【塩締め調味料】
海塩：小さじ2(細かなもの)
粉砂糖：小さじ2
ブランデー：小さじ1
挽きたての黒胡椒：適量
ディル：小さじ2(みじん切りにします)

1. 必要であればニシンを洗い、余分な皮やヒレは取り除きます。

2. 清潔な平皿に切り身1枚を皮を下にして置きます。塩締め調味料の材料をすべて混ぜ、切り身に均一に広げます。その上にもう1枚の切り身を皮を上にして重ねます。

3. 切り身をラップで覆い、重しを乗せ、24時間冷蔵庫に入れて締めます。12時間たったところで裏返します(塩締め調味料が液体になりますから、水切りして構いません)。

4. ここまできたらニシンは食べることができます。清潔で乾いた皿に移し、ラップで覆って冷蔵保存します。

5. ニシンをマリネにするに当たって、さらに風味を足すため、切り身を千切りにして、余分な皮は取り除きます(または好みで皮を全部取り除きます)。

6. 殺菌したジャーかめに詰め、好みに応じてレモンの皮を加え、オリーブ油で完全に覆い、冷蔵庫へ戻します。48時間おいてからいただきましょう。

エスカベーチェとはスペイン語で"酢漬け"という意味で、これは魚の下ごしらえで一般的な方法です。脂ののった魚を好む人もいますが、白身の肉厚のものを試してみましょう。仕上がりに癖がなくさっぱりとした風味になります。ここでは安価で水産資源として配慮されたコリ（タラの一種）を使っています。

エスカベーチェ

出来上がり：4～6人分
調理時間：45分 + マリネの時間
保存期間：冷蔵で3日

材料

コリ：675g（厚い切り身。皮は取り除きます）
薄力粉：大さじ3
塩・挽き立ての黒胡椒：適量
タイムなど数種のハーブの葉：小さじ2（飾り用にみじん切りにします。または、ドライタイム小さじ1と刻みパセリ少々を飾り用にします）
オリーブ油：大さじ6 + 回しかけるために少々
タマネギ：1個（厚めのリングに切ります）
ニンニク：大1片（つぶします）
ニンジン：大1本（マッチ棒程度の太さに千切りにします）
赤パプリカ：1個（半分に切り、種を取り除いて、千切りにします）
セロリ：1本（マッチ棒程度の太さに千切りにします）
生のショウガ：2.5cm（すりおろします）
青唐辛子：大2～4本（種を取り除いて薄切りにします）
白ワインビネガー：250mL
海塩：小さじ1／4
粉砂糖：小さじ1／2

1 コリを5cmに切ります。薄力粉に塩少々と胡椒、ハーブを混ぜて、魚にまぶします。

2 フライパンに油の半量を熱し、魚を入れて約4分、両面に焼き色がつく程度に手早く炒めます。食卓用の浅い大皿に入れます。

3 フライパンを拭き、残りの油を熱して、タマネギ、ニンニク、ニンジン、パプリカ、セロリを約5分、歯ごたえが残る程度にやわらかくなるまで炒めます。穴あきおたまでフライパンから取り出して置いておきます。

4 フライパンに残りの材料を加え、いったん沸騰させて火を弱め、約5分煮ます。野菜を加え、これをスプーンで魚の上にかけます。粗熱が取れたら、蓋をして、一晩おいてマリネにします。その日に、室温でオリーブ油をまわしかけて、生のタイムかパセリの葉少々を散らしていただくか、冷蔵庫で3日間保存できます（室温に戻してから、飾りつけをして食卓へ出しましょう）。

湿塩法
しつえんほう

　湿塩法とは肉を塩漬けにする方法の1つで、塩漬け液（ピックル液）に肉を漬け込みます。マイルドで甘みのあるハムが出来上がります。冷蔵庫は常に低温に保ち（5℃以下）、肉はピックル液に完全に浸っていなければなりません。

シンプルな湿塩法のハム

出来上がり：2.5kg

調理時間：10～15分 + 塩漬け、乾燥、ゆで時間

保存期間：ゆでて4～5日

材料

豚かたまり肉：2.5kg。皮つき

【塩漬け液（ピックル液）用】

塩漬け用の塩：700g

ブラウンシュガー：30g

アスコルビン酸（ビタミンCパウダー）：25g

【仕上げ用】

シードル：小グラス2杯

ドライベイリーフ：1枚

黒胡椒（ホール）：12個

クローブ：6個

ハムの照り焼き

　煮た後に、ハムに甘いグレーズをかけてオーブンで仕上げをしてもいいでしょう。それぞれ、すりきり大さじ2のメイプルシロップ、ハチミツ、マスタード、または大さじ5のマーマレードをハムに塗り、高温のオーブン（200℃）で30～40分焼きます。

1 蓋のできる大きなプラスチック容器に水6Lを入れ、塩漬け液の材料を加え、溶けるまで混ぜます。溶液は泡立ち、少し煙が出ます。

2 塩漬け液に肉を完全に浸します。清潔なガラス製の重しか皿を上に載せ、肉が必ず浸っているようにします。密封して冷蔵庫に25日間入れておきます。

3 塩漬け液から肉を取り出して、キッチンペーパーで拭きます。トレイに網を載せた上に置き（汁を受け取るように）、ひもで丸く縛り、3～4日冷蔵庫に入れておきます。

4 1時間水に浸した後、大きな鍋に新しい水を入れて沸騰させます。ハムと仕上げ用の材料を加え、沸騰させ、蓋をして、とろ火で3時間～3時間半煮ます。

5 ハムは4～5日冷蔵庫に保存するか、2～3か月冷蔵できます（火を通していない塩漬けのハムは冷蔵庫で1～3日、または冷凍で1～2か月保存できます）。薄切りにしていただきましょう。

塩漬けビーフは安い部位を保存する優れた方法です。塩漬けをすることで、肉に全く違った風味と食感が生まれます。サラダやレリッシュと一緒に前菜として、またはライ麦パンと一緒に最高のビーフサンドイッチをつくってみましょう。

塩漬けビーフ

出来上がり	1kg
調理時間	3～5時間＋塩漬け時間
保存期間	冷蔵で7日

材料

- 牛ブリスケ：1kg（筋は取り除き、糸でしっかり縛ります）
- ジュニパーベリー：6個（つぶします）
- ベイリーフ：1枚
- タイムかローズマリーの枝：1本
- ニンジン：2本（ぶつ切りにします）
- タマネギ：大1個

【塩漬け液用】

- 海塩：400g
- 黒糖：200g
- アスコルビン酸（粉末ビタミンC）：15g
- 生のショウガ：10～12cm（皮をむいて、ガーリックプレスかすりこぎでつぶします）
- 粗挽き黒胡椒：20g

1 肉はしっかりと巻いて糸で確実に縛っておきます。ジャム鍋か大きな厚底のソースパンに、塩漬け液の材料を水5Lと一緒に入れます。ゆっくりと沸騰させ、塩と砂糖を混ぜて溶かします。火を止め、ジュニパーベリー、ベイリーフ、タイムかローズマリーを加えたら、冷まします。

2 深皿かプラスチック容器に肉を入れ、スパイスを加えた塩漬け液を加えます。4～6日、冷蔵庫に入れてます。常に肉が浸っているように確認しましょう。途中で肉を裏返します。

3 塩漬け液から肉を取り出し、よく水洗いして、液は捨てます。大きな厚底のソースパンに、肉をニンジン、タマネギと一緒に入れて、水をひたひたに注ぎ、沸騰させたら蓋をして3時間煮ます。湯が減ってきたら、熱湯を加えましょう。湯はかすかにふつふつとなる程度にして、肉がフレーク状になってはがれてくるまで火を通します。

4 熱々で食卓に出す場合は、煮汁に入れたまま30分おいてから、厚めの固まりに切り分けて、ポテト・ピュレや歯ごたえを残して炒めたキャベツを添えましょう。

5 冷まして食卓に出す場合は、煮汁に入れたまま冷まし、水を切ってオーブンシートで包み、皿に入れて、1～2kgの重しをして、冷蔵庫で一晩置きます。薄くスライスしていただきます。

七面鳥が丸ごと保存できるくらい冷蔵庫が大きく、そしてよく冷えるならば、七面鳥の風味を一段と引き出すに理想的な保存方法です。調理すると肉汁をたっぷり含んだものが出来上がりますから、クリスマスのビュッフェに出してみたい料理です。

塩漬け七面鳥

出来上がり：2kg
調理時間：2時間20分＋冷まし、浸し、乾燥させ、塩漬けする時間
保存期間：冷蔵で7日

材料

七面鳥：2kg。骨付きで、ホールから脚を取り除いたもの
海塩：250g
グラニュー糖：50g
有機栽培オレンジの皮のすりおろし：1個分（洗います）
有機栽培レモンかライムの皮のすりおろし：1個分（洗います）
ベイリーフ：1枚
ローズマリーの枝：1本
ウォッカかジン：75mL（なくても可）

【ローストする場合】

オリーブ油：少々
海塩と挽きたての黒胡椒：適量
ベーコンかパンチェッタ：数枚（ローストする場合、なくても可）

【鍋焼きの場合】

ニンジン：2本（乱切りにします）
タマネギ：大1個
セロリ：1本（みじん切りにします）
オリーブ油少々とバター

1 塩漬け液をつくる間、七面鳥は冷蔵庫に入れたままにしておきます。とても大きな深鍋かジャム鍋に塩、砂糖、水5Lを入れて、沸騰させます。鍋を火から下ろし、香味付け（使う場合はアルコールも）をします。冷ましてから、大きく清潔なボウルなどに移して粗熱をとってから、しっかり冷えるまで冷蔵庫に入れておきます。

2 冷えた塩漬け液に七面鳥を完全に浸します。冷蔵庫に入れて（冷蔵庫の温度が5℃であることを確認しましょう）8日置きます。

3 塩漬け液から肉を取り出し、よく水洗いして、新しい冷水に浸して、冷蔵庫に30分入れます。液は捨てます。キッチンペーパーで肉を拭き、清潔な皿に新しいキッチンペーパーを敷いた上に並べ、再び冷蔵庫に戻してさらに1～3時間入れておきます。

4 ローストする場合は、オリーブ油少々をまわしかけ、塩・黒胡椒で調味し、ベーコンかパンチェッタで覆い（使う場合）、190℃に予熱したオーブンで、肉汁が透明になるまで1時間15分から1時間半焼きます。鍋焼きにする場合は、ニンジン、タマネギ、セロリをキャセロールの底に敷きます。バター少々とオリーブ油で七面鳥に焦げ目をつけ、キャセロールの野菜の上に置きます。野菜が浸る程度の水を加え、しっかり蓋をしたら、160℃に予熱したオーブンで、肉汁が透明になるまで1時間15分から1時間半焼きます。

乾塩法
かんえんほう

　塩を直接肉にすり込む方法で、肉の保存法のなかでも最も古い方法です。薄切りベーコンをつくるにはベストな方法です。最高においしくするために、有機飼育された豚を選びましょう。

乾塩法のベーコン

出来上がり：2kg

調理時間：15分＋塩漬けの時間

保存期間：冷蔵で10日（冷蔵で2〜3か月）

材料

豚ロース：骨なしで2kg（できれば、と殺して3日間つるした豚のもの）

【塩漬け用】

塩漬け用の塩：80g

ブラウンシュガー：40g

アスコルビン酸（粉末ビタミンC）：小さじ山盛り1

1 清潔なまな板に、脂肪の部分を下にて生肉を置きます。ボウルで塩漬けの材料をしっかり混ぜて、均等に赤身と脂肪にすり込み合わせ、くぼみがあればそこにもすり込みます。

2 底に網を敷いた大きめのプラスチック容器に肉を移します。蓋を閉めて、冷蔵庫のいちばん下の棚に4〜5日入れます（冷蔵庫が適切な温度の5℃であることを確認し、塩漬けの過程が安全に進むようにしましょう）。

3 時々、肉から出た水分を捨てます（塩漬けの沈殿物があればそれを再び肉にすり込みます）。

4 ベーコンが十分に塩漬けされたか確かめるため、片方の端を薄く切ります。全体がピンク色でなければなりません。中央にまだ灰色の部分があれば、塩漬け材料の半量を混ぜて再び肉にすり込み、蓋をした容器に肉を入れてさらに24時間、冷蔵庫に入れます。

5 塩漬け後のベーコンを水洗いしたらキッチンペーパーで拭き、清潔なモスリンでくるみ、容器にもどして冷蔵庫に入れ、4～5日乾燥させます（ほかの食材に触れないようにします）。うっすらと色が濃くなり、硬くなっていきます。食べることができるかどうか確かめるために、端を切って炒めてみます。塩がきつすぎるようであれば、肉全体を水に浸して24時間、冷蔵庫に入れてから、乾かし、ふたたびモスリンにくるみ、さらに3～4日、冷蔵庫に入れます。

6 オーブンシートに包み、冷蔵保存して、必要に応じてスライスします。冷凍する場合は、スライスしたものを使いやすい量に小分けして、2～3か月以内に使いきります。

このレシピは安い豚肉をジューシーな煮込み肉に変身させます。品質の良いものや有機飼育で丁寧に育てられた豚を選びましょう。また、このレシピには、十分な量の脂肪が必要不可欠です。必要であれば、仕上がりに少量のラードをかけます。

ポーク・リエット

出来上がり：4〜6人分（保存ジャー小1個分）
調理時間：3時間半＋待ち時間と冷ます時間
保存期間：冷蔵で1か月

材料
ローズマリー：大さじ1（みじん切りにします）
ニンニク：大1片（つぶします）
粉末クローブ：小さじ1と1／4
海塩：小さじ2
挽きたての黒胡椒：適量
豚バラ肉：500g
ベイリーフ：1枚
ラード：60g（必要であれば）

1 小さなボウルに、ローズマリー、ニンニク、クローブ、塩、しっかり挽いた黒胡椒を合わせます。これを肉全体にすり込み、容器に入れて蓋をして冷蔵庫に入れ、24時間置きます。

2 キャセロールに肉を入れます。ベイリーフと熱湯250mLを加えます。アルミホイルでしっかり覆ってから蓋をして、低温の150℃でオーブンに入れます。やわらかくとろとろになるまで3時間火を入れます。1時間半たったところで、肉の具合を確かめて、必要であれば水をおたまで1〜2杯加えます。

3 オーブンから肉を取り出し、溶け出した豚脂はすべてスプーンで集めてとっておきます。肉と肉汁をざるにあけ、蓋をして、水分を出しながら冷まします。まだ肉汁に脂肪がたくさんあるようでしたら、スプーンで集め、先にとっておいた脂肪と一緒にしておきます。肉汁も捨てずにとっておきます。

4 手で触れるぐらいに冷めたら、皮と骨は捨て、肉をまな板に置きます。フォーク2本を使って肉をちぎり、殺菌した温かい瓶に詰めます。そこに、とっておいた肉汁を加えます。スプーンでとっておいた豚脂かラード（またはその両方を混ぜたもの）も溶かして、肉に注ぎます。蓋をして、冷めたら、1か月まで冷蔵保存できます。一度開けたら、2日以内に食べきりましょう。

フランスのガスコーニュ生まれのこのおいしいレシピは、ガチョウや鶏でもつくることができます。好みでガチョウやカモの脂肪の代わりに、オリーブ油とヒマワリ油を混ぜたものを使ってもいいですが、調理保存のときは、肉が油に完全に浸るように注意が必要です。

カモのコンフィ

出来上がり：4人分
調理時間：2時間45分 + 冷ます時間
保存期間：冷蔵で2週間

材料

カモのモモ肉のかたまり：4つ
海塩：大さじ2
黒胡椒（ホール）：8個（軽くつぶします）
ニンニク：大2片（つぶします）
粉末オールスパイス：小さじ1／4
乾燥タイム：小さじ1
ベイリーフ：2枚（細く割きます）
ガチョウかカモの脂肪の瓶詰め（缶詰）：340g
ラード：少量（必要に応じて）

1 目盛りのついた蓋のある大きな容器にカモ肉の固まりを入れます。塩、胡椒、ニンニク、オールスパイス、タイム、ベイリーフを混ぜて、肉全体にすり込みます。蓋をして冷蔵庫で24時間冷やします。

2 水で肉をよく洗い、キッチンペーパーで拭きます（これはとても重要なポイントです。ここを抜かすと仕上がりの塩がきつくなりすぎてしまいます）。中ぐらいの耐熱性のキャセロールに肉をぎっしりと詰めます。ガチョウかカモの脂肪を加え、脂肪が溶けるまで約10分、火を通します。必要であれば、少量のラードを加えて、肉が完全に浸るようにしましょう。

3 キャセロールに蓋をして、ごく低温の50℃のオーブンで肉がとろけそうにやわらかくなるまで2時間半火を通します。

4 オーブンから取り出し、しっかり冷めるまで置いておきます。冷蔵保存に適切な容器にそっと肉を移し、脂を全体にかけて完全に肉が浸るようにします。蓋をして、完全に冷めたら冷蔵庫で保存します。

5 料理に使うときは、肉をそっと脂から取り出し、余分な脂肪はこそいで落とします（脂は冷蔵保存してコンフィづくりに3回まで再利用できます）。大きな厚底のフライパンを熱し、まず皮を下にしてカリッときつね色になるまで炒め、それから裏返して、火を弱め、熱々になるまでトータルで10分ほど焼きます。

トゥールーズ風ソーセージ

　手づくりのソーセージには添加物や保存料が入っていませんし、ジューシーでおいしく、香りも抜群です。材料を冷やして衛生面に気を配り、ソーセージづくりを成功させましょう（冷たい肉しかソーセージづくりには適しません）。奮発してソーセージ・メーカーを手に入れましょう。

出来上がり：約1.1kg

調理時間：30〜45分 + 腸を浸す時間

保存期間：生で1〜2日、火を通して4〜5日（生で冷凍すると2か月）

材料

豚の腸：1m

赤身の豚（肩など）：1kg（ごく冷たくなるまで冷蔵庫に入れておきます）

ベーコンかパンチェッタのスライス：150g

白ワイン（ソーセージをすぐに料理するならば）：小さなグラス1/2（保存する場合は冷水）

海塩か岩塩：粒の細かなものを10g

ニンニク：2片（なめらかなペースト状になるまでつぶして、塩をひとつまみ入れます）

白胡椒（細かく挽いたもの）：すりきりで小さじ1

---

1 腸をお湯で洗い、最低2時間水に浸してから、水洗いします。使うまで水を入れたボウルに入れ、冷蔵庫に置いておきます。

2 ソーセージづくりの準備ができたら、豚肉とベーコンを粗くミンサーにかけます（または、ベーコンはみじん切りにしてもいいでしょう）。

3 大きなボウルにすべての材料を入れ、手でよく混ぜるか、生地づくりのアタッチメントをつけたフードミキサーで混ぜます。2〜3時間冷蔵庫に入れて落ち着かせます。

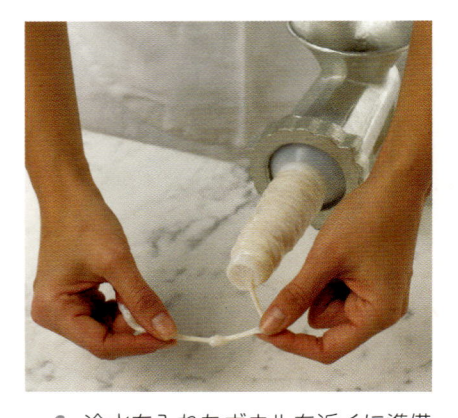

4 冷水を入れたボウルを近くに準備して、べとついた手をすすげるようにしておきます。ソーセージ・メーカーのノズルに、濡らした腸を取りつけます。端に結び目をつくります。

ソーセージづくりのヒント

　ソーセージづくりを始める前に、調味料は計っておき、調理器具は洗って並べておきましょう。

トゥールーズ風ソーセージ 313

5 少しずつ腸に肉を詰めていきます。ノズルから出てくるソーセージの重みを手で支えるようにしてやります。肉は腸の中央に押しだし、エアポケットがあれば手でつぶします。

6 腸をコイル状に巻いてやり、最後の部分にも結び目をつくります。腸に余りが出れば切り取ります。

7 清潔な皿にソーセージを置きます。殺菌した竹串で所々突き刺して、残っているエアポケットをなくしていきます。覆いをしないで冷蔵庫に一晩入れて、落ち着かせ、風味を定着させます。

ポーク・ソーセージ
いちばんおいしくいただくには、トゥールーズ風ソーセージをすぐに料理して食べるか、スライスしてキャセロールに入れましょう。

チョリソ・ソーセージは通常乾燥させますが、そのままでもとてもおいしいものです。ソーセージの形にしてもミートボールの形にしても、つくるのは簡単。乾燥していないチョリソはできるだけ早くいただくのがベストです。シンプルに炒めたり、焼いたりするか、キャセロールやパスタ・ソース、塩気のある料理に加えるといいでしょう。

フレッシュ・スイート・チョリソ

特別な調理器具：ミンサー、ソーセージ・メーカー

出来上がり：約 1 kg

調理時間：20分＋腸を浸す時間と冷ます時間

保存期間：冷蔵で 3 〜 4 日（冷凍で 3 か月）

材料

豚の腸：1 m
豚肩肉：1 kg（直前にミンチにしたものを使います[p312]）
海塩：15g
ニンニク：2片（つぶして裏濾しします）
スイート・スモーク・パプリカ：15g
チリパウダー：小さじ1
白胡椒（細かく挽いたもの）：小さじ 1／2

1 腸を湯で洗い、最低2時間水に浸してから、水洗いします。使うまで水を入れたボウルに入れ、冷蔵庫に置いておきます。

2 大きなボウルに残りの材料を入れて、手で混ぜるか、生地づくりのアタッチメントをつけたフードミキサーで混ぜます。2〜3時間冷蔵庫に入れて落ち着かせます。

3 腸に肉を詰めます（p312〜313）。ソーセージの形にするために、一定の間隔でねじります。ミートボールにするには、（腸に詰めずに）冷たい濡れた手で小さなボール状に形づくればOK。トレイに並べます。

4 ソーセージやミートボールを冷蔵庫に入れ（ソーセージはできればつるして）、冷蔵庫に一晩入れて、落ち着かせ、風味を定着させます。料理に使うまで冷蔵保存します。

多くの市販のソーセージと違って、手づくりソーセージの味は抜群です。イギリスのソーセージがヨーロッパ大陸風のソーセージと違っているところは、ラスクやパン粉が若干入っていることで、調味料も違います。このレシピには質の良いパン粉を使いましょう。

伝統のイギリス風ソーセージ

特別な調理器具：ミンサー、ソーセージ・メーカー

出来上がり：10〜12本
調理時間：45分 + 待ち時間と腸を浸す時間
保存期間：冷蔵で3〜4日（冷凍で3か月）

材料

豚の腸：1m
古くなった質のいい白パン（サワードーなど）：150g
豚肩肉：1kg（ミンチにしたばかりのものを使います[p312]）
海塩：15g
メース：小さじ1/2
ナツメグ：小さじ1/2
乾燥ローズマリー：小さじ1/2
クローブ：小さじ1/4（挽きたてを使います）

1 腸を湯で洗い、最低2時間水に浸してから、水洗いします。使うまで水を入れたボウルに入れ、冷蔵庫に置いておきます。

2 ごく低温のオーブンにパンを入れ、ビスケットのように乾燥させ、焼き色はつかない程度に焼きます（必要であれば、オーブンの扉を開けたままにしておきます）。フードプロセッサーで細かくするか、パン全体に麺棒を転がしてつぶしてパン粉にします。

3 大きく清潔なボウルに豚肉と乾燥させた材料をすべて入れます。冷水150mLを加え、冷たく濡れた手を使って全体をしっかりと混ぜます。冷蔵庫にもどし、一晩置いて落ち着かせ、風味を定着させます。

4 腸に肉を詰めます（p312〜313）。10cmごとにねじってつながったソーセージをつくります。それぞれの重さは85g程度になります。

5 ソーセージを冷蔵庫に一晩入れ（できればつるして）、乾燥させ、落ち着かせて風味を定着させます。料理に使うまで冷蔵保存します。

燻製は燃えさしの燻煙を使うもので、おそらく最も古くから知られている保存方法です。燻製の種類としては、低温燻製（冷燻法。ごく低温で食材を24時間以上いぶし、生の状態を保つ伝統的な方法）あるいは、この章で扱う**高温燻製（熱燻法）**があります。高温燻製の魚、肉、野菜は長期間の保存には向きませんが、家庭で簡単につくることができます。**中華鍋で燻製**にする方法もあり、食材に火を通しながら、ジューシーなおいしさを保つことができます。

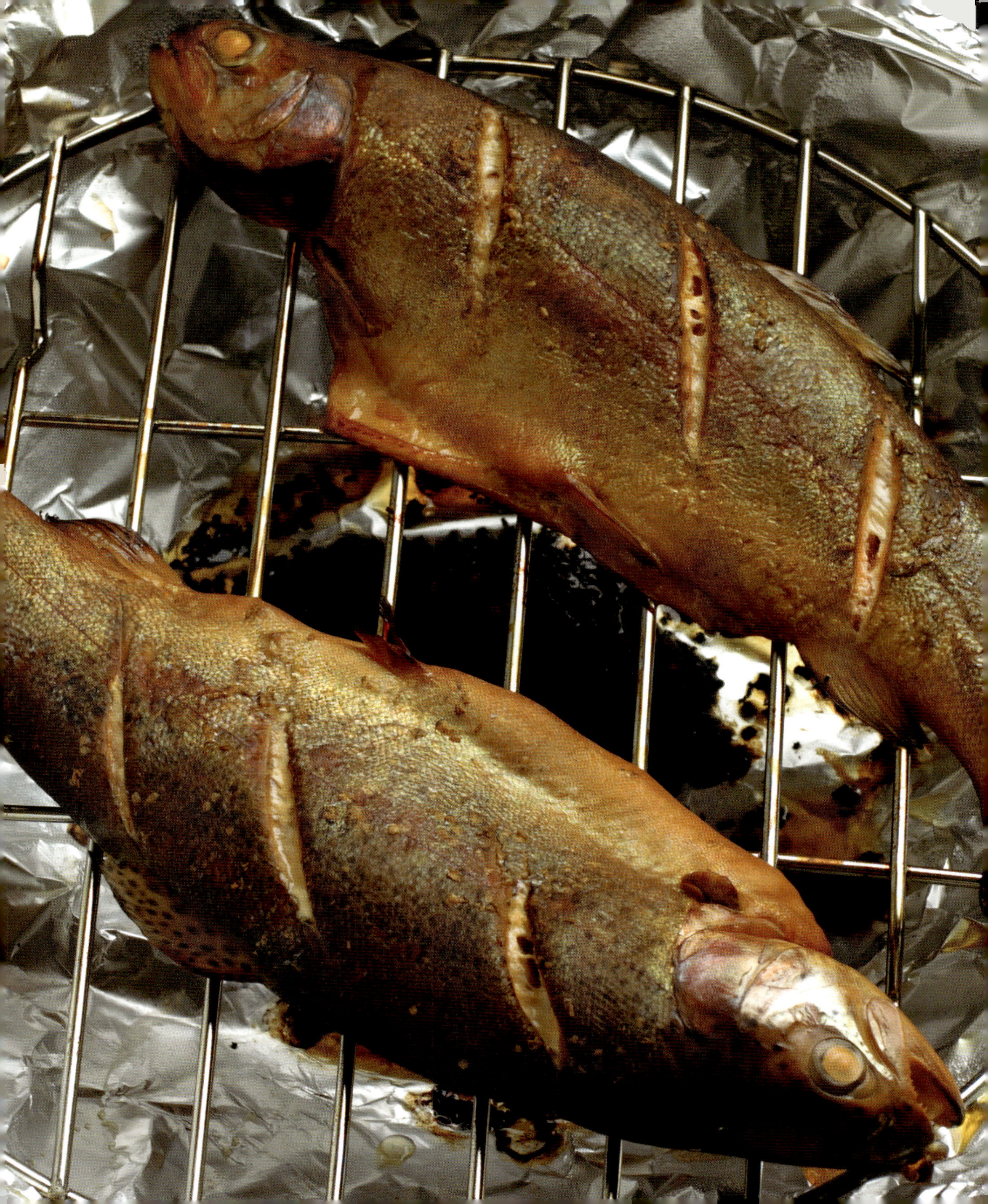

燻製に向く食材

伝統的に、集中飼育ではない家畜の肉と新鮮な天然の魚だけが燻製にされてきました。現在では幅広い範囲の食材が燻製にできますが、原則は変わりません。手に入るなかで最高の品質のものを使うことです。

エビ
エビは注意して選び、生臭いものは避けましょう。集中養殖のブラックタイガーは避けて、サスティナブル・シーフード(p291参照)を選びましょう。

サバ

魚
幅広い魚が家庭のスモーカー(p320〜321)や、中華鍋(p328〜329)でおいしい燻製にできます。魚の燻製には伝統的にオークがウッドチップとして使われますが、ほかの匂いの強くないウッドチップも試してみましょう。過密養殖の魚は避けます。

モンツキダラ

コリ(タラの一種)

マス

サケ

燻製に向く食材 319

ムール貝
安価で豊富、甘くジューシーな身のムール貝はおいしい燻製になります。地元の旬の天然物か天然養殖網のものを選びましょう。

パプリカ
燻製にすると風味が加わりますが、ほかの野菜のように長時間いぶすと、少し苦みが出てしまうので注意します。

ジャガイモ
ゆでたてのジャガイモの皮をむいて薄く切り、肉や魚と一緒に、またはジャガイモだけで燻製にしてみるといいでしょう。短時間で軽くいぶします。

ニンニク
燻製のニンニクはとても一般的で、おいしいガーリック・バターになります。旬の乾燥ニンニクが最適です。粒の大きなものを選びましょう。

卵
なんでもない固ゆで卵が燻製にすることで大変身します。最高級の卵を買いましょう。液に漬け込んで燻製にした卵もとてもおいしいものです。

キジ
キジなどのジビエは、燻製にすると自然な風味から一段とコクを引き出すことができます。丸ごと燻製にした後、オーブンで焼いて仕上げるか、皮つきのままムネ肉にして燻製にします。

鶏肉
高品質の鶏ムネ肉は、しっかりした身と最高の風味を持っています。燻製に理想的な食材で、ジューシーに仕上げるために皮は取らずにおきます(p320〜321)。一羽丸ごとの鶏は燻製にしてからオーブンで仕上げることができます。

ほかにおすすめの食材

野菜
- キクイモ(加熱済)
- トウモロコシ(加熱済)

ナッツ
- アーモンド
- ピーナッツ
- マツの実

魚(サスティナブル・フード※を推奨)
- タラ
- ウナギ
- ニシン
- タコ
- スケトウダラ
- マテガイ
- サーモン・トラウト
- サメ
- マグロ

肉(有機畜産物を推奨)
- 牛肉(サーロイン、リブロース、ヒレ)
- ハンバーグ
- ラムのモモ肉
- ラムのサーロン(チョップ)
- ポーク・チョップ
- ソーセージ
- スペアリブ
- 豚ヒレ

鳥類(有機畜産物を推奨)
- 骨なしウズラ
- アヒルのムネ肉
- ガチョウのムネ肉
- 七面鳥のムネ肉

ジビエ
- ライチョウ
- ヤマウズラ
- ウサギ
- 鹿肉

※291参照

スモーカーでつくる高温燻製

　赤身の鳥類、野鳥、魚は高温燻製にぴったりです。肉は、まず乾燥させてから燻製にすると風味が一段と良くなります。燻製は食材に火を通しながら蒸すので、熱々でも冷めてもおいしい肉が出来上がるのです。

出来上がり：鶏ムネ肉4枚
調理時間：45分＋待ち時間
保存期間：冷蔵で2〜3日（冷凍で2〜3か月）

材料
鶏ムネ肉：4枚皮つき

【塩漬け液用】
海塩（細かいもの）200gを沸騰した湯1Lに溶かした後、冷ます

匂いの強くないウッドチップ（オークなど）：すりきりで大さじ2

高温燻製のヒント

　燻製のウッドチップに適しているのは硬い木だけです。食材には直接触れさせないようにし、風味づけの好みに応じて量を調節します。軽い風味ならば大さじにすりきり1、中ぐらいの風味ならば大さじにすりきりで2、濃い風味ならば大さじ3を使います。
　中火では、スモーカー内の温度は190℃に匹敵するため、必ずオーブンミットを使いましょう。
　室内で高温燻製をするときは、窓を開けて換気扇を回しましょう。
　火から下ろした後、場合によっては数分ほどスモーカーに入れてままにしておくと、完璧な仕上がりになります。

1 浅い皿に鶏肉を並べ、清潔な串でそれぞれ何度か突き刺します。塩漬け液を注ぎ、肉が完全に浸るようにして、冷蔵庫で2時間置きます。

2 塩漬け水から鶏肉を取り出し、ざっと水洗いして、キッチンペーパーで拭いてトレイに並べます。覆いをしないで4〜8時間、冷蔵庫に入れて、塩をさらに染み込ませます。

3 スモーカーの底の中央にウッドチップを振りまきます。トレイの上にラックを置き、その上に鶏肉を並べ、スモーカーに入れて蓋をします。

4 スモーカーを中火にかけます。煙が見えはじめたら、火を若干弱め、20〜25分間燻製にしてから、火が通ったかどうか確かめます。

燻製の鶏肉
燻製の調理時間はコンロ、鶏肉の厚み、ウッドチップの量によって多少異なります。熱々にはライスとスパイシーなレリッシュやチャツネを添えたり、サラダ、ジャガイモ、クルミとコリアンダーのペストソースをかけていただきましょう。または、冷たくして薄切りにしてサラダやサンドイッチに使いましょう。

あらゆるソーセージは高温燻製にすると素晴らしくおいしく、とてもジューシーになります。"伝統的な"仕上がりにする場合は、燻製にしてから、5分炒め、均等に焦げ目がつくようにします。マッシュポテトを添えて手づくりケチャップ(p262)をかけていただきましょう。

高温燻製ソーセージ

特別な道具：ステンレス製のスモーカー

出来上がり：3人分
調理時間：30分
保存期間：冷蔵で2〜3日

材料

手づくりソーセージ(p312)か、同様の高品質のソーセージ：450g

【燻製用】
オークやサクラ(強い風味が好みであればヒッコリーのウッドチップ)：すりきりで大さじ1

1 スモーカー(p15)の底の中央にウッドチップを置き、汁受けのトレイを入れたら、その上に網を置きます。

2 ソーセージを拭いて(穴を開けないよう注意)網に並べます。それぞれのソーセージの周囲にスペースを空けて、煙が均等にまわるようにします。蓋を閉めます。

3 換気扇を回して窓を開け、スモーカーを中火にかけます。匂いがしてきたり、煙がうっすらと出てきたらすぐに(約2〜3分)火を少し弱め、細いソーセージは10〜12分、太いソーセージは15分、トゥールーズ風など特別に太いソーセージは20分いぶします。

4 火を止めて、煙が全く出なくなるまで待ってから、スモーカーを開けて、ソーセージ1本を切って、火が通って中央にピンク色の部分がないか確かめます。完全に火が通っていなければ、さらに5分、火が通るまでいぶします。脂肪分を控えたい場合は、火が通ってから爪楊枝などで穴を開けて、トレイに肉汁を出します。できたてをいただくか、冷ましてから冷蔵庫に入れます。

ジュニパーベリー風味シカの燻製

　燻製にすると鹿肉の良さを最大限に引き出すことができます。自然の野性味が一段と豊かになり、水分を保ってジューシーなままに仕上げることができるのです。ここではまず肉をマリネにしてから、燻製にします。冬に嬉しい、温かでおいしい一品は、さっと蒸したキャベツや根菜のピュレ(p68)と一緒にいただきましょう。

特別な道具：ステンレス製のスモーカー

出来上がり：4人分
調理時間：20分＋マリネの時間
保存期間：すぐに食べましょう

材料

鹿肉のサーロインステーキ：4枚（それぞれが約225gで厚さが約2cmで均等なもの）

【マリネ用】
ジュニパーベリー：大さじ1
赤ワイン：250mL
ルビーポルト酒：大さじ4
粉砂糖：小さじ2～3
塩：1～2つまみ（味を整えるため）

【燻製用】
オークやサクラのウッドチップ：すりきりで大さじ1

1 大きな深皿にマリネの材料をすべて入れ、砂糖が溶けるまでかき混ぜます。マリネ液に鹿肉を入れ、浸るようにして、冷蔵庫に一晩入れます。ときどき裏返して、均等にマリネされるようにしましょう。

2 スモーカー(p15)の底の中央にウッドチップを置き、汁受けのトレイを入れたら、その上に網を置き、鹿肉を並べ、それぞれの肉の周囲にスペースを空けて、煙が均等にまわるようにして、蓋を閉めます。

3 換気扇を回して窓を開け、スモーカーを中火にかけます。匂いがしてきたり、煙がうっすらと出てきたらすぐに（約2～3分）火を少し弱めます。ミディアム・レアの鹿肉ならば10～12分、しっかり火が通ったものが好みであれば15分いぶします。火を止めて、煙が全く出なくなるまで待ってから、スモーカーを開けて、肉1枚の中心にナイフを入れて、好みの焼き加減になっているか確かめます。完全に火が通っていなければ、さらに5分、火が通るまでいぶします。

4 肉をいぶしている間に、ソースパンにマリネ液を注ぎ、中火にかけて、量が少なくとも半分になってとろみがついてくるまで、約15分煮ます。味を見てから、濾し器にかけてジュニパーベリーを取り除きます。温めた皿に肉をよそい、このソースを少々かけて、すぐにいただきます。

手づくりのニンニクの燻製は市販のものよりずっとおいしく、つくるのも簡単です。好みでに合わせて、異なるフレーバーのウッドチップを試してみましょう(p21)。燻製ニンニクをバターやマヨネーズづくりに使ったり、スープに加えたり、バーベキューにした肉と一緒にいただきましょう。

高温燻製のニンニク

特別な道具：ステンレス製のスモーカー

出来上がり：4玉分
調理時間：35分
保存期間：2週間

材料
ニンニク：大まるごと4玉(乾燥させます)
オリーブ油：大さじ1

【燻製用】
オークのウッドチップ：すりきりで大さじ2

1. スモーカー(p15)の底の中央にウッドチップを置き、汁受けのトレイを入れたら、その上に網を置きます。

2. ニンニクにオリーブ油をハケで塗り、網に並べます。それぞれのニンニクの周囲にスペースを空けて、煙が均等にまわるようにして、蓋を閉めます。

3. 換気扇を回して窓を開け、スモーカーを中火にかけます。匂いがしてきたり、煙がうっすらと出てきたらすぐに(約2〜3分)火を少し弱め、ニンニクを30分いぶします。

4. 火を止めて、煙が全く出なくなるまで待ってから、スモーカーを開けて、ニンニクを取り出します。冷めたら、しっかりと封のできる容器に入れて冷蔵庫か、冷暗所で保存します。

高温燻製のマリネ・ツナ

このツナ・ステーキはマリネしてから燻製にして、さらに風味豊かに仕上げます。マイルドなものか、リッチなものか、好みによってウッドチップを変えましょう（p21）。コリアンダーのみじん切りを飾って仕上げます。

特別な道具：ステンレス製のスモーカー

出来上がり：4人分
調理時間：30分＋マリネの時間
保存期間：冷蔵で3〜4日

材料

ツナ切り身：4切れ（それぞれが約175g）

【マリネ用】
有機栽培オレンジ：中1個（洗います）
ショウガ：2.5cm（みじん切りにします）
ニンニク：大1片（皮をむいてみじん切りにします）
ナンプラー：小さじ2
五香粉：小さじ1／2
ウォッカ：小さじ2〜3（なくても可）

【燻製用】
ハンノキ（軽い風味）か、ペカンのウッドチップ：すりきりで大さじ1

1 浅い皿に魚を置きます。ボウルにオレンジを搾り、皮1／4のすりおろし、ショウガ、ニンニク、ナンプラー、五香粉、ウォッカ（使う場合）も加えます。しっかり混ぜて味見をして、必要であればさらにナンプラーなどの調味料を加えます。

2 マリネ液を魚に注ぎ、裏返して両面にしっかり液が行き渡るようにしたら、ラップで覆い、冷蔵庫に入れて、8〜12時間マリネにします。途中で裏返します。

3 スモーカー（p15）の底の中央にウッドチップを置き、汁受けのトレイを入れたら、残りのオレンジの皮を細切りにしたものを散らし、水60mLを注ぎます。その上に網を置いて、魚をのせ、マリネ液を注いで蓋をします。

4 換気扇を回して窓を開け、スモーカーを弱火にかけて20分、いぶします。火を止めて、煙が全く出なくなるまで待ってから、スモーカーを開けて、魚1切れの中央にナイフを入れて、火が通っているか確かめます。まだであれば、さらに5分いぶします。温かいうちにいただくか、冷ましてから冷蔵庫で4日まで保存できます。

サケと白身の魚は、どちらも手軽な燻製に向いています。スモーカーで効率よく蒸すことができるからです。まずは乾塩法で塩締めします(p298)。できたての熱々にマヨネーズをかけたり、ご飯と一緒に調理してケジャリー(インド料理をアレンジしたイギリスの伝統料理)をつくってもよいでしょう。

高温燻製の魚

特別な道具：ステンレス製のスモーカー

出来上がり：4人分

調理時間：15～50分＋塩締めの時間

保存期間：冷蔵で2～3日

材料

細かな海塩：約60g

魚の切り身：4切れ(それぞれ約175g)(均等な厚さのもの)

ブラウンシュガー：1つまみ(なくても可)

ベイリーフ：3～4枚(またはコリアンダーシード小さじ1か、スターアニス1個。なくても可)

【燻製用】

ハンノキかブナ(軽いフレーバー)かオーク(こくあるフレーバー)のウッドチップ：すりきりで大さじ1

水、白ワイン、シードル：75mL

1　まず魚を乾塩法で締めます。清潔な皿に塩を入れ、魚をまぶし、両面に厚くコーティングしてから、揺すって余分な塩は皿に落とします。使う場合は砂糖ひとつまみを魚に振りかけ(こうするとほのかに甘みが加わります)、薄い切り身であれば5分、厚い切り身であれば最大30分、冷蔵庫に入れておきます(p298)。

2　流水で魚をすすぎ、キッチンペーパーで拭いて、ラップをかけたら冷蔵庫に戻し、塩が均等に浸透するように2～3時間置いておきます。

3　スモーカー(p15)の底の中央にウッドチップを置き、汁受けのトレイを入れたら、水を注ぎます。使う場合はベイリーフ類を加えます。その上に網を置いて、魚をのせ、それぞれのニンニクの周囲にスペースを空けて、煙が均等に回るようにして、蓋をします。

4　換気扇を回して窓を開け、スモーカーを中火にかけます。匂いがしてきたり、煙がうっすらと出てきたらすぐに(約2～3分)火を少し弱め、薄い切り身は8～10分、中ぐらいの切り身は12～15分、厚い切り身は15～20分いぶします。

5　火を止めて、煙が全く出なくなるまで待ってから、スモーカーを開けて、魚に火が通っているか確かめます(身が不透明になっているはずです)。まだであれば、さらに5分いぶします。温かいうちにいただくか、保存の場合はラップでくるみ、冷蔵庫に入れておきます。ホイルに包んで温め直したり、冷たいままサラダに使います。

高温燻製の卵

鶏、鴨、チャボ、ウズラの卵を燻製にすると、うっすらと茶色になって食欲をそそり、とてもおいしくなります。熱々でスパイシーなピラフやケジャリーに添えて、または冷やしてマヨネーズをかけたりサラダに入れたりしましょう。燻製にしたウズラの卵はカナッペにもできます。

特別な道具：ステンレス製のスモーカー

出来上がり：4人分
調理時間：30〜35分
保存期間：冷蔵で2〜3日

材料
とても新鮮な鶏、鴨、チャボの卵を4個か、ウズラの卵を8〜12個

【燻製用】
リンゴ、メープル、オーク、ペカンなどのウッドチップ：すりきりで大さじ1

1. ソースパンで湯を沸騰させて卵を入れます。ふたたび沸騰したら、固ゆでになるまでゆでます(およそウズラは2分半、チャボは5分、鶏は7分、鴨は8分)。冷水につけて殻をむきます。

2. スモーカー(p15)の底の中央にウッドチップを置き、汁受けのトレイを入れたら、その上に網を置きます。網に軽くハケで油を塗り、卵を並べ、それぞれの卵の周囲にスペースを空けて、煙が均等に回るようにします。汁受けのトレイに水60mLを注ぎ、蓋をします。

3. 換気扇を回して窓を開け、スモーカーを中火にかけます。匂いがしてきたり、煙がうっすらと出てきたらすぐに(約2〜3分)火を少し弱め、ウズラは10分、チャボ12分、鶏は15分、鴨は20分いぶします。

4. 火を止めて、煙が全く出なくなるまで待ってから、スモーカーを開けて、卵を取り出し、食卓に出すか、皿に移してラップで覆い、冷蔵庫で保存します。

ウズラの卵
この小さなビタミンたっぷりの卵は鶏卵よりも栄養があり、素敵なカナッペや前菜になります。集中飼育のウズラの卵は避けましょう。

即席の魚の燻製

　中華鍋に蓋をすると、便利な即席スモーカーになります。煙が逃げないように、必ずしっかりと蓋を閉めて、弱火にかけること。魚貝は即席の燻製にぴったりです。熱々でいただくか、サラダに入れてホースラディッシュ・ソース（p268）をかけていただきましょう。

出来上がり：マスなどの魚丸ごと2匹

調理時間：15〜20分 + いぶす時間

保存期間：2〜3日

材料

- リンゴなど香りの軽いウッドチップ：大さじ1
- マスかサバ：新鮮なものを丸ごと2匹（ワタを取り除き、頭はつけたまま洗います）
- フェンネルの葉を4枚か、タラゴンの枝を6〜8本（なくても可）

1 中華鍋にアルミホイルを二枚重ねにして敷きます。ホイルの中央にウッドチップを置き（均等にいぶせるように）、中華鍋の網をセットします。

2 マスの内側を拭いて、裏表にそれぞれ2〜3か所の切り込みを入れます。ハーブを使う場合はここで魚の中に詰めます。

3 網に魚を置いて蓋をします。ホイルの端で蓋のふちを包むようにして、煙が逃げないようにします。弱火で10〜15分、火を通します。火を消して、蓋をしたまま15分そのまま置き、風味を全体に行き渡らせます。

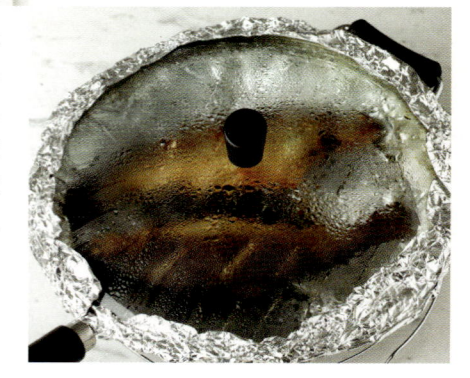

中華鍋を使った高温燻製のヒント

　煙が逃げすぎないように、中華鍋の蓋をしっかりと閉めましょう（ホイルの端を蓋のふちに押しつけると、すき間を防ぐことができます）。

　中華鍋は暖炉の横棚の弱火か、屋外のバーベキューにかけるのがベストです。食材によって燻製には中華鍋を使い分けましょう。

　透明な蓋の中華鍋だと火の通り具合が分かるので、調整してより正確な燻製ができます。調理中は蓋をしっかりと閉めて、火の強さを少しずつ上げ下げして、煙の量を調整します。

即席の高温燻製のマス
燻製の魚をすぐに食べる場合は、サラダやサルサソースと一緒にいただきましょう。すぐに食べない場合は、粗熱を取って皿に移し、覆いをして、冷蔵保存します。

ムール貝は持続性のある養殖を行っており、供給量も豊富です。中華鍋で燻製にしてもすぐに火が通り、いぶされた絶妙な風味と甘さが出て、噛むとおいしい汁があふれます。このレシピからは素敵な前菜やパスタ用のソースが出来上がります。

ムール貝の燻製 フレッシュ・トマトソース和え

出来上がり：前菜4人分かメイン料理2人分
調理時間：40〜45分
保存期間：すぐにいただきます

材料

ブナかアルダーのウッドチップ：すりきりで大さじ1
下ごしらえをした殻つきのムール貝：750g（洗って、ヒゲを取り除きます）
オリーブ油：大さじ1〜2（炒め用）
シャロット：大2個（みじん切りにします）
ニンニク：2片（みじん切りにします）
トマト缶（カット）かパッサータ（トマトピュレ）：400g
完熟トマト：6個（約450g）（皮をむいて種を取り除き、一口サイズに切ります。沸騰した湯にトマトを丸ごと30秒浸すと、皮がむきやすくなります）
塩・挽きたての黒胡椒：適量
パセリの枝：少々（みじん切りにします）

1 ウッドチップをアルミホイルで平らに包みます。鋭い包丁で表に数か所穴を開け、煙が出るようにします。中華鍋の底に置き、網をセットします。

2 網にムール貝を均等に広げ、しっかりと蓋をして、合わせ目を細く切ったアルミホイルで目張りします。網にムール貝が収まりきれない場合は、2度に分けて調理しましょう。

3 換気扇を回して窓を開けます。ムール貝が開くまでスモーカーで5分、強火にかけます。火を止めて、煙が収まるまで待ってから、ムール貝を取り出します（開いていないものは捨てます）。ウッドチップの包みを火傷しないように注意して取り出し、貝から出た汁は後で使います。

4 中華鍋を洗って乾かします。弱火にかけ、オリーブ油を加え、シャロットとニンニクがやわらかくなるまで、焦げ目はつかない程度に5分間軽く炒めます。ムール貝を加えて2〜3分、シャロットとニンニクとよく和えます。缶詰のトマトを加え、しっかりと混ぜてから沸騰させ、中火で5〜10分煮込みます。生のトマトを加え、燻製の風味をさらに強めるために、残しておいたムール貝の汁を加えます（まず味見をして調味料として使いましょう。好みで使う量は加減します）。材料をよく混ぜて、塩・胡椒で味を調え、パセリを散らしていただきます。

熟したパプリカも、ニンニクや火を通したジャガイモのように、おいしい燻製にすることができます(ほかの野菜は苦みが出てしまうため燻製には向きません)。中華鍋で軽く燻製にすると、絶妙な風味が生まれ、自然の甘みが強調されます。仕上げはオーブンで行います。

柑橘類香る クスクス詰めパプリカの燻製

出来上がり：4人分
調理時間：45分〜1時間
保存期間：すぐにいただきます

材料

オークのウッドチップ：すりきりで大さじ1
熟した赤か黄のパプリカ：中4個
クスクス：125g
マツの実：60g(炒めるかアルミホイルの上で燻製にして、パプリカと同じ時間燻製にします)
乾燥唐辛子：小さじ1／2(または生の唐辛子のみじん切りを小さじ1)
コリアンダー：2枝(みじん切りにします)
レモン1個とライム1個の搾り汁
塩・挽きたての黒胡椒：適量

1 ウッドチップをアルミホイルで平らに包みます。鋭い包丁で表に数か所穴を開け、煙が出るようにします。中華鍋の底に置き、網をセットします。

2 パプリカのヘタの部分を切り取って、残しておきます。果肉に傷をつけないように種を取り出します。

3 切り口を下にして、中華鍋の網にパプリカを並べ、ヘタの部分も茎を上にして隣に並べます。しっかりと蓋をして、合わせ目を細く切ったアルミホイルで目張りします。換気扇を回して窓を開けます。スモーカーをパプリカがやわらかくなってくるまで、10〜12分中火にかけます。火を止めて、煙が収まるまで待ってから、パプリカを取り出します。

4 ボウルにクスクスを入れて、熱湯か熱いスープ・ブイヨン200mLを加え、ラップで覆い、水分が吸収されてクスクスがやわらかくなるまで4分間置いておきます。パプリカの準備ができたら、クスクスをふんわりと混ぜ、マツの実、唐辛子、コリアンダー、レモンとライムの搾り汁を混ぜ、塩・胡椒で味を調えます。スプーンでクスクスをパプリカに詰め、ヘタで蓋をして、油を引いた耐熱皿に入れたら、熱が通るまで10分、高温のオーブン(220℃)で調理します。パリパリ野菜のサラダか野菜料理に添えて、すぐにいただきましょう。

ビールやワインの醸造は、何世紀も受け継がれ愛されてきたものです。環境にも優しく、余暇を楽しむことのできる趣味として広く欧米で人気があり、多くの人々を魅了してやみません。手づくりしたそれらのお酒は、すがすがしいほど混じり気がなく、純で自然な飲み心地です。ほかの保存方法と同じように、**ビール**や**ワイン、シードル（リンゴ酒）**づくりには、酵母による独特の発酵が不可欠であり、そのためにはすべての道具を殺菌するなど、気をつける点がたくさんあります。仕上がりを安定させるために、さまざまな点に気を配ってつくられているのです。

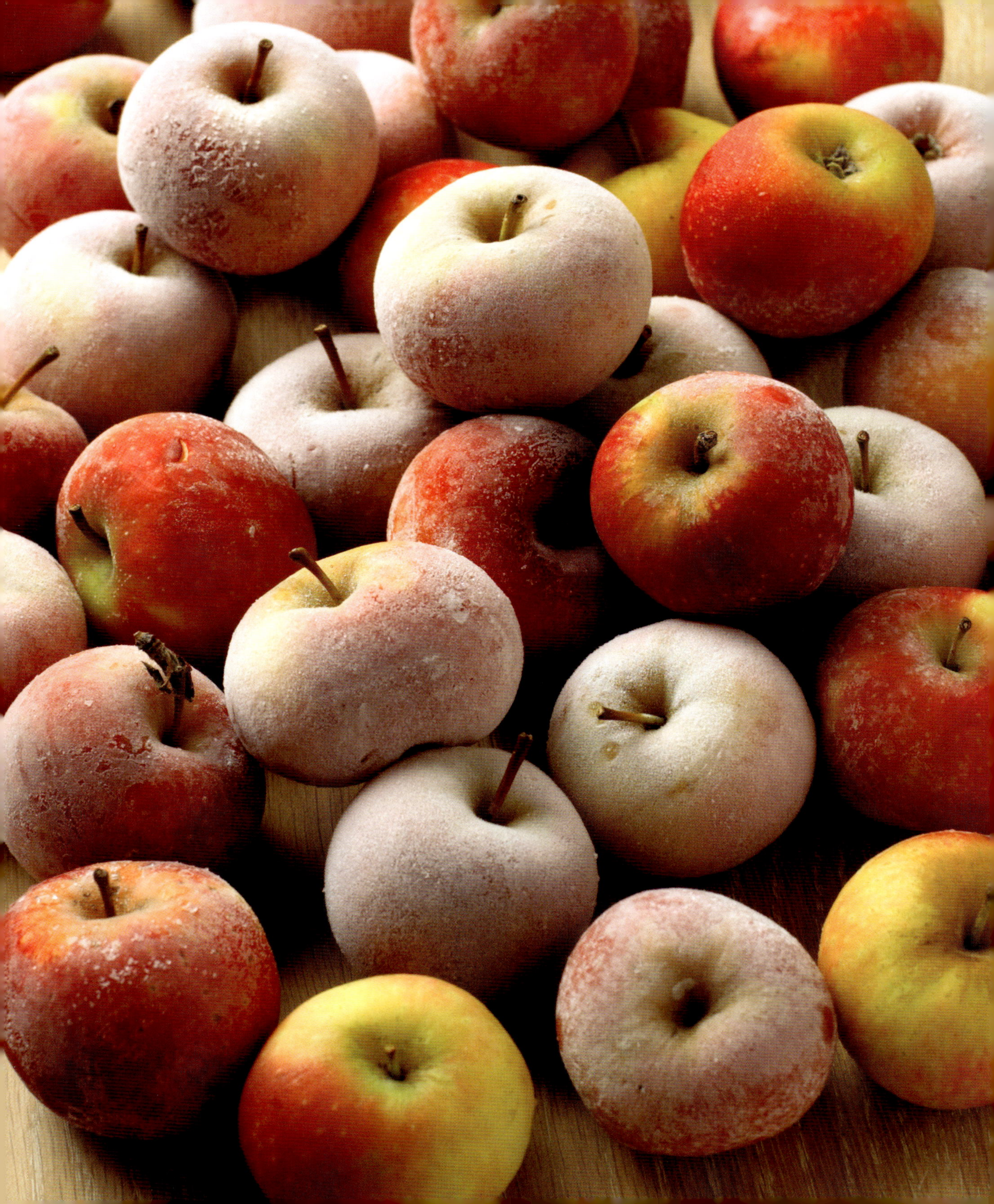

ビール、ワイン、シードルに向く食材

　ホップ、果物、野菜、ハーブ、野生のベリー類など、豊かなこくを与えてくれて、様々なビール、シードル、ワインになる食材の数々です。保存食の四季のグランドフィナーレを飾ってくれます。

ブドウ
どんなブドウでもワインづくりはできます(p338～39)。「シャルドネ」などの品種は育てやすく長期栽培が可能です。自分でワインづくりをするために育ててみる価値があるでしょう。

ホップ
「ファッグル」や「ゴールデン」がビール醸造用(p346～47)に栽培される人気の品種です。ほふく性の多産な植物で、5mに達することもあります。

プラム
生け垣に野生で育つ「ヴィクトリア」プラムがワインにはおすすめです(好みでエルダーベリーと混ぜましょう)。熟して糖分の含有量が最大になったら摘みましょう。

ダムソンスモモ
ダムソンの旬は8月から9月と短いものです。熟したら摘み取り、一晩冷凍してから豊かな風味を引き出しましょう。

クラブアップル
リンゴの代わりにクラブアップルを使えば、素敵な田舎風のワインが出来上がります。冷凍してから使うと、ペクチンの含有量を減らすことができます。ペクチンがそのままだと、発酵のじゃまをしてしまうのです。

ビーツ
この根菜は土の風味を持つワインになります。伝統的な手法としては、発酵させる前、ビーツに火を通すときにショウガ、クローブ、シナモンを加えます。色の濃い品種は深みのある赤ワインの色を醸し出してくれるはずです。

335

ルバーブ
硬く、収穫したての茎を使い、つぶしてからざく切りにします。糖分を与えるため、有機栽培のレモンやレーズンとともに発酵させ、6か月寝かせてワインにします。

ほかにおすすめの食材

果物
　ブラックベリー
　アメリカンチェリー
　イチジク
　グースベリー
　ローズヒップ
　ローワンベリー

野菜
　セロリ
　サヤエンドウ

ハーブ
　タンポポ
　ネトル
　パセリ
　セージ
　ヤーロウ

リンゴ
シードル（リンゴ酒）はどの品種でもつくれますが、「ブラウンズ・アップル」のような上質のシードル用のリンゴ（酸味が強くタンニンを多く含む）を用いる価値はあります。風で落ちたリンゴを使いましょう。

セイヨウナシ
ペリー（セイヨウナシの発泡性ワイン）にはシードル用のセイヨウナシを、田舎風ワインにはほかの品種を使います（リンゴと混ぜても構いません）。セイヨウナシは切りますが、皮をむいたり、芯を取り除いたりせずに、12か月寝かせてワインにします。

エルダーフラワー
この愛らしい星の形をした華は芳醇でありながら軽く、さっぱりとした夏のワインになります。口当たりのよいマスカットの風味が楽しめます。グースベリーなど、ほかの夏のワインの風味づけにも使いましょう。

パースニップ
冬のワインづくりにもってこいの根菜です。1月から2月にかけて、霜がパースニップのでんぷんを糖分に変えてくれます。すべての品種がワインづくりに適しています。

エルダーベリー
秋になったら熟した実のついた枝を集め、フォークを使って茎から取りはずし、発酵させてワインにします。

シードル（リンゴ酒）の醸造

　シードルは傷物も含めてどんなリンゴでもつくれます。一般的に、甘いリンゴであればあるほど甘い仕上がりになるので、調理用のリンゴのほうがドライなシードルが出来上がるでしょう。

シードル

出来上がり：約4L

調理時間：1時間〜1時間30分＋冷凍時間、待ち時間、醸造時間、熟成期間

保存期間：6か月

材料

リンゴ：3.5kg（もしくはアップルジュースを4L）

シャンペン・イースト：5g

精製していない甘蔗糖：100g

※このレシピは海外での醸造方法の紹介です。現在、日本では酒類の自家醸造は原則認められておりません。

醸造のヒント

- 微生物の混入を防ぐため、あらゆる段階で衛生状態に細心の注意を払います。
- パン用イーストは使用しない。
- 醸造したものは発酵が続いているかどうか定期的に確かめ、醸造の過程を焦って早めたりしないようにしましょう。
- 発酵の過程は瓶詰めの前に必ず完了させましょう。ボトルが爆発する可能性があります。
- スクリュー式キャップ、金属キャップ、コルクで栓をします。コルクマシンや専用マシンを使います。コルクで栓をしたボトルは横に寝かせ、コルクが常に湿っているようにします（乾燥したコルクは縮んで空気を取り込み、醸造酒をだめにします）。

1 果物の状態が良いことを確認し、もし傷物のリンゴを使う場合は、ひどく傷んだ部分を切り取ります。すべてのリンゴを、一晩冷凍庫に入れて細胞を壊し、やわらかくしておきます。

2 リンゴが完全に解凍されるまで待ってから、少量ずつ、数回に分けてフードプロセッサーにかけます。リンゴをどろどろの状態にしましょう。電気ジューサーがあれば、生のリンゴをジュースにするだけでOKです。

3 大きく清潔なボウルに、ゼリー濾しか、清潔なモスリンを敷いた濾し器を使って濾します。ジュースが4L取れるまでそのままにしておきましょう。ハイドロメーターを使って、濾した後のジュース（あるいは市販のジュース）の比重を計ります。1.035〜1.050の範囲でない場合は、この範囲になるまで水で少しずつ薄めます。

シードル(リンゴ酒)の醸造　337

4 ジュースに甘蔗糖を加えてよく混ぜ、殺菌した漏斗を使って細首の大瓶に注ぎます。

5 イーストを加えます。栓として大瓶の口にコットンをつけて、室温(15〜25℃)で2日置きます。

熟成したシードル6か月以内に飲み切るのがベストですが、密封できればもう少し長持ちします。

6 泡が少なくなったら、殺菌したエアロックを取りつけ、水を注ぎます。シードルが泡立ってくるはずです。泡立たなくなるまで、2週間以上そのまま発酵させます。

7 殺菌したサイフォンを使って殺菌したボトルにシードルを吸い出します。上部には2cmの余裕を残します。栓をして、室温で暗い場所に約3か月置いておきます。

ワインづくり

　ブドウはワインづくりにちょうどよい量の糖分と酸を含んでいます。雑菌の増殖を避けるため、すべて殺菌した道具を使うようにしましょう。

シンプルなブドウのワイン

出来上がり：約4.5L

調理時間：2時間＋発酵と熟成時間

保存期間：約2年

材料

熟した白ブドウ：5kg（洗って茎から実を外しておきます）

キャンプデン・タブレット（殺菌用のタブレット）：1個

ペクトリアーゼ（酵素）：小さじ1

未精製の甘蔗糖：1kgまで

酒石酸か炭酸カリウム：小さじ1

白ワイン・イースト：1袋

※このレシピは海外での醸造方法の紹介です。現在、日本では酒類の自家醸造は原則認められておりません。

ワインのできる仕組み

　ワインは、果物や野菜に含まれる天然の糖分がイーストによって発酵したものです（糖分がアルコールに変わります）。こうした天然の糖分は通常、砂糖を加えて補ってやる必要があります。すべてのワインには、激しさのある一次発酵（好気性）に続いて、より静かな二次発酵（嫌気性）があり、ボトルの中で熟成させてから飲むことになります。赤ワインは皮をつけたまま発酵させ、白ワインは皮を取ってから発酵させます。

1 殺菌したバケツなどの容器にブドウを入れます。殺菌したプラスチック製のポテト・マッシャーを使って、ブドウをしっかりとマッシュします。キャンプデン・タブレットとペクトリアーゼを加え、24時間おきます。

2 甘蔗糖100gをお湯50mLに溶かし、ブドウに加えます。ハイドロメーターで比重が1.090になるまで、この作業をくり返します。リトマス紙を使って酸性値をテストします（理想は3～3.4pHです）。酸味が足りなければ、酒石酸を加えます。酸味が多ければ、炭酸カリウムを加えます。

3 殺菌したモスリンを殺菌したボウルの上にかけ、ブドウの混合液を少しずつ注ぎます。何度かに分けてブドウを濾し、すべての汁を集めます。

4 殺菌した細首大瓶に、殺菌した漏斗を使って汁を注ぎます。イーストを加え、殺菌したエアーロックを取りつけます。21～24℃で3～4か月おいて発酵させます。発酵は泡立ちが止まってエアーロックの水が水平になったら終了です（発酵が終わったかどうか確認するには、温かい場所へ24時間置き、泡立ちが本当に終わっているかどうか確かめます）。

5 澱（おり）を散らさないように注意して（風味を損ねてしまいます）、殺菌したサイフォンを使って透明の液体を吸い出し、殺菌したボトルに詰め、上部に2cmの余裕を空けて、密封し、冷暗所で保存します。地下室が理想的です。ワインはすぐに飲むことも可能ですが、6か月おいたほうがベターです。市販のワインと同じく、保存期間はボトルによって異なりますが、数年はもちます。

深い赤色の田舎風ワインです。「デトロイト」種や「ボルターディ」種といった赤ビーツが昔からワインづくりに使われています。直射日光の当たる場所に置くと色が褪せるので気をつけましょう。コクが足りないときはボトル詰めの前にブランデーを少々足します。

ビーツ・ワイン

特別な器具：発酵用の容器、サイフォン、細首大瓶2個、エアーロック

出来上がり：約4.5L
調理時間：2時間半＋醸造と熟成時間
保存期間：2年

材料

ビーツ：1.5kg（皮をむいてヘタを取り除きます）
未精製の甘蔗糖：1kg
レモン汁：3個分（濾しておきます）
冷ました紅茶：1カップ
ワイン・イースト：小さじ1
イースト栄養剤：小さじ1

※このレシピは海外での醸造方法の紹介です。現在、日本では酒類の自家醸造は原則認められておりません。

1. 大鍋にビーツを入れ、水3Lを加えます。沸騰させたら15分煮ます。ここでビーツを取り出します。

2. 殺菌した10Lの発酵用容器に、手順1の液体を濾して入れます。甘蔗糖を加え、溶けるまで混ぜます。水4.5Lを加え、20〜25℃に冷まします。

3. 残りの材料を加えます。容器に清潔なふきんで蓋をして、直射日光が当たらないようにして室温(15〜25℃)に置きます。発酵が落ち着いてくるまで、1週間ほどおいて発酵させます。

4. 殺菌したサイフォンを使って、この液体をもうひとつの殺菌した細首大瓶に移し、殺菌したエアーロックを取りつけ、少量の水を入れます。発酵が終了するまで室温に置いておきます。約2か月で、エアーロックから空気の泡がなくなり、ワインは透明になります。

5. 殺菌したサイフォンを使って、殺菌したボトルに移し、上部に2cmの余裕を空けます。密封して、冷暗所で4〜6か月保存してから飲みます。

美しい黄色のデザートワイン。余りものや傷物の果物でつくります。プラムでつくるとフルーティな赤ワインになります。かなり熟した果物を使う場合、甘みが増すので砂糖は控えめにします。冷やして飲用します。

セイヨウスモモのワイン

特別な器具：発酵用の容器、モスリン、サイフォン、細首大瓶、エアーロック

出来上がり：約4.5L
調理時間：2時間 + 冷凍、醸造、熟成時間
保存期間：2年

材料
- セイヨウスモモ：2kg
- レモン汁：1個分
- ペクトラーゼ：小さじ1
- ワイン・イースト：小さじ1
- 未精製の甘蔗糖：1.5kg

※このレシピは海外での醸造方法の紹介です。現在、日本では酒類の自家醸造は原則認められておりません。

1 果物を洗って拭き、一晩冷凍庫に入れて解凍します。こうすると、ワインをにごらせてしまうペクチンを破壊することができます。

2 解凍した果物の種を取り除き、すりつぶして、レモン汁を加えます。殺菌した発酵用の容器などに入れ、沸騰させたお湯3.5Lを上から注ぎます。冷めたらペクトラーゼを加えます。室温(15～25℃)で24時間おきます。

3 すりつぶした果物にイーストを加え、暗い場所の室温(15～25℃)で4～5時間おきます。

4 殺菌した清潔な容器にモスリンをかけて、濾し、皮を取り除きます。大きなジャグに砂糖を入れて十分に浸るだけの熱湯を加え、溶けるまでかき混ぜます(必要であれば、さらに湯を加えます)。これをすりつぶした果物に混ぜながら加え、しっかりと合わせます。

5 殺菌したサイフォンを使い、殺菌した細首大瓶に液体を移し、殺菌したエアーロックを取りつけ、少量の水を入れます。発酵が終了するまで室温に約2か月置いておきます。

6 エアーロックから空気の泡がなくなったら、殺菌したサイフォンを使って、殺菌したボトルに移し、上部に2cmの余裕を空けます。密封して、冷暗所で6か月保存してから飲みます。

家庭菜園や市民菜園で野菜づくりを楽しむ人々がよくつくるワインです。ドライなドイツワイン風の白ワインで、冷やしていただきます。新鮮な旬のサヤエンドウ（旬の時期に冷凍保存したものでもよい）を使います。

サヤエンドウ・ワイン

特別な器具：モスリン、サイフォン、細首大瓶2個、エアーロック

出来上がり：約4.5L

調理時間：2時間＋醸造と熟成時間

保存期間：6か月

材料

サヤエンドウ：1.8kg

未精製の甘蔗糖：1kg

ワイン・イースト：大さじ1

ティーバッグ：2袋

レーズン：30g

※このレシピは海外での醸造方法の紹介です。現在、日本では酒類の自家醸造は原則認められておりません。

1. ジャム鍋か大きなソースパンにグリーンピースと水5Lを入れ、中火にかけてそっと煮ます。火から下ろし、甘蔗糖を加え、溶けるまで混ぜます。37℃に冷ましてから、残りの材料を加えます。

2. 覆いをして、直射日光が当たらないようにして室温（15〜25℃）に置きます。

3. 殺菌した容器にモスリンをかけて、濾します。殺菌したサイフォンを使って、殺菌した細首大瓶に移します。殺菌したエアーロックを取りつけ、少量の水を入れます。発酵が終了するまで室温（15〜25℃）に6か月置きます。

4. ワインを透明にするために、2か月たったところで、殺菌したサイフォンを使って、この液体をもうひとつの殺菌した細首大瓶に移します。4か月後に、また同じ手順をくり返します。

5. 発酵が終了したら、殺菌したサイフォンを使って、殺菌したボトルに移し、上部に2cmの余裕を空けます。密封して、冷暗所で保存します。このワインは6か月後に飲むのがベストです。

サヤエンドウ
サヤエンドウ（キヌサヤやスナップエンドウも）はやわらかくなったら摘みますが、ワインに使う場合は、もっと熟して、古く硬くならない程度で収穫しましょう。

アルコール度が低く、花の香りが際立った発泡性のワイン。2週間で飲めるようになり、何か月も保存できます。夏のバーベキューやパーティにぴったりです。

エルダーフラワー・シャンパン

特別な器具：発酵用の容器

出来上がり：約4.5L

調理時間：1時間＋冷まし、醸造し、熟成する時間

保存期間：3か月

材料

未精製の甘蔗糖：1.25kg

エルダーフラワーのヘッド：大8個

有機栽培レモン：4個（洗って半分に切ってスライスします）

白ワインビネガー：大さじ4

※このレシピは海外での醸造方法の紹介です。現在、日本では酒類の自家醸造は原則認められておりません。

1 殺菌したバケツか発酵用の容器の容器に甘蔗糖を入れます。8Lのお湯を沸騰させ、砂糖に注いで溶かし、その後冷まします。

2 エルダーフラワーのヘッドを振って、虫が残っていたら完全に取り除いてから、レモン汁2個分、レモンのスライス、酢と一緒に、砂糖を溶かした液に加えます。清潔な布で蓋をして、1日おきます。

3 目の細かいざるかモスリンで濾して、殺菌したバケツに入れ、すべての風味を絞りだすようにしっかり絞ってください。

4 殺菌した漏斗を使って、殺菌したボトルに詰め、上部に2cmの余裕を空けます。密封して、冷暗所で保存します。10〜14日で飲めるようになります。

霜の降りる時期のパースニップは天然の糖が豊富になるため、ワインづくりに最適です。市販のものを使う場合は、寒い冬の時期に買い求めましょう。フルボディの白ワインが出来上がります。

パースニップ・ワイン

特別な器具：モスリン、発酵用の容器、サイフォン、細首大瓶、エアーロック

出来上がり：約4.5L
調理時間：2時間＋醸造と熟成時間
保存期間：2年

材料

パースニップ：1.8kg（よく洗って、皮はむかずにこそいで、ぶつ切りにします）
レーズン：1kg（洗ってみじん切りにします）
未精製の甘蔗糖：1.5kg
有機栽培レモンの汁と皮のすりおろし：1個分（洗って使います）
ワイン・イースト：25g
イースト栄養剤：小さじ1
ペクトラーゼ：小さじ1
キャンプデン・タブレット：1個

※このレシピは海外での醸造方法の紹介です。現在、日本では酒類の自家醸造は原則認められておりません。

パースニップ
パースニップは軽い土壌で最もよく育ち、大きく育つには長い栽培期間が必要です。自宅でワインづくりをする人たちに好まれてきた食材です。

1 ジャム鍋か大きなソースパンにパースニップを入れます。水4.5Lを加えて沸騰させ、パースニップが煮崩れない程度にやわらかくなるまで、10〜15分煮ます。中火にかけてそっと煮ます。火から下ろし、甘蔗糖を加え、溶けるまで混ぜます。37℃に冷ましてから、残りの材料を加えます。

2 パースニップを煮る間に、中ぐらいのソースパンにレーズンを入れ、水1Lをかぶさるように入れて沸騰させ、5分煮ます。モスリンで濾し、清潔で小さなソースパンに煮汁を集めます。

3 レーズンの煮汁に甘蔗糖、レモン汁、レモンの皮を加え、ときどきかき混ぜながら45分煮ます。その後、鍋を冷ます間に、パースニップをモスリンで濾して、殺菌した発酵用の容器に入れます。レーズンの煮汁が触れるくらいに冷めたら（21℃）こちらも加えて、ワイン・イースト、イースト栄養剤、ペクトラーゼ、キャンプデン・タブレットも容器に入れます。清潔なふきんで覆いをして、温かい場所（15〜25℃）に10日置いて発酵させます。

4 殺菌したサイフォンを使って、殺菌した細首大瓶に移します。殺菌したエアーロックを取りつけ、少量の水をそこに入れます。発酵が終了するまで、または発酵が止まってワインが透明になるまで、室温（15〜25℃）に6か月おきます。

5 殺菌したサイフォンを使って、殺菌したボトルに移し、上部に2cmの余裕を空けます。密封して、冷暗所で6か月保存してから、いただきます。

ワインを透明にするために、ペクトラーゼというペクチン分解酵素が使われています。これを使わない場合は、キャンプデン・タブレットなどを用いてワインから不純物を取り除きます。クラブアップルによって色合いや風味に特徴のあるワインが出来上がります。

クラブアップル・ワイン

特別な器具：発酵用の容器、細首大瓶2個、ゼリーバッグ、エアーロック、サイフォン

出来上がり：約4.5L
調理時間：2時間＋醸造と熟成時間
保存期間：2年

材料

- クラブアップル：2.5kg（洗って、茎は取り除きます）
- クエン酸：小さじ1
- ペクトラーゼ：小さじ1
- キャンプデン・タブレット：1個半
- レーズン：500g（洗ってみじん切りにします）
- シャンペン・イースト：25g
- イースト栄養剤：小さじ1
- 未精製の甘蔗糖：675kg

※このレシピは海外での醸造方法の紹介です。現在、日本では酒類の自家醸造は原則認められておりません。

1 厚く清潔なビニール袋に、クラブアップルを少量ずつ分けて入れ、その都度、麺棒（種をつぶすほど固くないもの）でつぶします。殺菌した発酵用の容器につぶしたリンゴを移し、この容器に、冷水3L、クエン酸、ペクトラーゼ、キャンプデン・タブレット1個を加えます。清潔なふきんで覆いをして、温かい場所（15〜25℃）に1日置いて発酵させます。

2 発酵用の容器に、レーズン、イースト、イースト栄養剤を加えます。しっかり蓋をして、1週間おいて発酵させます。

3 殺菌した細首大瓶に殺菌した漏斗をセットし、殺菌したゼリーバッグをそこに取りつけて、何度かに分けて濾し、そっと細首大瓶に移します。ソースパンに水1.5Lを沸騰させ、甘蔗糖を溶かします。冷ましたら細首大瓶に注ぎ、満杯にならなかったら、分量外の水をいったん沸騰させて冷ましてから足します。残っているキャンプデン・タブレット1／2個を殺菌したエアーロックに入れます。コルクとエアーロックを細首大瓶に取りつけ、エアーロックを水で満たします。

4 3か月おいたら、殺菌したサイフォンを使って、ワインをもうひとつの殺菌した細首大瓶に移します。上部に2cmの余裕を空け、さらに12か月おきます。密封して冷暗所で6か月保存してから、いただきます。

ビールづくり

このレシピでは5〜6％のアルコール濃度になり、出来上がりのアルコール度数にはばらつきが出ます。作る前に道具はすべて殺菌することが重要です。

ホップでつくるビール

出来上がり：約4.5L
調理時間：1時間＋醸造と熟成時間
保存期間：6か月

材料

ドライ・ホップ：60g
麦芽エキス：1kg
未精製の甘蔗糖：750g
エール・イースト：20g

※このレシピは海外での醸造方法の紹介です。現在、日本では酒類の自家醸造は原則認められておりません。

1 ジャム鍋か特大のソースパン2個を徹底的にきれいにします。水7Lで満たします。沸騰させたら、ホップを加え、お湯の色が変わるまで25〜30分、沸騰させます。

2 発酵用の容器を殺菌し、徹底的にすすいだら、麦芽エキスと甘蔗糖を入れます。この容器は、室温12〜25℃の直射日光や風の当たらない場所に置きます。

3 プラスチックのざるか清潔なモスリンを敷いたコランダーでホップ汁を濾し、発酵用容器に入れます。

4 この液体の温度が18℃以下であることを確認したら、イーストを散らし入れます。

ビール醸造の際の留意点

醸造は自然によってもたらされる現象ですから、その結果は必ずしも予想通りとはなりません。経験豊富なビールづくりの名人でも失敗することがあります。

レシピ記載の保存期間は目安です。醸造したものは、ビールでも、ワインでも、シードルでも、どれも異なる速度で熟成し、完成し、そして変質していきます。熟成過程は、定期的に味見を行って調べます。

ビールづくり 347

5 この液（麦芽汁と呼ばれます）を混ぜて砂糖を溶かします。水6Lを注ぎます。ハイドロメーターは必ずしも必要ではありませんが、持っている場合は、比重は1.030になるようにします。容器に蓋をして、泡立ってゴボゴボいわなくなるまで、1週間置いておきます。この頃のハイドロメーターの値は1.000になっているはずです。

6 殺菌したボトルそれぞれに甘蔗糖をすりきりで小さじ1入れます。殺菌したサイフォンを使って、ビールを吸い上げてボトルに詰め、澱（おり）を全く吸い上げないように注意します。上部に2cmのスペースを空けます。密封して冷暗所で10日おいたら完成です。

手づくりのビール
ホップから醸造したビールはなめらかな喉ごしで満足できることでしょう。アルコールの強さはエールと同じくらいです。

索 引

*斜字……*レシピ
太字……レシピ、「(それぞれの保存方法)に向く食材」

【あ】

アーティチョーク　23, 55, 61, **273**
　　ベイビー・アーティチョークのオイル漬け　**273**, *278*
アカスグリ　22, 57, 89, 93, 137, **221**
　　アカスグリのゼリー　141
　　イチゴとアカスグリのジャム　112
　　夏の赤い果実のリンゴジュース漬け　232
アスパラガス　23, 54, 61, **273**, *286*
アプリコット　22, 56, 60, 89, 94, 123, 149, 171, 195, **221**
　　アプリコット・ジャム　116
　　アプリコットとオレンジとソーテルヌワインのジャム　117
　　アプリコットとシャンパンのプレザーブ　126
　　アプリコットとアーモンドのアマレット漬け　242-3
　　クランベリーとアプリコットのチャツネ　176
　　アプリコット・プレザーブ　124-5
　　乾燥　43, 48
　　クリスタル・フルーツ　159
編む(タマネギとニンニク)　38-9
アメリカンチェリー　22, 43, 48, 57, 60, 89, 95, 123, 195, **335**
　　アメリカンチェリーとカシスのプレザーブ　132
　　アメリカンチェリーの冷凍ジャム　79
　　クリスタル・フルーツ　159
　　チェリー・ジャム　110-11
　　夏の赤い果実のリンゴジュース漬け　232
　　瓶詰め　220-1
　　ブランデー漬けチェリー　234-5
アルコール　13
　　瓶詰めの果物　220-1, **234-43**
　　*「ビール」「シードル」「ワイン」も参照のこと
イタリア風野菜　*274-5*
イチゴ　22, 57, 60, 62, 89, 93, 123, 136, 221, **244**
　　イチゴ・ジャム　113
　　イチゴとアカスグリのジャム　112
　　イチゴのプレザーブ　134-5
　　イチゴのシロップ　255
　　夏の赤い果実のリンゴジュース漬け　232
　　フルーツ・キャンディ　71
　　ミックスベリー・ジャム　98-9
　　モモとイチゴの冷凍ジャム　82
　　冷凍ジャム　76-7
イチジク　22, 57, 60, 89, 94, 123, 170, 195, **335**
　　イチジクとバニラのジャム　114-15
　　乾燥　43, 48
　　クリスタル・イチジク　158-9
　　生のイチジクのハチミツ・シロップ漬け　226-7
　　瓶詰め　220-221
インド風ピクルス(ピカリリ)　*206-7*

ウズラの卵、高温燻製　*327*
エスカベーチェ　*303*
エビ　**318**
エルダーベリー／エルダーフラワー　22, 259, **335**
　　エルダーフラワー・コーディアル　246
　　エルダーフラワー・シャンパン　343
　　エルダーベリーとブラックベリーのコーディアル　247
オイル　13
　　香り高いハーブとオイルのピュレ　84
　　野菜のオイル漬け　10, **272-5**, *274-87*
オーブン乾燥　8, 42-3, 44-5, 48-51, *276*
オーブンを使う方法、熱処理、殺菌　10, 16, 18, 19, 221
オリーブのオイル漬け、ミックス・スパイス　272, 284-5
オレンジ
　　アプリコットとオレンジとソーテルヌワインのジャム　117
　　オレンジ・コーディアル　250
　　オレンジ・バーリー・ウォーター　251
　　カード、チーズ、バター　**149**
　　カボチャとオレンジのスパイス・ジャム　118-19
　　クランベリーとオレンジのフルーツ・バター　152
　　マローとオレンジのジャム　120
　　*「マーマレード」も参照のこと

【か】

ガーキン、ピクルス　**194**, *202-3*
カード　**148, 149**, *155*
ガチョウ　**290**
加熱処理　10, 16, 19, 221
カボチャ
　　*「スクウォッシュ／カボチャ」を参照のこと
カブ　23, 27, 55, **68**, **194**
カモのコンフィ　*311*
カリフラワー　23, 27, 55, 61, **195**, **273**
　　ピクルス　*75*, *205-7*
　　乾塩法　*288*, *308-9*
柑橘類　20, 22, 60, 89, **221**
　　柑橘類香るクスクス詰めパプリカの燻製　331
　　*特定の果物のピールも参照のこと(ライムなど)
乾燥　8, **40-51**
寒天　**76**
キクイモ　23, 26, 55, **69**, **319**
キジ　**319**
キノコ／マッシュルーム　44, 55, 61, **195**
　　イタリア風野菜　*274-5*
　　乾燥　42, 44-5
　　キノコのオイル漬け　273, 287
　　マッシュルーム・ケチャップ　259, 260-1
キムチ　**294**
キャベツ　23, 27, 55, 61, **195**
　　キムチ　**294**
　　ザワークラウト　291, 292-3
　　紫キャベツのピクルス　195, 208
キャンディ　**71**
牛肉、塩漬け　290, 291, 306
キュウリ　23, 55, **195**, **291**

ガーキン・ピクルス　*202-3*
キュウリのピクルス　204
ディル入り塩漬けキュウリ　291, 295
ブレッド&バター・ピクルス　72-3
キンカン　**159**, **221**
キンカンのウォッカ漬け　238-9
金時豆
　　乾燥　43, 46-7
　　ピカリリ　206-7
　　冷凍　54, 58-9, 61
グーズベリー　22, 89, 137, 149, 171, 195, 221, 259, **335**
　　グーズベリーとラズベリーのジャム　109
　　冷凍　57, 60
果物
　　＊瓶詰めは「瓶詰め果物」を参照のこと
　　乾燥　43, **48-9**
　　砂糖漬け　**156-9**
　　＊ドリンクは特定の種類を参照のこと(ワインなど)
　　ペクチンと酸性度　9, 88-9, 90-1
　　＊ピュレは「ピュレした果物」を参照のこと
　　＊塩味の保存食は特定の種類を参照のこと(チャツネなど)
　　保存の科学　8-11
　　＊甘い保存食は特定の種類を参照のこと(ジャムなど)
　　保存対応表　22
　　冷凍　56-7, 60, 62-3
　　＊特定の果物(ルバーブ)や特定の種類(ベリー類)も参照のこと
クラブアップル　22, 89, **136**
　　ゼリー　144
　　ワイン　334, 345
グラブラックス　*298-9*
クランプ　26, 27, 28-9
クランベリー　22, 43, 56, 60, 137, 149, 171, 221, **259**
　　甘酸っぱいネクタリンとクランベリーのレリッシュ　216
　　クランベリー・ゼリー　140
　　クランベリーとアプリコットのチャツネ　176
　　クランベリーとオレンジのフルーツ・バター　152
　　ペクチン　89, 93
　　ライムシロップ漬けのベリー　224
グリーンピース　54, 55, 61
クルミ
　　クルミのピクルス　195, 200
　　コリアンダーとクルミのソース　264-5
　　モモとクルミのプレザーブ　128-9
　　リンゴとモモとクルミのカレー風味チャツネ　177
グレープフルーツ　**149**
　　砂糖漬けのピール　156-7
　　3種のフルーツ・マーマレード　165
クレメンタイン　**221**
　　クレメンタインとウイスキーのマーマレード　166-7
　　クレメンタインのキャラメル・シロップ漬け　230-1
燻製
　　高温燻製／熱燻　11, 15, 21, **316-21**, *320-7*
　　中華鍋を使った燻製　15, 316-19, *328-31*,

索 引　349

　　328-9
　ケチャップ　17, 258-61, 260-2
　　＊「ソース」も参照のこと
　コーディアル、シロップ、ジュース　17, 60, 220-1, 244-57, 244-5
　コリ　291, 303, 318
　コリアンダー　213, 259, 264-5
　根菜
　　自然貯蔵　26, 28-9, 34-5
　　＊特定の野菜も参照のこと（ニンジンなど）
　コンフィ　277, 290, 311

【さ】
　魚
　　エスカベーチェ　303
　　グラブラックス　298-9
　　燻製　318, 319, 325-6, 328-9
　　高温燻製のマリネ・ツナ　325
　　塩締め　291, 298-9, 302
　　酢漬け　300-1, 303
　　ニシンの塩締め　302
　　ロールモップ　300-1
　サケ
　　グラブラックス　298-9
　　高温燻製の魚　318, 326
　殺菌の方法　16-9
　サツマイモ　23, 27, 61
　　サツマイモとセロリアックのグリル　67
　　ミックスベジタブルのピュレ　68
　砂糖　12, 88-9
　　＊「シロップ」も参照のこと
　砂糖漬け、果物　158-9
　砂糖漬けのピール　156-7
　サバ　318, 328-9, 328-9
　ザボン、砂糖漬けのピール　156-7
　サヤインゲン／モロッコインゲン　23, 54, 61, 171, 194, 291
　　サヤインゲンとズッキーニのチャツネ　178-9
　　ピカリリ　206-7
　　モロッコインゲンの冷凍ピクルス　74
　サヤエンドウ・ワイン　342
　ザワークラウト　292-3
　3種のフルーツ・マーマレード　165
　酸性度、果物　9, 88-9
　サンドライトマト　50
　シードル　335, 336-7, 336-7
　塩　12
　塩漬けや乾燥による保存　8, 9
　　牛肉　290, 291, 306
　　魚　291, 298-9, 302
　　七面鳥　307
　　ハム　290, 304-5
　　ベーコン　290, 308-9
　　レモン　291, 296-7
　　野菜　11, 291, 292-5, 292-3
　自然乾燥　8, 42-3, 44, 46-7
　自然貯蔵　26-39
　七面鳥、塩漬け　307
　湿塩法　288, 304-7
　ジビエ　319, 323
　脂肪　10, 13
　ジャガイモ　23, 26, 27, 28-9, 35, 319
　ジャム　9, 14, 15, 16, 88-9, 90-7, 98-121
　　冷凍ジャム　76-83, 76-7

　　＊「プレザーブ」「ゼリー」「マーマレード」も参照のこと
　シャロット　27, 39, 171, 194, 259, 273
　　甘いシャロットのピクルス　194, 201
　ジャンブルベリー・ジャム　98-9
　ジュニパーベリー風味シカ、燻製　323
　醸造　11
　　＊「ビール」「シードル」も参照のこと
　食の安全と衛生　18-19
　シロップ
　　クリスタル・フルーツ　158-9
　　シロップ漬けの瓶詰め果物　220-3, 222-33
　　＊「ドリンク」と「ソース」は「コーディアル、シロップ、ジュース」も参照のこと
　真空密封　10, 19
　酢　13
　スイカ　22, 221, 233
　スウェーデンカブ　23, 27, 55, 68
　スクワッシュ／カボチャ　23, 55, 171
　　インド風スパイスの野菜チャツネ　191
　　カボチャとオレンジのスパイス・ジャム　118-19
　　プラムとスクワッシュのチャツネ　186
　ズッキーニ　23, 55, 61, 171, 195, 273
　　甘いズッキーニのレリッシュ　217
　　イタリア風野菜　274-5
　　インド風スパイスの野菜チャツネ　191
　　黄色ズッキーニとトマトのチャツネ　180
　　サヤインゲンとズッキーニのチャツネ　178-9
　　ズッキーニのグリルのオイル漬け　273, 282
　　地中海チャツネ　182
　　地中海野菜のグリル　66
　　ピカリリ　206-7
　　野菜とトマトのレリッシュ　212
　スパイス　20, 21
　スロー／スロー・ジン　22, 56, 240
　セイヨウカリン　22, 89, 136, 149
　セイヨウスモモ　57, 94, 122, 149, 159, 170, 171, 195, 220
　　ワイン　341
　セイヨウナシ　22, 43, 57, 60, 122, 137, 148, 170, 195, 220, 335
　　クリスタル・フルーツ　159
　　収穫＆保存　27, 36
　　スパイス入りのセイヨウナシ・ピクルス　195, 196-7
　　セイヨウナシのジャム　104
　　セイヨウナシのチャツネ　187
　　セイヨウナシとブラックベリーの冷凍ジャム　78
　　瓶詰め　221, 220
　　プレザーブ　122, 124
　　ペクチン　89, 95
　　マルド・ペアー　241
　　ラムトプフ　236
　　ルバーブとセイヨウナシとジンジャーのジャム　102-3
　ゼリー　14, 15, 16, 88-9, 136-9, 138-47
　　＊「プレザーブ」「ジャム」「マーマレード」も参照のこと
　セロリ　23, 171, 273, 335
　セロリアック　23, 27, 43, 55, 61, 195, 273
　　サツマイモとセロリアックのグリル　67
　　ミックスベジタブルのピュレ　68
　ソース　17, 258-9

　凝縮トマト　64-5
　中華風プラム・ソース　269
　熱処理　10, 19
　バジルソース　258, 264-7
　ホースラディッシュ　268
　ホットチリ　263
　ムール貝の燻製フレッシュ・トマトソース和え　330
　＊「ケチャップ」も参照のこと
ソーセージ
　高温燻製　322
　ソーセージづくりセット　15
　伝統のイギリス風　315
　トゥールーズ風　312-13
　フレッシュ・スイート・チョリソ　314
　即席の（中華鍋でつくる）燻製　11, 15, 21, 316-19, 328-31
　そのまま冷凍する、果物　56-7, 62-3
　ソラマメ　23, 55, 61

【た】
　ダイダイのマーマレード　162
　タイベリー　22, 57, 92, 123, 137, 221
　卵　155, 319, 327
　タマネギ　171, 194, 259, 273
　　カリフラワー、パプリカ、ネギの冷凍ピクルス　75
　　収穫と保存　27, 38-9
　　紫タマネギのマーマレード　188-9
　ダムソン　57, 89, 94, 137, 149, 170, 171, 195, 259, 334
　ジン　240
　チーズ　149, 154
　チーズ　273
　フェタチーズのオイル漬け　272, 279
　チーズ／バター　148-51, 150-4
　地中海チャツネ　182
　地中海野菜のグリル　66
　中華鍋を使った燻製　11, 15, 21, 316-19, 328-31
　中華風プラム・ソース　269
　チャツネ　15, 16, 170-3, 172-93
　　＊「ピクルス」「レリッシュ」も参照のこと
　調味料　20-1
　チョリソ　314
　ツナ、燻製とマリネ　325
　道具　14-19
　トゥールーズ風ソーセージ　312-13
　唐辛子　20, 23, 137, 171, 194, 258, 273
　　乾燥　42, 47
　　自然貯蔵　27, 32
　　唐辛子ゼリー　142-3
　　トマトと唐辛子のジャム　121
　　ホット・チリ・ソース　263
　トウモロコシ　23, 42, 55, 61, 319
　　スイートコーンとパプリカのレリッシュ　210-11
　トマト　23, 137, 171, 272
　　乾燥　42, 50-1
　　黄色ズッキーニとトマトのチャツネ　180
　　凝縮ソース　64
　　自然貯蔵　27, 32-3
　　地中海チャツネ　182
　　トマト・ケチャップ　258, 262
　　トマトジュース　256

索引

トマトと唐辛子のジャム　121
トマトとロースト・パプリカのチャツネ　184-5
ドライトマトのオイル漬け　276
瓶詰め　221
ミックス・ベジタブルのピクルス　205
ムール貝の燻製フレッシュ・トマトソース和え　330
野菜とトマトのレリッシュ　212
冷凍　55, 61, 64-5
鶏肉、燻製　319, 320-1

【な】

ナス　23, 55, 61, 171, 195, 272
　イタリア風野菜　274-5
　辛スパイスのナス・チャツネ　190
　地中海チャツネ　182
　地中海野菜のグリル　66
　ナスのグリルのオイル漬け　272, 283
ナッツ
　アプリコットとアーモンドのアマレット漬け　242-3
　栗のバニラ・シロップ漬け　225
　燻製　319
　バジルと松の実のペースト　267
　ルッコラとアーモンドとブルーチーズのペースト　266
　*「クルミ」も参照のこと
肉
　塩締め　290, 291, 304-9, 304-5, 308-9
　*特定の種類も参照のこと（豚肉など）
ニシン　291, 300-2
ニンジン　23, 43, 55, 61, 95, 171, 195, 273
　イタリア風野菜　274-5
　自然貯蔵　26, 28-9, 34-5
　ニンジンとコリアンダーのレリッシュ　213
　ニンジンとオレンジの冷凍マーマレード　83
　ピカリリ　206-7
　ミックス・ベジタブルのピクルス　205
　ミックス・ベジタブルのピュレ　68
ニンニク　20, 23, 171, 195, 259, 272
　高温燻製　319, 324
　収穫＆保存　27, 38-9
　ニンニクのコンフィ　277

【は】

パースニップ　26, 29, 34-5, 43, 55
　ワイン　335, 344
ハーブ
　香り高いハーブとオイルのピュレ　84
　乾燥　42, 43
　調味料　20
　バジルソース　258, 259, 264-7
　フレッシュ・ミント・コーディアル　248-9
　保存対応表　22
　冷凍　54, 84-5
　ローズマリー・ゼリー　146-7
　ワイン　335
パイナップル　43, 159
白菜、キムチ　294
箱での保存　26, 27, 34-5
バジル
　アイスキューブ　54, 84-5
　バジルソース　258, 259, 264-7

バターとチーズ　148-51, 150-4
発酵　11
　*「醸造」「ザワークラウト」「ワイン」も参照のこと
花　20, 22, 54
バナナ　43, 48
バニラ・シロップ漬けの栗　225
パプリカ　23, 61, 137, 171, 195, 259, 272, 319
　イタリア風野菜　274-5
　オイル漬け　272, 280-1
　カリフラワー、パプリカ、ネギの冷凍ピクルス　75
　柑橘類香るクスクス詰めパプリカの燻製　331
　自然貯蔵　27, 32
　スイートコーンとパプリカのレリッシュ　210-11
　地中海チャツネ　182
　地中海野菜のグリル　66
　トマトとロースト・パプリカのチャツネ　184-5
　野菜とトマトのレリッシュ　212
ハム　290, 304-5
バラ
　ルバーブとローズ・ペタルのシロップ　252-3
　ローズヒップ　137, 335
ビーツ　23, 26, 43, 171, 194
　ピクルス　194, 198, 209
　レリッシュ　214-15
　ワイン　334, 340
ピール
　乾燥　43
　砂糖漬け　156-7
ビール　15, 17, 42, 334, 346-7
ピカリリ　206-7
ピクルス　11
　温製　194-7, 196-201
　キムチ　294
　冷製　194-5, 202-9, 202-3
　冷凍　72-5, 72-3, 194-5
　*「チャツネ」「レリッシュ」も参照のこと
微生物　8-11
ピュレしたハーブのオイル漬け　84
ピュレした果物
　チーズとバター　148-51, 150-4
　ルバーブとバニラの冷凍ピュレ　70
　冷凍　56-7, 60, 62
ピュレした野菜　55, 61, 68-9
火を通した食材、冷凍　55, 56-7, 60-1, 62, 64, 64-5, 66-71
瓶詰め果物　9, 10, 16, 19
　アルコール漬け　220-1, 234-43, 234-5
　コーディアル、シロップ、ジュース　17, 60, 220-1, 244-57, 244-5
　シロップ漬け　220-3, 222-33
　夏の赤い果実のリンゴジュース漬け　232
フェタチーズのオイル漬け　272, 279
フェンネル　23, 55, 61, 195, 273
　イタリア風野菜　274-5
豚肉　290, 319
　ハム　290, 304-5
　ベーコン　290, 308-9
　ポーク・リエット　310
　*「ソーセージ」も参照のこと
フダンソウ　23, 27, 54, 55, 61

ブドウ　22, 43, 48, 89, 123, 136, 149
　ブドウとレモンとクローブのゼリー　138-9, 138-9
　ワイン　334, 338-9, 338-9
ブラックカラント　22, 57, 60, 89, 93, 137, 149, 221, 244
　ジャム　101
ブラックベリー　22, 122, 136, 149, 171, 195, 221, 259, 335
　エルダーベリーとブラックベリーのコーディアル　247
　セイヨウナシとブラックベリーの冷凍ジャム　78
　ブラックベリーとリンゴのプレザーブ　133
　フルーツ・キャンディ　71
　ペクチン　89, 93
　ベリー・シロップ　244-5
　冷凍　56, 60
プラム　22, 43, 57, 60, 137, 148, 170, 195, 221, 259
　クリスタル・フルーツ　159
　スパイス入りポートワインとプラムのジャム　106-7
　*ダムソン、セイヨウスモモも参照のこと
　中華風プラム・ソース　269
　プラムとスクワッシュのチャツネ　186
　プラムとライムのジャム　105
　プラムとラム酒のジャム　108
　プラムのチャツネ　172-3
　プラムのブランデー漬け　237
　プラム・ワイン　334
　ペクチン　89, 94
ブルーベリー　22, 89, 93, 123, 220, 221
　ブルーベリー・ジャム　100
　ブルーベリーとラズベリーの冷凍ジャム　80-1
　ブルーベリーとレモンとライムのプレザーブ　131
　ベリーのライムシロップ漬け　224
　ミックスベリー・ジャム　98-9
　冷凍　57, 60, 62-3
プレザーブ　88-9, 122-5, 124-35
　*「ジャム」「ゼリー」「マーマレード」も参照のこと
ブレッド＆バター・ピクルス　72-3
ブロッコリー　23, 55, 61
ベーコン　290, 308-9
ペクチン　88-9, 90-1
ベリー類　92-3, 244
　夏の赤い果実のリンゴジュース漬け　232
　フルーツ・キャンディ　71
　ベリー・シロップ　244-5
　ベリーのライムシロップ漬け　224
　ミックスベリー・ジャム　98-9
　ラムトプフ　236
　冷凍　56-7, 60, 62
　*特定のベリーも参照のこと（ラズベリーなど）
変性アルコール　90
ボイセンベリー　22, 92, 123, 137, 149, 221
ホウレンソウ　23, 27, 54, 61
ホースラディッシュ　23, 195, 259, 268
ホットピクルス　194-7, 196-201
ボーロッティマメ　42, 46-7
保存方法　8, 9

魚　291, *300-1*, 300-1, *303*
肉　290, 291, *304-9*, 304-5, 308-9
ホップ　42, 334, *346-7*

【ま】

マーマレード　14, 15, 16, *88-9*, 160-1
　オレンジ　*160-1*
　クレメンタインとウイスキー　*166-7*
　3種のフルーツ　*165*
　ダイダイ　*162*
　ニンジンとオレンジの冷凍"マーマレード"　*83*
　ハムの照り焼　*304*
　紫タマネギのマーマレード　*188-9*
　リンゴとショウガ　*164*
　レモンとライム　*163*
　＊「プレザーブ」「ジャム」「ゼリー」も参照のこと
マス、燻製　318, *328-9*, 328-9
豆類　23, 42, *46-7*, 54, 55, 61
　＊「金時豆」「サヤインゲン」も参照のこと
マルベリー　95
マルメロ　22, 27, 56, 57, 89, 137, 195, 221
　マルメロのスパイス入りシロップ漬け　*229*
　メンブリージョ　148, *150-1*
マロー　27, 171
　マローとオレンジのジャム　*120*
　マローとデーツのチャツネ　171, *181*
マンゴー　43
　チャツネ　*174*
密封と味見　19
ミント・コーディアル　*248-9*
ムール貝の燻製フレッシュ・トマトソース和え　319, *330*
紫キャベツ
　紫キャベツのピクルス　195, *208*
　ザワークラウト　291, *292-3*
紫タマネギのマーマレード　*188-9*
メイソン・ジャー　16
芽キャベツ　23, 26, 55, 61
メロン　22, 48, 57, 60, 89, 123, 124, 195, 221
メンブリージョ　*150-1*
モモ／ネクタリン　22, 43, 89, 95, 123, 137, 171, 195
　甘酸っぱいネクタリンとクランベリーのレリッシュ　*216*
　乾燥　43, 48
　クリスタル・フルーツ　*159*
　瓶詰め　220, 221
　モモとイチゴの冷凍ジャム　*82*
　モモとクルミのプレザーブ　*128-9*
　モモとラズベリーのプレザーブ　*127*
　モモのシロップ漬け　*222-3*
　モモのチャツネ　*175*
　リンゴとモモとクルミのカレー風味チャツネ　*177*
　冷凍　57, 60, 62

【や】

野菜
　オイル漬け　10, *272-5*, 274-87
　塩漬け　291, *292-5*, 292-3
　＊塩味の保存食は特定の種類を参照のこと

（チャツネなど）
　ジャム　95
　ピュレ　55, 61, *68-9*
　保存の仕組み　8-11
　保存対応表　23
　ゆでる　58
　冷凍　54-5, 58-9, 61
　ワイン　334, 335, *340*, *342*, *344*
　＊特定の野菜も参照のこと（モロッコインゲンなど）
野菜をゆでる　58

【ら】

ライム　149, 195
　プラムとライムのジャム　*105*
　ブルーベリーとレモンとライムのプレザーブ　*131*
　フレッシュなライム・ピクルス　195, *199*
　ベリーのライム・シロップ漬け　*224*
　ライム・コーディアル　*250*
　レモンとライムのマーマレード　*163*
ラズベリー　22, 89, 92, 123, 137, 149
　グーズベリーとラズベリーのジャム　*109*
　夏の赤い果実のリンゴジュース漬け　*232*
　瓶詰め　220, 221
　フルーツ・キャンディ　*71*
　ブルーベリーとラズベリーの冷凍ジャム　*80-1*
　ミックスベリー・ジャム　*98-9*
　モモとラズベリーのプレザーブ　*127*
　ラズベリー・ジャム　*96-7*
　ラズベリーとバニラのシロップ　*254*
　ラズベリーとミントのプレザーブ　*130*
　冷凍　57, 60, 62
ラディッシュ　23, 27, 195
ラムトプフ　*236*
リーキ　23, 26, 55
リエット、豚肉　*310*
リンゴ　22, 57, 60, 137, 170, 221, 259
　カード、チーズ、バター　148, 149, *153*
　乾燥　43, *48-9*
　クラブアップル・ゼリー　*144*
　シードル　15, 17, 335, *336-7*
　収穫&保存　27, 36-7
　唐辛子ゼリー　*142-3*
　夏の赤い果実のリンゴジュース漬け　*232*
　ブラックベリーとリンゴのプレザーブ　*133*
　ペクチン　89, *90-1*
　リンゴジュース　*257*
　リンゴとシードルとセージのゼリー　*145*
　リンゴとショウガのマーマレード　*164*
　リンゴとモモとクルミのカレー風味チャツネ　*177*
　リンゴとサルタナレーズンとデーツのチャツネ　*192-3*
　リンゴのフルーツ・バター　148, *153*
　ルバーブとリンゴの瓶詰め　*228*
　ルッコラとアーモンドとブルーチーズのペースト　259, *266*
ルバーブ　22, 56, 89, 170, 195, 221, 335
　スパイス入りルバーブのチャツネ　*183*
　ルバーブとセイヨウナシとジンジャーのジャム　*102-3*
　ルバーブとローズ・ペタルのシロップ　*252-3*

ルバーブとバニラの冷凍ピュレ　*70*
ルバーブとリンゴの瓶詰め　*228*
冷製ピクルス　194-5, *202-9*, 202-3
冷凍　8, 17
　果物　56-7, 60, 62-3
　ハーブ　54, *84-5*
　花　54
　火を通した食材　55, 56-7, 60-1, 62, *64*, 64-5, *66-71*
　冷凍ジャム　*76-83*, 76-7
　冷凍ピクルス　*72-5*, 72-3, 194-5
　野菜　54-5, 58-9, 61
レモン
　ブドウとレモンとクローブのゼリー　*138-9*
　ブルーベリーとレモンとライムのプレザーブ　*131*
　レモン・カード　148, *155*
　レモン・コーディアル　*250*
　レモンの塩漬け　291, *296-7*
　＊「マーマレード」も参照のこと
レリッシュ　14, 15, 16, *210-17*, 210-11
　＊「チャツネ」「ピクルス」も参照のこと
ローガンベリー　22, 57, 60, 89, 92, 123, 137, 149, 221
　ベリー・シロップ　*244-5*
ローズマリー・ゼリー　*146-7*
ロールモップ　*300-1*
ローワンベリー　137, 335
ロマネスコ　23, 55, 195, 273
　イタリア風野菜　*274-5*

【わ】

ワイン　15, 17, 334-5, *338-45*, 338-9

■著者プロフィール

リンダ・ブラウン (Lynda Brown)

　フードライター。1992年、グレンフィディッチ年間最優秀フードライター賞を受賞。キッチン・ガーデンのエキスパートであり、2009年に自身の庭がBBC2「Gardeners' World」で取り上げられる。オーガニックな食材や飼育、ガーデニングを昔から支持し、「人はその人が食べるものでできている」という信念を持つ。よい料理とは、新鮮で余計なものを使っていないものだと考え、できるだけ良い方法で生産された食材を使ってシンプルに料理することに着想を得ている。土壌協会とガーデン・オーガニックの生涯協会員。著書に『Organic Living』(Dorling Kindersley刊)などがある。

■監訳者プロフィール

谷澤容子（たにさわようこ）

　お茶の水女子大学大学院家政学研究科食物学専攻 修士課程修了。星美学園短期大学准教授を経て、現在、甲子園大学栄養学部フードデザイン学科准教授。調理科学、食文化を専門とし、フランス、スペイン、中国、ミャンマーなど世界の国々の日常食について食生活実態調査を行い、世界の食文化を調理科学的視点から研究している。著書に『考えよう！もったいない・食料・環境 世界の保存食（全4巻）』(星の環会 刊)がある。

わたしの手づくり保存食百科（ほぞんしょくひゃっか）
―ジャム・シロップ・ピクルス・燻製・ソース―

Midori Shobo Co.,Ltd

2012年2月1日　第1刷発行 ©

著　者	リンダ・ブラウン
監訳者	谷澤容子（たにさわようこ）
発行者	森田　猛（もりた　たけし）
発行所	株式会社 緑書房（みどりしょぼう）
	〒103-0004
	東京都中央区東日本橋2丁目8番3号
	TEL 03-6833-0560
	http://www.pet-honpo.com
DTP	有限会社 オカムラ
翻訳者	櫻井英里子　三角和代　(R.I.C. Publications)

ISBN 978-4-89531-127-4
落丁、乱丁本は弊社送料負担にてお取り替えいたします。

本書の複写にかかる複製、上映、譲渡、公衆送信(送信可能化を含む)の各権利は株式会社緑書房が管理の委託を受けています。

JCOPY 〈(社)出版者著作権管理機構 委託出版物〉
本書を無断で複写複製(電子化を含む)することは、著作権法上での例外を除き、禁じられています。
本書を複写される場合は、そのつど事前に、(社)出版者著作権管理機構(電話 03-3513-6969、FAX03-3513-6979、e-mail：info @ jcopy.or.jp)の許諾を得てください。
また本書を代行業者等の第三者に依頼してスキャンやデジタル化することは、たとえ個人や家庭内の利用であっても一切認められておりません。